인공지능시대, 창작과 보호의 경계를 넘어서

AI가 만든 콘텐츠, 누구의 것인가?

미디어 아트 : 국제미디어예술협회장
윤서아 Art Canvas Festival 출품작 '사색하다'

한유진 하윤수 정원훈 지음

> 인공지능 시대, 창작과 보호의 경계를 넘어서
> **AI가 만든 콘텐츠, 누구의 것인가?**

초 판	1쇄 인쇄	2025년 02월 12일
	1쇄 발행	2025년 02월 20일
제작 및 발행	재 노 북 스	
	서울시 금천구 가산디지털1로 205-27, 에이원 705호	
	연락처 ㅣ 0507-1381-0245	
	이메일 ㅣ dasolthebest@naver.com	
디 자 인	윤서아, 박예원	
I S B N	979-11-93297-73-5 (13320) 19,800원	

* 이 책의 수록된 글과 사진은 저작권자의 서면 허가없이 영리목적으로 사용하거나 전재할 수 없습니다.
* 본결과물은 특허청의 신산업분야 지식재단 융합인재 양성사업의 지원을 받아서 제작 되었습니다.

AI 시대, 창작과 보호의 경계를 넘어
디지털 콘텐츠의 미래를 대비하라

창작자 기업 스타트업을 위한
실무 맞춤형 해설서

프롤로그

21세기는 기술의 혁명과 함께 문화와 창작의 본질을 재고하게 만드는 시대입니다. 특히 인공지능(AI), 블록체인, 가상 현실(VR), 증강 현실(AR) 등의 기술 발전은 문화의 생산, 유통, 소비 방식에 근본적인 변화를 불러오고 있습니다. 이제 AI는 단순히 인간의 도구를 넘어, 창작의 주체로까지 진화하며 기존의 저작권 체계와 문화 기술의 경계를 재정의하고 있습니다. 이러한 변화 속에서 우리는 AI가 만들어내는 콘텐츠의 저작권은 누구에게 귀속되어야 하는지, 그리고 이러한 기술이 문화 산업에 미치는 영향은 무엇인지에 대한 깊은 고민이 필요합니다.

이 책은 인공지능 시대의 문화 기술과 저작권 문제를 종합적으로 다루며, 기술과 법, 윤리, 문화적 가치가 어떻게 상호작용하는지를 탐구합니다. AI가 생성한 음악, 문학, 미술 작품은 과연 저작물로 인정될 수 있는지, 그리고 이러한 창작물의 소유와 이용은 어떻게 규제되어야 하는지에 대한 질문에 답하고자 합니다. 또한, AI 기술이 문화 산업에 미치는 긍정적 영향과 함께 발생할 수 있는 부작용, 예를 들어 창작자의 권리 침해, 문화적 다양성의 훼손 등의 문제도 함께 다룹니다.

문화 기술의 진화와 저작권의 새로운 도전

문화 기술의 발전은 단순히 기술적 진보를 넘어, 문화의 본질을 재고하게 만드는 중요한 변화를 불러왔습니다. 디지털 기술의 보급으로 인해 창작물은 더 이상 물리적 매체에 국한되지 않고, 온라인 플랫폼을 통해 실시간으로 전 세계와 공유될 수 있게 되었습니다. 이는 창작자들에게 새로운 기회를 제공하는 동시에, 저작권 보호의 복잡성을 증가시키는 요인으로 작용했습니다. 특히, AI 기술의 발전은 이러한 문제를 더욱 복잡하게 만들고 있습니다. AI가 생성한 콘텐츠는 과연 저작물로 인정될 수 있는지, 그리고 그 권리는 누구에게 귀속되어야 하는지에 대한 논의는 여전히 진행 중입니다.

블록체인 기술은 저작권 관리의 새로운 가능성을 열어가고 있습니다. 블록체인을 통해 창작물의 출처와 소유권을 투명하게 기록할 수 있게 되면서, 저작권 침해 문제를 해결할 수 있는 잠재력이 주목받고 있습니다. 그러나 이러한 기술도 완벽하지는 않습니다. 기술적 한계와 법적 규제의 부재로 인해 새로운 형태의 문제가 발생할 가능성이 있습니다. 이 책은 이러한 기술적 변화가 문화 산업에 미치는 영향을 실질적인 사례를 통해 분석하며, 독자들이 더 현실적이고 입체적으로 이 문제를 이해할 수 있도록 돕습니다.

AI와 창작의 미래

AI는 이제 단순히 인간의 도구를 넘어, 창작의 주체로 자리 잡고 있습니다. AI가 생성한 음악, 문학, 미술 작품은 이미 시장에서 거래되고 있으며, 이는 기존의 저작권 체계에 큰 도전을 던지고 있습니다. AI가 만든 작품의 저작권은 누구에게 귀속되어야 할까요? AI를 개발한 프로그래머인가, 아니면 AI를 사용한 창작자인가? 이러한 질문은 단순히 법적 논의를 넘어, 창작의 본질에 대한 철학적 고민으로까지 확장됩니다.

프롤로그

 또한, AI 기술은 문화 산업에 새로운 가능성을 열어가고 있습니다. 예를 들어, AI를 통해 대규모 데이터를 분석하고, 이를 바탕으로 새로운 창작물을 만들어내는 과정은 기존의 창작 방식과는 근본적으로 다릅니다. 이는 창작의 효율성을 높이는 동시에, 창작자의 역할을 재정의하게 만드는 중요한 변화입니다. 그러나 이러한 변화는 창작자의 권리 침해, 문화적 다양성의 훼손 등의 문제를 동반할 수도 있습니다. 이 책은 AI 기술이 문화 산업에 미치는 긍정적 영향과 함께, 이러한 도전 과제를 어떻게 해결할 수 있는지에 대한 논의도 함께 다룹니다.

문화 기술과 저작권의 상호작용

 문화 기술의 발전은 저작권 체계에 새로운 도전을 던지고 있습니다. 디지털 시대에 들어서면서 저작권은 더욱 복잡해졌습니다. 온라인 플랫폼을 통해 수많은 창작물이 실시간으로 공유되고, AI가 생성한 콘텐츠가 기존의 저작권 체계를 혼란에 빠뜨리고 있습니다. 또한, 블록체인 기술은 저작권 관리의 새로운 가능성을 열어가고 있지만, 동시에 새로운 도전 과제도 제시하고 있습니다.

 이 책은 이러한 변화 속에서 문화 기술과 저작권이 어떻게 상호작용하며, 이를 통해 문화 산업이 어떻게 진화해 나갈 수 있는지를 탐구합니다. 특히, 기술 발전이 창작자와 소비자, 그리고 문화 산업 전체에 미치는 영향을 실질적인 사례를 통해 살펴봄으로써 독자들이 더 현실적인 이해를 할 수 있도록 돕습니다. 또한, 문화 기술의 발전이 가져올 미래의 가능성과 함께, 이를 규제하고 관리하기 위한 법적, 윤리적 고민도 함께 다룹니다.

새로운 시대의 문화와 기술

이 책은 단순히 법적 논의에 머물지 않고, AI 기술이 문화 예술에 미치는 실질적인 영향을 다양한 사례를 통해 살펴봄으로써 독자들이 현실적이고 입체적으로 이 문제를 이해할 수 있도록 돕습니다. AI와 문화 기술의 융합이 가져올 미래의 가능성과 도전을 함께 고민하며, 새로운 시대의 저작권과 문화 기술의 방향성을 모색해 보는 시간이 되기를 바랍니다.

기술이 가져온 변화 속에서도 문화의 본질적 가치를 지키며, 창작자와 소비자 모두가 공존할 수 있는 미래를 모색하는 데 이 책이 작은 도움이 되길 기대합니다. 이 책이 문화 기술과 저작권에 대한 깊이 있는 이해를 제공하며, 독자들이 새로운 시대의 문화와 기술의 관계를 더 폭넓게 바라볼 수 있는 계기가 되기를 바랍니다. 기술의 발전이 가져온 변화 속에서도 문화의 본질을 지키며, 창작자와 소비자 모두가 공존할 수 있는 미래를 모색하는 데 작은 도움이 되기를 기대합니다.

2025.2 숙명여자대학교 청파동에서
한유진, 하윤수, 정원훈

AI가 만든 콘텐츠, 누구의 것인가?
목차

프롤로그 4

작가소개 12

제1부 저작권, 꼭 알아야 하는 이유 14

  1장 저작권의 개념과 보호 범위 16
    ① 저작권의 개념과 역사
    ② 창작물과 아이디어, 어디까지 보호받을 수 있을까?
    ③ 저작권의 종류와 분류
    ④ 저작권 보호기간과 적용 기준

  2장 저작권을 반드시 지켜야 하는 이유 36
    ① 무심코 사용한 이미지, 저작권 침해 사례
    ② 기업이 마케팅 자료를 활용할 때 주의할 점
    ③ 유튜브, 블로그 콘텐츠의 저작권 적용 방식
    ④ 저작물 사용의 한계와 공정 이용 기준

  3장 내 콘텐츠가 무단 도용되었을 때 60
    ① 내가 만든 자료가 무단으로 사용되었다면?
    ② 저작권 침해 신고 절차와 법적 대응 방법
    ③ 분쟁을 예방하고 창작을 보호하는 전략
    ④ 저작권 침해 사례 분석과 실전 대응

제2부 AI 시대, 저작권은 어떻게 변하고 있는가   80

4장 AI가 만든 콘텐츠의 저작권 문제   82
    ① AI 창작물과 인간 창작물의 경계
    ② AI 툴을 활용한 콘텐츠, 법적 문제는 없는가?
    ③ AI 저작권과 관련된 실제 분쟁 사례
    ④ AI 시대, 저작권 침해 방지를 위한 법적 조치

5장 기업이 알아야 할 AI 저작권 리스크   104
    ① 기업이 AI를 활용할 때 주의해야 할 사항
    ② 자동 생성 콘텐츠는 법적으로 보호받을 수 있을까?
    ③ AI 기반 콘텐츠의 법적 쟁점과 대응 방안
    ④ AI 콘텐츠 저작권 보호와 기업의 대응 전략

AI가 만든 콘텐츠, 누구의 것인가?
목차

제3부 블록체인, 메타버스 그리고 저작권   124

   6장 AI 시대, 저작권을 보호하는 전략   126

      ① 기업과 개인이 저작권을 지키는 방법
      ② AI 기술의 발전과 함께 변화하는 저작권 법제
      ③ 앞으로의 저작권 체계와 새로운 규제 방향
      ④ AI 저작권 보호를 위한 기술적 대응과 규제 방안

   7장 블록체인 기술과 저작권 보호   148

      ① NFT가 저작권 보호에 미치는 영향
      ② 블록체인 기술과 저작권 보호
      ③ 스마트 계약과 저작권 보호
      ④ 저작권 침해 방지를 위한 블록체인 활용법

   8장 메타버스 시대의 저작권 이슈   168

      ① 메타버스와 저작권의 개념 및 특성
      ② 가상공간에서 창작물의 저작권은 어떻게 인정될까?
      ③ 게임 아이템과 디지털 아바타의 법적 보호
      ④ 메타버스 콘텐츠의 저작권 보호와 법적 쟁점

제4부 디지털 콘텐츠 보호를 위한 실전 가이드   188

9장 기업과 개인을 위한 저작권 보호 전략   190

① 저작권 침해를 방지하는 실천법
② 내 콘텐츠를 지키는 방법: 워터마크, 블록체인, 라이선스 활용
③ 무료 이미지, 무료 음악 사용 시 고려해야 할 점
④ 2차적 저작물의 보호 및 활용 전략

10장 저작권 분쟁 사례와 해결 방법   208

① 유명 기업이 겪은 저작권 분쟁 사례
② 크리에이터와 스타트업의 법적 이슈 분석
③ 성공적인 저작권 보호 전략과 교훈
④ 법적 대응 및 저작권 보호를 위한 실무 가이드

에필로그   232
부록   236

저자 소개

한유진

- (現) 숙명여자대학교 신산업지식재산융합인재양성사업단장
- (現) 숙명여자대학교 창업지원단장
- (現) 숙명여자대학교 글로벌서비스학부장
- (現) 숙명여자대학교 앙트러프러너십 전공주임
- (前) 한국지식재산연구원 부연구위원

숙명여자대학교 앙트러프러너십 전공주임 및 글로벌서비스 학부장, 신산업지식재산융합인재양성사업단장, 창업지원단장을 맡고 있다. 한국지식재산연구원 부연구위원으로 재직한 바 있다.

하윤수

- (現) 숙명여자대학교 신산업지식재산융합인재양성사업단 특임교수, 한양대학교 겸임교수
- (現) 한국중소기업발전협회 엔젤투자위원회 심사위원
- (現) 중소기업기술정보진흥원 기술경영 전문 컨설턴트
- (前) 안양대학교 조교수, 경성대학교 겸임교수, K-ICT CEO 멘토
- (前) Hashsnap·Searslab 이사, Teruten·Minigate 일본 법인장, 컴투스홀딩스·세중나모 실장

숙명여자대학교 특임교수로 지식재산(IP), 미래 융합기술 과목을 담당하고 있으며, 인공지능과 특허 빅데이터 분석을 통한 지식재산권 분야의 다양한 융복합 연구를 하고 있다.

정원훈

- (現) ㈜텐스페이스 경영총괄이사
- (現) 한국인공지능진흥협회 이사
- (現) 한국지식재산교육연구학회 이사 겸 기술가치평가위원장
- (前) 아시아경제신문 뉴미디어사업본부 차장
- (前) 매경인터넷 금융센터 팀장

AI 핀테크 업체인 ㈜텐스페이스의 이사로 전문가 대화형 법률 인공지능인 Seoul Law Bot 프로젝트, 블록ESG 프로젝트, SNS 대안신용평가시스템 (ASTER)구축 프로젝트를 수행하고 있다.

제1부

저작권,
꼭 알아야 하는 이유

1장

저작권의 개념과 보호 범위

1장 저작권의 개념과 보호 범위

 AI와 저작권자, 인간의 창작이란 무엇인가?

[그림] 우주의 오페라 극장(Théâtre D'opéra Spatial)소스: By Jason M. Allen - Colorado State Fair, Public Domain, https://commons.wikimedia.org/w/index.php?curid=122602647

    2022년, 미국 콜로라도주의 한 회화 공모전에서 '우주의 오페라 극장(Théâtre D'opéra Spatial)'이라는 작품이 우승을 차지하며 전 세계적으로 큰 논란을 불러일으켰다. 이 작품의 창작자는 인간이 아닌 생성형 AI 프로그램인 '미드저니(MidJourney)'였다. 대회 후 밝혀진 바에 따르면, 해당 작품은 미드저니를 통해 제작되었으며, 이 과정에서 인간의 창작적 개입은 최소화된 것으로 드러났다. 이후, 미국 저작권청은 이 작품에 대한 저작권 등록을 거절했는데, 이유는 명확했다. 저작권은 오직 인간의 창작물에만 부여된다는 법적 원칙 때문이었다.

    이 사건은 AI 시대에 저작권의 개념이 어떻게 진화하고 있는지를 보여주는 대표적인 사례로 꼽힌다. 작품 제작자는 AI를 단순히 도구로 사용했을 뿐이라고 주장했지만, 미국 저작권청은 인간의 창작이 없이는 저작권이 성립하지 않는다고 판단했다. 이는 단순히 법적 논쟁을 넘어, 창작이란 무엇인지에 대한 철학적 질문을 던지는 사건이기도 했다. 우리는 과연 AI가 제작한 작품을 온전히 '창작'으로 인정할 수 있을까? 그렇다면, 그 창작의 주체는 누구인가? AI를 개발한 프로그래머, AI를 활용한 사용자, 혹은 AI 자체인가?

2023년 9월, 미국 저작권청은 '우주의 오페라 극장'에 대한 저작권 등록 요청을 다시 한 번 거절하며 이 논쟁에 쐐기를 박았다. 등록 신청 과정에서 작품이 AI를 통해 생성되었음을 명시하지 않았다는 점이 문제로 지적되었고, 이후 사실이 밝혀지자 저작권 등록 요건을 충족하지 못한다고 판단한 것이다. 이 사건은 AI 기술이 창작의 영역에서 중요한 도구로 자리 잡고 있음을 보여주는 동시에, 기술의 발전이 기존의 법적, 윤리적 기준을 어떻게 흔들고 있는지를 보여준다.

기술이 발전함에 따라, 저작권의 개념과 적용 방식은 변화할 수밖에 없다. 전통적으로 저작권은 창작자의 지적 재산을 보호하고, 창작 활동을 장려하는 데 목적이 있었다. 그러나 AI가 창작 과정에 깊이 관여하게 되면서 이러한 전통적 개념은 새로운 도전에 직면하고 있다. 앞으로 저작권법은 AI 시대에 맞는 새로운 기준을 제시해야 할 것이다. 이러한 배경 속에서, 우리는 다음의 질문들에 대해 고민할 필요가 있다.

- 저작권의 정의와 역할은 무엇인가?
- 저작자의 개념은 어떻게 변화하고 있는가?
- AI와 인간이 협력하여 창작한 작품은 어떤 방식으로 저작권을 인정받을 수 있는가?

위의 사례는 기술 발전이 창작과 저작권 개념에 어떤 영향을 미치고 있는지 이해하는 데 중요한 출발점을 제공한다. 이제 우리는 저작권의 정의와 역할을 이해하고, 저작자의 개념이 어떻게 진화하고 있는지를 살펴보며, AI 시대에 저작권이 가지는 의미를 탐구할 것이다.

1 저작권의 개념과 역사

저작권의 정의와 의의

저작권은 창작자가 자신의 창작물에 대해 가지는 배타적 권리를 의미한다. 이는 창작자의 독창적이고 창의적인 표현을 법적으로 보호하며, 무단 복제와 사용으로부터 창작물을 지켜주는 제도이다. 아무리 훌륭한 아이디어를 가지고 있더라도 표현이 되어야만 그 가치를 다른 사람과 향유할 수 있기 때문이다.

또한 저작권은 사상이나 감정을 표현한 창작자에게 주어지는 배타적 독점권이기도 하다. 저작권법은 창작자에게 일정 기간 창작물을 이용하고 복제할 수 있는 독점적인 권리를 부여하며, 일정 기간이 지나면 해당 저작물은 공유영역에 들어간다. 이렇게 독점권을 부여하는 취지는 창작자가 더 많은 저작물을 창작하기를 기대하고, 저작물의 공정한 이용을 통해 인간의 정신생활을 풍요롭게 하면서 사회 전체의 문화를 발달시키려는 것이다.

이러한 저작권의 주요의의는 창작자에게 경제적 이익과 권리를 보장하여 지속적인창작 활동을 장려함과 동시에, 대중이 창작물을 적절히 활용하고 문화 발전에 기여할 수 있도록 균형을 맞추는 데 있다.

저작권법의 연혁과 발전과정

현대 저작권법의 기원은 1710년 영국에서 제정된 앤 여왕법(Statute of Anne)으로 거슬러 올라간다. 앤 여왕법은 최초로 저작권의 개념을 법제화하여 출판업자가 아닌 창작자에게 저작물의 권리를 부여했다.

이를 통해 창작자의 권리가 법적으로 인정받는 토대가 마련되었으며, 이후 각국에서 유사한 법체계가 수립되기 시작했다. 즉 대륙국가에서는 저작자 개인의 인격적 이익의 보호에 중점을 두어 저작권을 저작자의 권리로 파악하는 경향이 있게 되었다. 한편, 미국에서는 연방헌법 제 1장 제 8조의 규정에 따라 저작권에 관한 전단적인 권한(Preemptive Rights)을 가지고 있는 연방의회가 1790년에 미국 저작권법을 제정하여 수시로 개정하면서 오늘에 이루고 있으며, 저작권법을 일반적으로 Copyrights Law라고 하는데, 여기서 사용하는 Copy란 복제의 의미라기 보다는 저작물을 인식할 수 있는 개별적 단위의 형체적 요소임을 유의해야 한다.

1886년 체결된 베른협약(Berne Convention)은 국제적인 저작권 보호 체계를 확립하는 데 중요한 역할을 했다. 베른협약은 회원국 간 저작권 상호 보호를 의무화했으며, '무방식주의' 원칙을 도입하여 저작물이 창작되는 순간 자동으로 보호받을 수 있도록 했다. 이 협약은 이후 세계지식재산기구(WIPO)를 통해 관리되며, 오늘날 국제 저작권법의 중심축이 되고 있다.

디지털 시대의 저작권법 변화

20세기 후반 디지털 기술의 발전은 저작권법에 큰 변화를 가져왔다. 인터넷과 디지털 복제 기술의 발달은 창작물의 대량 복제와 무단 배포를 용이하게 만들었고, 이에 대응하기 위해 1996년 WIPO 저작권 조약(WCT)이 체결되었다. 디지털 시대의 저작권법은 창작자의 권리 보호뿐만 아니라 공정 이용(fair use) 및 정보 접근성의 균형을 맞추기 위한 새로운 해석과 법적 기준을 요구하기 시작했다.

여기에 2017년 "Attention is all you need"라는 생성형 AI에 관한 획기적인 연구인 트랜스포머 모형이 발표된 이후 비약적인 기술발전으로 인공지능이 학습을 통해 스스로 창작물을 생성하는 단계까지 발전하여 인간의 고유영역으로 여겼던 콘텐츠 창작 행위의 새로운 주체가 됨에 따라 저작권법 영역에 새로운 화두를 던져주고 있다.

저작권법의 목적과 기본원칙

우리나라 저작권법 1조를 보면, "이 법은 저작자의 권리와 이에 인접하는 권리를 보호하고 저작물의 공정한 이용을 도모함으로써 문화 및 관련 산업의 향상발전에 이바지함을 목적으로 한다." 즉, 저작권법은 창작자의 권리와 대중의 이익 간 균형을 맞추는 것을 목적으로 함을 알 수 있는데, 이를 위해 창작자에게 자신의 저작물을 복제, 배포, 공연, 공중 송신할 수 있는 권리를 부여하고, 일정 기간 동안 이를 독점적으로 행사할 수 있도록 한다. 동시에, 공정 이용과 저작권 보호기간의 제한 등으로 창작물의 공익적 활용을 보장하며, 문화적 발전과 정보 공유를 촉진한다. 이러한 기본원칙은 저작권법이 창작자와 사회 모두의 이익을 아우르는 법체계임을 보여준다.

· 저작권법의 2대 목적의 비교

구분	저작자등의 권리 보호	저작물의 공정한 이용
사상적 기초	개인주의, 자유주의	단체주의, 공익사상
추구이익	사익(Private Rights)	공익(Public Domain)
궁극적 목적	문화예술의 발전(창작의 장려)	문화콘텐츠사업의 진흥 (경쟁의 장려)
저작권법에서의 주요관련 조항	저작자, 저작인격권, 저작재산권, 저작인 접권, 저삭새산권 및 저작인접권의 보호 기간, 기술적 보호조치의 무력화 금지 등, 권리의 침해에 대한 구제 등	지작자, 저작인격권, 저작재산권, 저직인 접권, 지작지산권 및 저작인접권의 보호 기간, 기술적 보호조치의 무력화 금지 등, 권리의 침해에 대한 구제 등

출처 : 박순태, 문화콘테츠와 저작권, 현암사, 2020. p.48.

저작권의 보호대상

저작권법이 보호하는 대상은 문학, 음악, 미술, 영화 등과 같은 다양한 창작물이다. 저작권의 보호대상은 창작자의 독창성과 창의성이 발현된 표현물에 국한되며, 단순한 아이디어나 개념은 보호받지 못한다. 보호대상에는 시나 소설과 같은 문학작품뿐만 아니라 사진, 컴퓨터 프로그램, 건축물 등 현대적이고 기술적인 창작물도 포함된다. 디지털 시대에는 데이터베이스와 같은 비전통적 창작물의 저작권 보호 여부도 중요한 쟁점으로 대두되고 있다.

저작권은 단순한 권리 이상의 의미를 지닌다. 이는 창작자의 경제적 기반을 마련하고 창작 활동을 지속적으로 가능하게 하는 핵심적 제도이며, 더 나아가 사회적, 문화적 발전을 도모하는 데 중요한 역할을 한다. 저작권의 개념과 역사를 이해하는 것은 디지털 시대에 이를 어떻게 적용하고 해석할 것인지 논의하는 데 있어 필수적인 출발점이다.

창작물과 아이디어, 어디까지 보호받을 수 있을까?

창작자로서의 저작자

우리나라 저작권법에서는 제 2조 2항에서 "저작자에 대해 저작물을 창작한 자"라고 정의하고 있으며, 저작물에서 대해서는 2조 1항에서 "인간의 사상 또는 감정을 표현한 창작물"이라 정의하고 있다. 즉, 저작자는 창작물을 독창적으로 표현한 사람으로, 저작권법에서 보호받는 권리의 주체다. 저작자는 반드시 실질적으로 창작 행위에 기여한 사람이어야 하며, 단순한 아이디어 제공자나 창작 지원자는 저작자로 인정되지 않는다.

저작권법은 창작자의 권리를 보장함으로써 지속적인 창작 활동을 장려하고, 창작물의 공익적 활용과 경제적 가치를 보전한다. 이 과정에서 저작자는 자신의 저작물에 대해 복제, 배포, 공연, 공중송신 등을 독점적으로 통제할 수 있는 권리를 가진다. 이러한 권리는 저작자의 경제적 이익뿐 아니라 저작물에 대한 인격적 권리를 보장하는 데 목적이 있다.

업무상 저작물의 저작자

업무상저작물은 "법인·단체 그 밖의 사용자(이하 "법인등"이라 한다)의 기획하에 법인등의 업무에 종사하는 자가 업무상 작성하는 저작물"이라 우리나라 저작권법에서 규정(저작권법 2조 31항)하고 있다. 다시 말하면, 회사, 단체, 또는 기관에서 근로계약이나 업무계약에 따라 창작된 저작물로, 저작권의 귀속 문제가 개인 저작물과 다르다. 일반적으로 업무상저작물은 계약에 명시된 경우 창작자가 아닌 법인 또는 단체가 저작자로 간주된다. 이는 업무 수행 중 창작된 결과물이 조직의 목적에 따라 이루어진 것으로 보기 때문이다.

예컨대, 직장에서 개발된 소프트웨어나 광고 캠페인의 디자인은 해당 회사가 저작권을 소유할 수 있다. 다만, 저작권이 회사에 귀속되더라도 창작자 개인의 공적 기여는 저작인격권으로 보호받을 수 있다. 업무상저작물의 저작권 귀속은 계약 조건에 따라 달라질 수 있으므로 계약서 작성 시 명확한 합의가 필요하다.

공동저작자의 개념과 권리관계

공동저작자는 두 명 이상이 협력하여 창작한 저작물의 저작자를 의미하며, 각 창작자의 기여가 통합되어 하나의 완성된 저작물을 구성할 때 성립한다. 공동저작물은 각 저작자의 창작적 기여가 구분 가능하거나 불가능한 경우 모두 포함되며, 공동저작자들은 해당 저작물에 대해 공동으로 권리를 가진다.

공동저작자 간 권리 행사는 상호 합의에 따라 이루어지며, 기본적으로 저작물의 복제, 배포, 공연 등은 모든 공동저작자의 동의가 필요하다. 그러나 공동저작물에서 특정 부분이 독립적으로 활용 가능한 경우, 해당 부분의 권리는 해당 기여자가 단독으로 행사할 수 있다. 이러한 권리 관계는 창작과정에서의 기여 정도와 저작물의 성격에 따라 복잡해질 수 있으며, 권리 분쟁을 예방하기 위해 초기 단계에서 명확한 계약과 합의가 중요하다.

저작권 승계인의 지위

저작권은 창작자 사후에도 일정 기간 동안 보호되며, 이는 상속, 양도, 또는 계약에 의해 승계될 수 있다. 저작권 승계인은 저작권자의 권리와 의무를 계승하며, 저작권 행사에 있어 원 저작자와 동일한 권리를 가진다. 다만, 승계된 저작권은 경제적 권리에 한정되며, 저작인격권은 양도나 상속의 대상이 되지 않는다.

승계인의 권리는 저작권 보호기간 내에서만 유효하며, 보호기간이 종료되면 저작물이 공공재로 전환된다. 승계인은 저작물을 상업적으로 활용하거나 제3자에게 재양도할 수 있지만, 이 과정에서 저작자의 명예와 창작 의도를 훼손하지 않아야 한다. 저작권의 승계는 특히 디지털 환경에서 복잡한 법적 문제를 동반할 수 있어, 명확한 계약서와 법적 자문이 필수적이다.

저작자의 법적 개념과 현대적 의미

저작자는 단순히 창작물의 소유자가 아니라, 법적·사회적 책임을 지는 주체이기도 하다. 창작자로서의 저작자 개념은 전통적 예술작품에서 시작해 디지털 콘텐츠, 데이터베이스, 인공지능이 생성한 창작물까지 확장되고 있다. 업무상저작물과 공동저작물, 그리고 저작권 승계에 대한 법적 개념은 창작물의 복잡한 현대적 구조를 반영하며, 창작자 권리와 공익적 활용 간 균형을 유지하는 데 기여한다.

저작자의 법적 지위를 이해하는 것은 저작권법의 근본을 이해하는 데 필수적이며, 이는 디지털 시대 창작물의 새로운 패러다임을 구축하는 데 중요한 역할을 한다. 창작물의 가치를 높이고 창작자와 이용자 모두가 만족하는 창작 환경을 만들기 위해, 저작자의 법적 개념과 권리 구조는 지속적으로 논의되고 발전해야 한다.

③ 저작권의 종류와 분류

저작권법은 다양한 창작물의 형태를 보호하기 위해 여러 종류의 저작물을 정의하고 있다(저작권법 제4조). 이러한 분류는 창작물의 독창성과 표현 방식에 따라 나뉘며, 각각의 저작물은 고유한 특징과 법적 보호 기준을 가진다.

어문저작물

어문저작물은 소설, 시, 논문, 연설, 기사 등 문자로 표현된 창작물을 포함한다. 이는 가장 전통적인 형태의 저작물로, 문학적 표현뿐만 아니라 독창적 아이디어를 구체화한 결과물을 보호한다. 어문저작물의 보호 대상은 그 내용이 아니라 표현된 방식에 한정되며, 단순한 아이디어나 사실은 보호받지 못한다.

음악저작물

음악저작물은 악보나 음향을 통해 표현된 창작물로, 곡의 멜로디, 리듬, 화성 등이 포함된다. 가사가 있는 경우, 어문저작물로서 가사와 함께 보호된다. 음악저작물은 공연, 방송, 디지털 스트리밍 등 다양한 형태로 활용되며, 이로부터 발생하는 경제적 권리는 작곡가와 작사가 등 창작자에게 부여된다.

연극저작물

연극저작물은 희곡, 무용, 무언극 등 무대에서 공연될 목적으로 창작된 저작물을 포함한다. 이러한 저작물은 대본뿐만 아니라 무대 연출과 동작 등의 창의적인 요소도 보호된다. 연극저작물은 공연권, 복제권 등과 같은 권리를 포함하며, 관객을 위한 독창적 표현이 법적 보호의 중심이다.

미술저작물

미술저작물은 회화, 조각, 판화, 공예품 등 시각적으로 감상할 수 있는 창작물이다. 이는 창작자의 독창성이 표현된 결과물을 보호하며, 작품의 복제나 전시, 판매에 대한 권리를 저작자에게 부여한다. 디지털화된 미술저작물도 동일한 보호를 받을 수 있다.

건축저작물

건축저작물은 건축물의 설계와 외형에 독창성이 반영된 창작물을 포함한다. 건물 자체뿐만 아니라 설계도면과 모형도 저작권의 보호를 받는다. 건축저작물은 공간적 창의성과 예술성을 동시에 요구하며, 복제나 개조 시 저작자의 동의가 필요하다.

사진 저작물

사진저작물은 사진 촬영을 통해 표현된 창작물을 포함하며, 풍경, 인물, 사물 등 모든 주제를 다룰 수 있다. 사진저작물은 창작자의 기술적, 예술적 선택을 통해 독창성이 나타난 경우에 보호된다. 디지털 사진도 저작권의 보호 대상이며, 무단 사용 시 저작권 침해에 해당한다.

영상 저작물

영상저작물은 영화, 드라마, 다큐멘터리 등 움직이는 영상으로 구성된 창작물을 포함한다. 이는 시각적 표현뿐 아니라 배경음악, 대사, 연출 등의 종합적인 요소를 통해 창작성을 드러낸다. 영상저작물은 대규모 제작 과정이 수반되며, 이에 따라 저작권은 다양한 기여자들 간의 권리 배분이 이루어진다.

도형저작물

도형저작물은 지도, 도표, 설계도 등 기능적이면서도 창작성이 요구되는 저작물을 포함한다. 도형저작물은 정보 전달의 효율성과 예술적 표현을 결합한 형태로, 창작자의 기여를 보호하기 위해 법적 보호를 받는다.

컴퓨터프로그램저작물

컴퓨터프로그램저작물은 특정 작업을 수행하기 위한 명령어의 집합으로, 소프트웨어 개발자의 창의적 노력을 보호한다. 이는 코드를 기반으로 한 기술적 창작물이지만, 저작권법상 문학저작물의 하나로 간주된다. 디지털 시대의 주요 저작물로, 프로그램의 복제, 배포, 개작 등에 대한 권리가 저작자에게 주어진다.

> 저작권의 다양한 분류는 창작물의 형태와 활용 방식을 반영하며, 각각의 저작물은 독창적 표현과 창작자의 권리를 보호받기 위해 법적 기준을 따른다. 이러한 분류는 저작권법이 기술과 예술의 발전을 포괄하면서 창작 환경을 보호하고 장려하는 데 중요한 역할을 한다.

④ 저작권 보호기간과 적용 기준

저작재산권 제한의 필요성

저작권은 창작자의 권리를 보호하고, 창작 활동을 장려하기 위해 부여되지만, 저작재산권이 절대적인 것은 아니다. 저작권의 지나친 독점은 사회적, 문화적 발전을 저해할 수 있기 때문에, 공익적 목적을 위해 저작재산권 행사를 제한할 필요가 있다. 저작재산권의 제한은 창작자의 권리와 대중의 정보 접근성 간 균형을 맞추기 위해 저작권법에서 규정한 주요 제도 중 하나이다. 이를 통해 창작물의 공익적 활용을 보장하고, 지식과 문화의 확산을 촉진한다.

즉 저작물의 자유로운 이용을 위해 각종 법적 장치가 있는데, 첫째, 보호받지 못하는 저작물 제도(저작권법 제7조), 둘째, 법정허락제도(제50조~제52조), 셋째, 저작재산권 보호 기간제도(제39조 제1항), 넷째, 저작재산권 행사의 제한제도(제23조~제38조) 등이 있다. 보호받지 못하는 저작물 제도와 법정허락제도가 저작물을 대상으로 한 것이고 저작권 보호 기간제도와 저작재산권 행상의 제한제도는 저작권을 대상으로 한 장치이다.

공정이용의 법리

공정이용(fair use)은 저작권자의 허락 없이도 특정한 조건하에 저작물을 사용할 수 있도록 허용하는 제도다. 이는 창작물의 독점적 권리와 공익 간의 조화를 도모하기 위한 법적 원칙으로, 미국, 한국, 유럽 등 다양한 국가에서 활용되고 있다. 공정이용은 특히 교육, 연구, 비영리 목적 등 사회적 가치를 실현하는 상황에서 창작물의 제한적 사용을 합법화한다.

한국의 저작권법은 제35조 제 5항에서 에서 공정이용에 관한 일반 조항을 규정하고 있으며, 미국 저작권법은 공정이용을 적용하기 위해 네 가지 판단 기준을 제시하는데(미국 저작권법 제 107조), 공정이용의 원칙에 따라 저작권의 제한이 이루어지기 위해서 1) 해당 저 작물의 사용이 영리성을 가지는가 아니면 비영리적 교육을 목적으로 하는 것인가를 포함한 저작물 사용의 목 적 및 성격(Purpose and Character), Ii) 저작물의 성질(Nature), it) 사용된 부분이 저작물 전체에서 차지하는 양적•질적 비중(Amount) 그리고 iv) 그 저작물의 잠재적 시장 또는 가격에 미치는 영향(Effect) 등을 고려 하여야 한다고 규정하고 있다. 이 법리는 디지털 시대에 창작물의 새로운 활용 가능성을 열어주는 동시에 창작자 권리 보호와 공익 간의 균형을 유지하는 데 기여한다.

> 제35조의5(저작물의 공정한 이용)
> ① 제23조부터 제35조의4까지, 제101조의3부터 제101조의5까지의 경우 외에 저작물의 일반적인 이용 방법과 충돌하지 아니하고 저작자의 정당한 이익을 부당하게 해치지 아니하는 경우에는 저작물을 이용할 수 있다. <개정 2016. 3. 22., 2019. 11. 26., 2023. 8. 8.>
> ② 저작물 이용 행위가 제1항에 해당하는지를 판단할 때에는 다음 각 호의 사항등을 고려하여야 한다. <개정 2016. 3. 22.>
>   1. 이용의 목적 및 성격
>   2. 저작물의 종류 및 용도
>   3. 이용된 부분이 저작물 전체에서 차지하는 비중과 그 중요성
>   4. 저작물의 이용이 그 저작물의 현재 시장 또는 가치나 잠재적인 시장 또는 가치에 미치는 영향
> [본조신설 2011. 12. 2.][제35조의3에서 이동 <2019. 11. 26.>]

저작권 제한의 유형

저작권법은 특정한 조건과 목적에 따라 저작재산권을 제한하는 유형을 규정하고 있다. 주요 유형은 다음과 같다.

1. 교육목적 이용

교육기관에서 교육을 목적으로 저작물을 사용하는 경우, 저작권자의 허락 없이도 저작물을 이용할 수 있다. 이는 교재 제작, 수업 자료 준비, 강의 등에서 저작물을 활용할 수 있도록 허용하는 것으로, 교육의 질과 효과를 높이는 데 기여한다. 다만, 상업적 목적이 배제된 경우에 한정된다(저작권법 제25조 부록00p).

2. 시사보도목적 이용

시사보도는 공익적 가치를 가지는 정보의 신속한 전달이 필요하므로, 보도의 범위 내에서 저작물을 허락 없이 사용할 수 있다. 예를 들어, 신문 기사 작성, 방송 뉴스 보도에서 저작물의 일부를 인용하거나 사용하는 것은 법적으로 허용된다. 이 경우, 저작물의 사용은 시사보도 목적에 부합해야 하며, 필요 이상으로 확대되지 않아야 한다(저작권법 제26조~제27조).

> 제26조(시사보도를 위한 이용) 방송·신문 그 밖의 방법에 의하여 시사보도를 하는 경우에 그 과정에서 보이거나 들리는 저작물은 보도를 위한 정당한 범위 안에서 복제·배포·공연 또는 공중송신할 수 있다.
>
> 제27조(시사적인 기사 및 논설의 복제 등) 정치·경제·사회·문화·종교에 관하여 「신문 등의 진흥에 관한 법률」 제2조의 규정에 따른 신문 및 인터넷신문 또는 「뉴스통신진흥에 관한 법률」 제2조의 규정에 따른 뉴스통신에 게재된 시사적인 기사나 논설은 다른 언론기관이 복제·배포 또는 방송할 수 있다. 다만, 이용을 금지하는 표시가 있는 경우에는 그러하지 아니하다. <개정 2009. 7. 31.>

3. 비영리 공연·방송

공익을 위한 비영리 공연이나 방송에서 저작물을 사용하는 경우에도 저작권 제한이 적용된다. 예컨대, 자선 공연이나 공익적 목적의 무료 방송에서 저작물을 활용하는 것은 허용된다. 그러나 상업적 이익을 동반하거나, 창작자의 권리를 부당하게 침해하지 않는 범위 내에서만 가능하다(저작권법 제29조).

> 제29조(영리를 목적으로 하지 아니하는 공연·방송) ①영리를 목적으로 하지 아니하고 청중이나 관중 또는 제3자로부터 어떤 명목으로든지 대가를 지급받지 아니하는 경우에는 공표된 저작물을 공연(상업용 음반 또는 상업적 목적으로 공표된 영상저작물을 재생하는 경우는 제외한다) 또는 방송할 수 있다. 다만, 실연자에게 일반적인 보수를 지급하는 경우에는 그러하지 아니하다. <개정 2016. 3. 22., 2023. 8. 8.>
>
> ②청중이나 관중으로부터 해당 공연에 대한 대가를 지급받지 아니하는 경우에는 상업용 음반 또는 상업적 목적으로 공표된 영상저작물을 재생하여 공중에게 공연할 수 있다. 다만, 대통령령으로 정하는 경우에는 그러하지 아니하다. <개정 2016. 3. 22., 2021. 5. 18., 2023. 8. 8.>

4. 사적복제

저작권법은 개인이 가정 내에서 사적 목적으로 저작물을 복제하는 행위를 허용한다. 이는 개인이 구매한 음악, 영화, 책 등을 개인적인 용도로 복제하거나 변환하는 행위를 포함한다. 그러나 사적복제의 범위가 상업적 목적이나 대량 복제를 포함하면 저작권 침해로 간주될 수 있다.

> 제30조(사적이용을 위한 복제) 공표된 저작물을 영리를 목적으로 하지 아니하고 개인적으로 이용하거나 가정 및 이에 준하는 한정된 범위 안에서 이용하는 경우에는 그 이용자는 이를 복제할 수 있다. 다만, 공중의 사용에 제공하기 위하여 설치된 복사기기, 스캐너, 사진기 등 문화체육관광부령으로 정하는 복제기기에 의한 복제는 그러하지 아니하다. <개정 2020. 2. 4.>

공정이용의 판단기준

공정이용 여부를 판단하기 위해 저작권법에서는 다음 네 가지 기준을 제시한다(제35조5).

1. 이용 목적 및 성격: 저작물이 상업적 목적이 아닌 교육, 연구, 비영리 목적에 사용되었는지 판단한다.
2. 원저작물의 성격: 원저작물이 창작성이 높은 경우, 공정이용이 인정되기 어려울 수 있다.
3. 이용된 부분의 양과 중요성: 저작물의 일부만 사용되었는지, 사용된 부분이 원작의 핵심 요소인지 여부를 검토한다.
4. 이용이 시장에 미치는 영향: 저작물의 이용이 원저작물의 경제적 가치를 침해하거나 시장 경쟁에 부정적 영향을 미치는지 판단한다.

저작권 행사의 제한과 공정이용은 창작자와 대중 모두를 위한 균형점을 찾기 위해 중요한 제도다. 저작권의 독점적 권리가 공익적 가치와 충돌할 경우, 공정이용을 통해 창작물의 사회적 가치를 극대화하고 지식과 문화의 확산을 촉진할 수 있다. 이러한 제도는 디지털 시대에 더욱 중요한 의미를 가지며, 지속적으로 발전하는 저작권 환경에 적응해 나가야 한다.

 인공지능(AI) 창작물의 저작권자는 누구인가?

이상미(2016)의 연구는 AI 창작물의 저작권 문제를 통해 디지털 시대 창작의 정의와 법적 지위를 재조명한다. 인공지능은 문학, 음악, 미술 등 예술 창작에 적극적으로 활용되며, 저작권자 및 저작물의 요건을 다시금 고민하게 한다. 이 연구는 AI 창작물의 독창성과 창작 과정의 기여도를 중심으로 저작권의 새로운 해석을 탐구한다. AI 창작물은 기존 저작권의 기본 개념인 '인간 창작자'의 존재를 요구하지 않는 경우가 많다. 미국 저작권청이 Racter 프로그램의 창작물을 인정한 사례에서 시작해, AI가 단순한 도구인지 독립된 창작 주체인지가 논의된다. 저작권 귀속에 대한 접근법으로는 AI를 설계한 개발자에게 저작권을 귀속시키는 개발자 중심 접근, AI를 실행하고 결과물을 생성한 사용자를 창작자로 간주하는 사용자 중심 접근, 그리고 법적으로 창작자를 특정할 수 없을 때 가상의 인간저자를 설정하는 이론이 있다.

국제적으로는 미국에서 컴퓨터가 생성한 창작물의 저작권이 사용자의 기여를 중심으로 평가되며, 영국에서는 인간 저작자가 없는 경우 창작에 필요한 조정을 한 자를 저작권자로 간주한다. 또한 WIPO는 국제 저작권 논의에서 컴퓨터 창작물에 대한 정의와 보호 기준을 마련하고 있다. 창작성의 법적 해석은 인간적 의식과 자율성을 포함할지 여부에 따라 AI 창작물의 저작권 인정 여부가 달라진다. 현행법에서는 AI의 조합과 분석을 단순 프로세스로 간주하며 창작 행위로 인정받지 못하고 있다.

결론적으로, AI 창작물의 저작권 문제는 전통적 저작권법이 직면한 도전과제를 보여준다. AI 창작물에 대한 저작권 부여는 창작자의 역할 변화와 기술 발전을 반영하며, 기존 저작권법이 창작과 공익 간 균형을 유지하면서도 AI와 같은 새로운 기술을 포괄할 수 있는 유연성이 필요하다. 또한, AI 창작물이 도구적 성격을 넘어 독립적 창작 주체로 인정받으려면 법적·윤리적 기준이 명확히 정립되어야 하며, AI 창작물의 공정 이용을 명확히 정의하고 문화 발전과 창작자의 권리 보호 간 균형을 유지해야 한다.

저작권의 개념과 저작자의 역할

저작권은 인간 창작자의 권리를 보호하고, 사회적·문화적 발전을 지원하는 데 핵심적인 역할을 한다. 그러나 AI 시대는 창작자의 역할을 재정의하고 저작권의 법적 구조를 재구성할 것을 요구한다. 저작권법은 변화하는 기술 환경에 맞춰 다음과 같은 방향으로 발전해야 한다.

1. 법적 기준의 재검토
AI 창작물의 법적 지위를 명확히 하기 위해 기존 저작권법을 재해석하거나 새로운 법 체계를 구축해야 한다.

2. 창작자와 기술 간 협력 모델 구축
AI와 인간 창작자 간 협력의 가치를 인정하고, 권리 귀속 문제를 해결하기 위한 새로운 합의 모델이 필요하다.

3. 공익적 균형 유지
AI 시대에도 저작권은 창작 활동의 촉진과 공익적 활용 간 균형을 유지해야 한다. AI는 창작 환경을 혁신하며 기존 저작권 체계의 재구성을 요구한다. 저작권법의 진화는 창작자와 기술, 그리고 공익 간의 복잡한 상호작용을 반영해야 한다.

1장 요약 저작권의 개념과 보호 범위

1. 저작권의 정의와 의의

저작권은 창작자가 자신의 창작물에 대해 가지는 배타적 권리로, 창작의 독창성과 표현을 법적으로 보호한다. 이는 창작자에게 경제적 이익과 권리를 보장하며, 창작 활동을 촉진하고 문화적 발전에 기여하는 것을 목적으로 한다.

2. 저작자의 법적 개념

- **창작자로서의 저작자** : 독창적이고 창의적인 표현물을 직접 창작한 사람.
- **업무상 저작물** : 근로계약 또는 업무상 창작된 저작물의 경우, 저작권은 법인이나 단체에 귀속될 수 있다.
- **공동저작자**: 두 명 이상의 창작자가 협력하여 구분되지 않는 창작물을 완성한 경우 공동 권리를 가진다.
- **저작권 승계** : 저작권은 상속, 양도 등을 통해 승계될 수 있으며, 이는 저작재산권에 한정된다.

3. 저작권의 종류와 분류

저작권법은 다양한 창작물을 보호하며, 이를 다음과 같이 분류한다.

- **어문저작물** : 소설, 시, 논문 등 문자로 표현된 창작물.
- **음악저작물** : 멜로디와 리듬을 포함한 음악적 표현물.
- **연극저작물** : 희곡, 무용 등 공연을 위한 창작물.
- **미술저작물** : 회화, 조각, 공예품 등 시각적 창작물.
- **건축저작물** : 독창성이 반영된 건축 설계 및 구조물.
- **사진저작물** : 촬영 기술과 예술적 창의성이 결합된 사진.
- **영상저작물** : 영화, 드라마 등 움직이는 이미지로 구성된 창작물.
- **도형저작물** : 지도, 설계도, 도표 등 정보 전달을 위한 창작물.
- **컴퓨터프로그램저작물** : 특정 작업을 수행하기 위해 설계된 명령어 집합.

1장 요약 저작권의 개념과 보호 범위

4. 저작권 행사의 제한과 공정이용

저작권은 창작자의 권리를 보호하지만, 공익적 활용을 위해 제한될 수 있다.

- **저작재산권 제한** : 공익적 목적을 위해 저작권 행사를 제한.
- **교육 목적** : 교재, 강의 자료 활용.
- **시사보도** : 신속한 정보 전달.
- **비영리 공연 및 방송** : 공익적 행사에서 저작물 사용.
- **사적 복제** : 개인적 용도의 복제 허용.

- 공정이용 판단기준 :

① 이용 목적 및 성격	② 원저작물의 성격
③ 이용된 부분의 양과 중요성	④ 이용이 시장에 미치는 영향

참고 문헌

박순태(2020). 문화콘텐츠와 저작권, 현암사.

이상미(2016). 인공지능 (AI) 창작물의 저작권자는 누구인가?. 과학기술법연구, 22(3), pp.241-294.

전우정, 노태엽(2024). 인공지능 산출물과 학습데이터에 관한 저작권 문제 고찰. 저스티스, (203), pp.186-236.

조연하(2023). 인공지능 창작과 저작권, 박영사.

2장
저작권을 반드시 지켜야 하는 이유

 **2장 저작권을 반드시 지켜야 하는 이유**

 저작권보호와 창작의 조화는 이룰 수 있는가?

[그림 2] 인공지능 Grok이 생성한 판사

 2023년 11월, 한국 대법원은 SNS에서 벌어진 저작인격권 침해 사건에 대해 중요한 판결을 내렸다. 이 사건의 중심에는 기계항공공학 박사인 A씨가 있었다. A씨는 학문적 식견과 창작력을 바탕으로 자신의 페이스북과 전문가 연재란에 다수의 게시물과 에세이를 게재하며 주목받았다. 그러나 A씨의 창작물은 예상치 못한 방식으로 무단으로 이용되었다.

 피고 B씨는 A씨의 동의 없이 A씨가 작성한 42개의 페이스북 게시글과 3개의 전문가 연재글을 자신의 페이스북 계정에 올렸다. 문제는 여기서 끝나지 않았다. B씨는 A씨의 이름을 삭제하고, 자신의 의견을 추가하거나 글의 구성을 임의로 변경해 게시물을 왜곡했다. 예를 들어, 원작의 과학적 분석을 담은 글은 B씨의 사회 비판적 의견이 덧붙여져 전혀 다른 의미를 가지게 되었다.

이를 본 독자들은 댓글로 B씨의 게시물에 찬사를 보냈고, B씨는 마치 자신이 작성자인 것처럼 답변하며 오해를 부추겼다. 심지어 A씨의 창작물이 잘못된 정보와 왜곡된 주장을 담은 글로 변화하면서, A씨의 명예와 학문적 평판은 심각한 타격을 입었다.

A씨는 B씨를 상대로 저작인격권 침해와 저작재산권 위반을 이유로 고소했다. 1심은 저작재산권 침해는 유죄로 판결했으나, 저작인격권 침해에 대해서는 명예를 훼손했다고 볼 증거가 부족하다며 무죄를 선고했다. 그러나 항소심은 이를 뒤집고, B씨의 행위가 A씨의 성명표시권과 동일성유지권을 침해하여 그의 사회적 평가를 저하시킬 위험을 초래했다고 판단했다. 대법원은 이 결정을 유지하며 저작인격권이 창작자의 인격적 가치를 보호하기 위한 핵심 권리임을 재확인했다.

이 사례는 단순한 저작물 사용의 문제가 아니라, 창작자의 정신적 유대와 명예를 침해한 사건으로, 저작권의 새로운 해석을 요구했다. AI와 SNS 시대에 창작물의 무단 복제와 왜곡이 더욱 쉬워진 현실에서, 대법원의 판결은 저작인격권의 보호 기준을 명확히 제시하며 창작자의 권익을 보장하는 중요한 선례가 되었다.

이 사례는 기술 발전과 창작의 관계를 보여주는 중요한 출발점이다. 과거에는 창작자의 역할과 저작권의 개념이 명확하게 정의되어 있었다. 그러나 SNS와 AI 기술의 발전은 저작물의 복제와 변형을 쉽게 만들어, 저작권 보호에 새로운 과제를 제시하고 있다. 대법원의 판결은 창작물과 창작자의 인격적 관계를 존중하는 저작인격권의 중요성을 강조했다. 하지만 동시에, AI가 주도하는 창작 환경에서 저작권의 정의와 역할이 단순히 창작물의 보호를 넘어, 기술과 인간의 협업 관계를 어떻게 설정해야 할지를 고민하게 만든다.

이에 따라 2장에서는 저작권을 구성하는 두 가지 축인 저작인격권과 저작재산권의 정의와 역할을 깊이 이해하고, 이들이 AI 시대에 어떻게 진화하고 있는지 탐구할 것이다. 더 나아가, 창작자와 기술이 상호작용하는 과정에서 저작자의 개념이 어떻게 변화하고 있으며, AI 기술이 저작권법에 제기하는 철학적, 법적 도전은 무엇인지 살펴보고자 한다.

① 무심코 사용한 이미지, 저작권 침해 사례

저작인격권은 근대 초기 유럽에서 저작자의 창작 활동이 인류문화발전에 기여한다는 인식과 함께 공동체가 그 기회비용을 부담해야 한다는 사상이 일반화되면서 형성되었다. 이 사상은 저작자가 창작을 통해 정당한 정신적·물질적 혜택을 누릴 권리를 가져야 한다는 주장으로 발전하여 1928년 「베른협약」, 1948년 「세계인권선언」, 1966년 「국제인권규약」 등에 반영되었다.

저작인격권은 창작자의 인격과 창작물 간의 깊은 유대감을 반영하며, 창작자가 자신의 창작물을 공표하고, 이름을 표기하며, 원래 형태를 유지하도록 보장하는 비재산적 권리를 보호하며, 일신전속성을 지닌다. 우리나라 『저작권법』은 저작인격권과 저작재산권을 병렬적으로 규정(저작권법 제10조)하며, 저작인격권으로 공표권, 성명표시권, 동일성유지권을 명시하고 있다(11조부터 13조까지). 또한, 저작자의 사후 인격적 이익 보호 및 공동저작물의 저작인격권 행사에 관한 별도의 규정도 두고 있다.

공표권의 내용과 제한

공표권은 창작자가 자신의 저작물을 공표하거나 공표하지 않을 권리를 자유롭게 결정할 수 있는 권리이다(저작권법 제11조). 예를 들어, 한 작가가 자신의 소설을 완성했더라도, 이를 공개하지 않기로 선택하는 것은 공표권에 해당한다. 이 권리는 창작자가 자신의 작품을 어떤 시점에서, 어떤 방식으로 대중에게 공개할지 스스로 결정할 수 있도록 보장한다.

그러나 공표권은 완전한 절대적 권리가 아니다. 공익의 필요성이나 저작권 계약에 의해 일정 부분 제한될 수 있다. 예컨대, 국가적 비상사태나 공공의 안전과 관련된 정보를 포함한 저작물은 공표권이 제한될 가능성이 있다. 최근 사례 중, 학술 연구 데이터를 저작자가 공개하지 않고자 했으나, 연구 결과가 공중 보건에 중요한 영향을 미친다고 판단되어 공표가 강제된 경우가 있었다. 이는 공표권과 공익 간의 균형을 찾는 데 있어 중요한 사례로 남아 있다.

> 제11조(공표권) ①저작자는 그의 저작물을 공표하거나 공표하지 아니할 것을 결정할 권리를 가진다.
> ②저작자가 공표되지 아니한 저작물의 저작재산권을 제45조에 따른 양도, 제46조에 따른 이용허락, 제57조에 따른 배타적발행권의 설정 또는 제63조에 따른 출판권의 설정을 한 경우에는 그 상대방에게 저작물의 공표를 동의한 것으로 추정한다. <개정 2009. 4. 22., 2011. 12. 2.>
> ③저작자가 공표되지 아니한 미술저작물·건축저작물 또는 사진저작물(이하 "미술저작물등"이라 한다)의 원본을 양도한 경우에는 그 상대방에게 저작물의 원본의 전시방식에 의한 공표를 동의한 것으로 추정한다.
> ④원저작자의 동의를 얻어 작성된 2차적저작물 또는 편집저작물이 공표된 경우에는 그 원저작물도 공표된 것으로 본다.
> ⑤ 공표하지 아니한 저작물을 저작자가 제31조의 도서관등에 기증한 경우 별도의 의사를 표시하지 아니하면 기증한 때에 공표에 동의한 것으로 추정한다. <신설 2011. 12. 2., 2023. 8. 8.>

성명표시권의 보호범위

성명표시권은 창작자가 자신의 저작물에 본인의 이름이나 필명을 표기하거나, 이를 생략할 권리를 포함한다(저작권법 제12조). 이는 창작자와 창작물 간의 연계성을 명확히 하여 저작자의 명예와 신뢰를 보호한다.

2023년 대법원의 판결 사례는 성명표시권의 중요성을 잘 보여준다. 피고인이 창작자의 이름을 삭제하고 자신의 이름으로 SNS에 게시한 행위는 성명표시권의 중대한 침해로 간주되었다. 이는 단순히 창작자의 이름을 표기하지 않은 것을 넘어, 창작자의 명예를 훼손할 가능성을 열어두기 때문에 중요한 논의가 이루어졌다. 이처럼 성명표시권은 창작자의 사회적 평가와 연결되어 있으며, 이를 침해할 경우 법적 책임이 뒤따른다.

> 제12조(성명표시권) ①저작자는 저작물의 원본이나 그 복제물에 또는 저작물의 공표 매체에 그의 실명 또는 이명을 표시할 권리를 가진다.

②저작물을 이용하는 자는 그 저작자의 특별한 의사표시가 없는 때에는 저작자가 그의 실명 또는 이명을 표시한 바에 따라 이를 표시하여야 한다. 다만, 저작물의 성질이나 그 이용의 목적 및 형태 등에 비추어 부득이하다고 인정되는 경우에는 그러하지 아니하다.

동일성유지권의 의의

동일성유지권은 창작자가 자신의 저작물의 내용, 형식, 제목 등을 보호하며, 제3자가 이를 왜곡하거나 변경하지 못하도록 할 권리를 보장한다(저작권법 제13조). 이는 창작자의 정신적 가치와 창작물의 본질적 완전성을 보호하는 데 그 의의가 있다.

대법원 2023년 판결에서, 피고인은 창작자의 게시물 내용을 변경하거나 개인적인 의견을 추가해 창작물의 원래 의미를 왜곡했다. 법원은 이러한 행위가 동일성유지권의 심각한 침해이며, 창작물의 본래 의도를 훼손해 창작자의 명예를 떨어뜨릴 위험을 초래한다고 판단했다. 이는 창작물의 의미와 형태를 지키는 동일성유지권이 저작권 보호에서 중요한 역할을 한다는 것을 보여준다.

제13조(동일성유지권) ①저작자는 그의 저작물의 내용·형식 및 제호의 동일성을 유지할 권리를 가진다. ②저작자는 다음 각 호의 어느 하나에 해당하는 변경에 대하여는 이의(異議)할 수 없다. 다만, 본질적인 내용의 변경은 그러하지 아니하다. <개정 2009. 4. 22., 2023. 8. 8.>

1. 제25조의 규정에 따라 저작물을 이용하는 경우에 학교교육 목적을 위하여 부득이하다고 인정되는 범위 안에서의 표현의 변경
2. 건축물의 증축·개축 그 밖의 변형
3. 특정한 컴퓨터 외에는 이용할 수 없는 프로그램을 다른 컴퓨터에 이용할 수 있도록 하기 위하여 필요한 범위에서의 변경
4. 프로그램을 특정한 컴퓨터에 보다 효과적으로 이용할 수 있도록 하기 위하여 필요한 범위에서의 변경
5. 그 밖에 저작물의 성질이나 그 이용의 목적 및 형태 등에 비추어 부득이하다고 인정되는 범위 안에서의 변경

저작인격권의 일신전속성

저작인격권은 창작자의 고유한 인격에서 비롯된 권리로, 일신전속성을 특징으로 한다(저작권법 14조). 이는 창작자가 생존하는 동안에만 행사될 수 있으며, 양도하거나 상속할 수 없다. 예컨대, 창작자가 사망한 이후에는 그 가족이나 제삼자가 창작자의 이름이나 동일성유지권을 대신 행사할 수 없다.

다만, 사후에도 창작자의 명예를 훼손하는 행위가 발생할 경우, 유족이나 이해관계자가 이를 방지하기 위한 법적 조치를 취할 수 있다. 이는 저작자의 인격적 권리를 존중하면서도 창작자의 유산을 보호하려는 법적 장치로 작용한다.

> 제14조(저작인격권의 일신전속성)
> ① 저작인격권은 저작자 일신에 전속한다.
> ② 저작자의 사망 후에 그의 저작물을 이용하는 자는 저작자가 생존하였더라면 그 저작인격권의 침해가 될 행위를 하여서는 아니 된다.
> 다만, 그 행위의 성질 및 정도에 비추어 사회통념상 그 저작자의 명예를 훼손하는 것이 아니라고 인정되는 경우에는 그러하지 아니하다.

저작인격권은 단순히 창작물을 보호하는 권리를 넘어, 창작자의 정신적 유대와 명예를 지키는 핵심적인 역할을 한다. 공표권, 성명표시권, 동일성유지권은 창작자의 의사와 저작물의 본질을 보호하는 데 중요한 축을 이루며, 저작인격권의 일신전속성은 창작자의 권리가 타인에 의해 오용되지 않도록 보장한다. AI 시대와 같이 기술이 창작의 방식을 급격히 변화시키는 상황에서, 저작인격권의 중요성은 더욱 커지고 있다.

② 기업이 마케팅 자료를 활용할 때 주의할 점

저작재산권은 저작자가 자신의 창작물을 경제적으로 이용할 수 있는 권리의 집합으로, 저작물의 상업적 가치를 실현하고 창작의 경제적 기반을 제공한다. 이는 현대 창작 환경에서 특히 중요한 권리로, 복제, 공연, 배포, 대여, 전시, 2차적 저작물 작성 등 여러 측면에서 저작자의 권익을 보호한다. 본 절에서는 저작재산권의 주요 구성 요소를 구체적으로 살펴본다.

· 국내 저작재산권의 종류

종류	규정	관련 법령
복제권	저작자는 그의 저작물을 복제할 권리를 가진다.	제16조
공연권	저작자는 그의 저작물을 공연할 권리를 가진다.	제16조
공중송신권	저작자는 그의 저작물을 공중송신할 권리를 가진다.	제18조
전시권	저작자는 미술저작물등의 원본이나 그 복제물을 전시할 권리를 가진다	제19조
배포권	저작자는 저작물의 원본이나 그 복제물을 배포할 권리를 가진다. 다만, 저작물의 원본이나 그 복제물이 해당 저작재산권자의 허락을 받아 판매 등의 방법으로 거래에 제공된 경우에는 그러하지 아니하다. <개정 2009. 4. 22.>	제20조
대여권	제20조 단서에도 불구하고 저작자는 상업적 목적으로 공표된 음반(이하 "상업용 음반"이라 한다)이나 상업적 목적으로 공표된 프로그램을 영리를 목적으로 대여할 권리를 가진다. <개정 2009. 4. 22., 2016. 3. 22.>	제21조
2차적 저작물 작성권	저작자는 그의 저작물을 원저작물로 하는 2차적저작물을 작성하여 이용할 권리를 가진다.	제22조

복제권의 개념과 범위

복제권은 저작자가 자신의 저작물을 복사하거나 재생산할 수 있는 권리로, 저작재산권의 가장 기본적인 요소다. 복제권은 종이책, 음반, 디지털 파일 등 다양한 형태의 매체에서 적용되며, 이를 침해할 경우 심각한 경제적 손실로 이어질 수 있다.

공연권과 공중송신권

공연권은 저작자가 자신의 저작물을 대중 앞에서 공연할 수 있는 권리를 뜻한다. 이는 연극, 음악 공연, 영화 상영 등 다양한 형태로 나타난다. 또한, 공중송신권은 저작물을 방송, 인터넷 스트리밍, 디지털 플랫폼 등을 통해 대중에게 송신할 수 있는 권리를 포함한다.

전시권

전시권은 저작자가 자신의 저작물을 대중에게 전시할 권리를 의미한다. 이는 주로 시각 예술, 사진, 조각 등 예술 작품에 적용된다. 전시권은 저작물이 단순히 전시 공간에 공개되는 것을 넘어, 대중과의 상호작용을 통해 경제적 가치를 창출할 수 있는 중요한 기회를 제공한다.

배포권과 소진의 원칙

배포권은 저작자가 저작물의 복제물을 배포하거나 판매할 수 있는 권리다. 이는 저작재산권의 중요한 부분으로, 저작자가 창작물을 시장에 내놓을 시 이를 경제적으로 활용할 수 있도록 보장한다.

하지만 배포권은 한 번 판매된 저작물에 대해서는 제한된다. 이를 소진의 원칙이라 하며, 저작물의 복제물이 최초로 적법하게 판매된 이후에는 저작권자가 추가적으로 배포를 제한할 수 없게 된다. 예를 들어, 중고 도서나 음반의 재판매는 소진의 원칙에 따라 허용된다. 그러나 디지털 콘텐츠의 경우 소진의 원칙이 적용되지 않아, 이를 둘러싼 논쟁이 지속되고 있다.

대여권

대여권은 저작물이 상업적 목적으로 대여될 때 저작자가 이에 대한 경제적 대가를 받을 수 있는 권리다. 이는 주로 음반, 영화, 소프트웨어와 같은 디지털 및 물리적 매체에서 중요한 역할을 한다.

예를 들어, 비디오 대여점이 한창 유행하던 시절, 영화 제작자들은 대여권을 통해 일정 부분의 수익을 확보했다. 그러나 스트리밍 서비스가 활성화되면서 대여권은 점차 공연권과 공중송신권으로 대체되는 추세에 있다. 이는 저작권의 적용 방식이 시대적 변화에 따라 진화하고 있음을 보여준다.

2차적 저작물 작성권

2차적 저작물 작성권은 저작자가 자신의 저작물을 변형하거나 이를 기반으로 새로운 창작물을 제작할 권리를 뜻한다. 예를 들어, 소설을 원작으로 한 영화 제작, 음악 리믹스, 번역 작품 등이 이에 해당한다.

이 권리는 창작자가 자신의 작품을 다양한 방식으로 활용할 수 있는 기회를 제공하며, 경제적 가치를 극대화할 수 있도록 돕는다. 하지만 최근 AI 기술이 기존 저작물을 기반으로 새로운 창작물을 생성하면서, 2차적 저작물 작성권의 적용 범위와 한계에 대한 논의가 활발히 진행되고 있다. 예를 들어, AI가 기존 소설의 스타일을 모방해 새로운 이야기를 생성하는 경우, 이를 2차적 저작물로 간주할 것인지에 대한 법석 해석이 필요한 실횡이다.

저작재산권은 창작자가 자신의 저작물을 경제적으로 활용하고, 이를 통해 창작 활동을 지속할 수 있는 기반을 마련해준다. 복제권, 공연권, 공중송신권, 배포권, 대여권, 전시권 등은 각각 저작재산권의 중요한 축을 이루며, 창작물의 다양한 활용 방식을 보호한다. AI와 디지털 환경에서 저작물의 활용이 빠르게 변화하고 있는 지금, 저작재산권의 구성 요소들은 저작자의 권리를 보호하기 위한 강력한 법적 기초를 제공한다.

③ 유튜브, 블로그 콘텐츠의 저작권 적용 방식

저작권 양도와 이용허락은 저작자가 자신의 권리를 타인에게 양도하거나, 특정 조건 하에 이용할 수 있도록 허락하는 행위를 말한다(저작권법 제45조, 제46조). 저작재산권의 양도성과 이용허락의 법적 성격은 저작물을 효과적으로 활용하고 상업화하는 데 있어 핵심적인 역할을 한다. 특히, 디지털 콘텐츠와 AI 시대에서 이 두 가지 개념은 점점 더 중요한 법적 쟁점으로 부각되고 있다.

저작재산권의 양도성

저작재산권은 원칙적으로 양도 가능한 권리로, 저작자는 자신의 권리를 타인에게 전부 또는 일부 양도할 수 있다(저작권법 제45조). 예를 들어, 한 소설가가 출판사와 계약을 맺고 자신의 소설에 대한 출판권을 양도하는 경우가 대표적이다. 저작권 양도는 계약서를 통해 이루어지며, 이 과정에서 권리의 범위와 제한 조건을 명확히 정의해야 한다.

> 제45조(저작재산권의 양도)
> ① 저작재산권은 전부 또는 일부를 양도할 수 있다.
> ② 저작재산권의 전부를 양도하는 경우에 특약이 없는 때에는 제22조에 따른 2차적저작물을 작성하여 이용할 권리는 포함되지 아니한 것으로 추정한다. 다만, 프로그램의 경우 특약이 없으면 2차적저작물작성권도 함께 양도된 것으로 추정한다. <개정 2009. 4. 22., 2023. 8. 8.>
>
> 제22조(2차적저작물작성권) 저작자는 그의 저작물을 원저작물로 하는 2차적저작물을 작성하여 이용할 권리를 가진다.

하지만 저작인격권은 양도될 수 없다. 저작인격권은 창작자와 창작물 간의 정신적 유대감을 보호하는 비재산적 권리로, 양도나 상속이 불가능하다. 이로 인해 저작재산권 양도 계약에서는 양도되지 않는 저작인격권의 영향을 고려해야 한다. 예컨대, 저작권을 양도받은 측이 창작물의 원래 형태를 변형하려 할 때, 저작인격권의 동일성유지권이 이를 제한할 수 있다.

이용허락의 법적 성질

이용허락은 저작자가 타인에게 특정 저작물을 이용할 권리를 부여하는 계약으로, 권리의 양도가 아니라 이용할 수 있는 권리를 허락하는 행위다(저작권법 제46조). 이를 통해 저작자는 권리를 유지한 상태에서 경제적 이익을 창출할 수 있다.

법적으로 이용허락은 채권적 성질을 가지며, 저작자가 이용권자에게 권리 행사의 기회를 제공하는 데 초점이 맞춰져 있다. 이는 양도와 달리, 저작물이 여러 사용자에게 동시에 이용될 수 있다는 점에서 중요한 차이를 가진다. 예를 들어, 한 작곡가가 자신의 음악을 여러 음반사에 이용허락을 제공하면, 음반사들은 동일한 곡을 각각의 앨범에 포함시킬 수 있다.

> 제46조(저작물의 이용허락)
> ① 저작재산권자는 다른 사람에게 그 저작물의 이용을 허락할 수 있다.
> ② 제1항의 규정에 따라 허락을 받은 자는 허락받은 이용 방법 및 조건의 범위 안에서 그 저작물을 이용할 수 있다.
> ③ 제1항의 규정에 따른 허락에 의하여 저작물을 이용할 수 있는 권리는 저작재산권자의 동의 없이 제3자에게 이를 양도할 수 없다.

독점적 이용허락과 비독점적 이용허락

이용허락은 독점적 이용허락과 비독점적 이용허락으로 구분된다.

1) 독점적 이용허락

독점적 이용허락은 저작자가 특정 사용자에게만 저작물을 이용할 권리를 허락하는 형태다. 이를 통해 다른 사용자들의 이용은 제한되며, 독점적 이용허락을 받은 사용자는 저작권자와 유사한 권리를 행사할 수 있다. 예컨대, 한 영화 제작사가 소설 원작을 영화화할 독점적 권리를 부여받은 경우, 해당 소설은 다른 영화 제작사가 이용할 수 없다.

2) 비독점적 이용허락

비독점적 이용허락은 저작자가 여러 사용자에게 동일한 권리를 부여하는 형태다. 이는 사용자 간의 권리 충돌을 방지하면서도, 저작물이 광범위하게 활용될 수 있도록 한다. 예를 들어, 한 이미지 제공자가 사진을 다수의 기업에 비독점적으로 이용허락하는 경우, 동일한 사진이 다양한 광고와 웹사이트에서 사용될 수 있다.

이처럼 이용허락의 독점 여부는 저작물의 활용 방식과 경제적 가치를 결정짓는 중요한 요소다.

저작권 계약의 해석원칙

우리나라 저작권법은 저작재산권 양도나 이용허락 계약에 대해 사적 자치와 계약 자유의 원칙을 원칙적으로 적용하면서도, 계약의 공정성을 보장하기 위해 일부 규정을 두고 있다. 예를 들어, 저작재산권 양도 시 2차적저작물 작성권을 유보하도록 한 규정(저작권법 제45조 제2항)과 저작물 이용 권리의 제3자 양도 제한 규정(저작권법 제46조 제3항)은 저작자의 권익을 보호하기 위한 입법적 조치다. 이러한 저작권 계약은 계약서에 명시된 내용을 기준으로 해석되지만, 분쟁이 발생할 경우 창작자의 권리를 우선적으로 보호하는 방향으로 해석되는 것이 일반적이며, 이는 저작권법의 기본 취지인 창작자 권리 보호 원칙에 따른 것이다.

1) 명확한 문구의 중요성

저작권 계약은 권리 범위, 사용 방식, 보상 조건 등을 명확히 정의해야 한다. 애매한 조항은 분쟁의 원인이 될 수 있으며, 법원은 이러한 조항을 저작권자의 의도에 맞게 해석하려는 경향이 있다.

2) 목적론적 해석

저작권 계약은 계약의 목적과 저작권법의 취지를 바탕으로 해석된다. 예를 들어, 한 작가가 출판사와 체결한 계약서에 '출판'이라는 용어가 포함되었으나, 전자책에 대한 언급이 없는 경우, 법원은 전자책이 계약 범위에 포함되는지를 계약 체결 당시의 상황과 저작권법의 목적을 고려해 판단할 것이다.

3) 저작물의 공정 이용 원칙

계약 해석에서 저작물의 공정 이용 가능성도 고려된다. 이는 계약상 명시되지 않은 부분에서 공정 이용의 범위를 결정하는 데 중요한 기준이 된다.

저작권 양도와 이용허락은 저작물의 활용을 둘러싼 법적, 경제적 이해관계를 조율하는 핵심적인 도구다. 저작재산권의 양도성과 이용허락의 법적 성격을 명확히 이해하고, 독점적 및 비독점적 이용허락의 차이를 고려하며, 저작권 계약의 해석원칙을 충실히 반영하는 것이 중요하다. AI 시대와 디지털 환경의 발전 속에서, 창작자와 이용자 간의 공정한 권리 보호와 이익 분배를 위한 법적 틀이 더욱 중요해지고 있다.

④ 저작물 사용의 한계와 공정 이용 기준

저작인접권은 저작권에 인접한 권리로, 법률에 의해 창설된 권리이다. 『저작권법』 제1조에서는 저작자의 권리와 이에 인접하는 권리를 보호한다고 규정하며, 여기서 '이에 인접하는 권리'가 저작인접권을 의미한다. 현행 법은 저작권과 저작인접권을 법률적으로 보호하고, 저작인접권에 관한 규정도 저작권 규정을 상당 부분 준용하는 방식을 취하고 있다.

저작인접권이 법률에서 특별히 규정된 이유는 창작에 직접 관여하지 않았더라도 저작물을 해석하거나 전달하여 부가가치를 높인 주체를 보호함으로써 문화예술과 콘텐츠 산업의 발전을 도모할 수 있다는 사상에 기반한다. 이에 따라 우리나라를 포함한 대부분의 국가에서는 실연자, 음반제작자, 방송사업자에게 저작인접권을 부여하여 저작물을 해석하고 전달하는 자의 권리를 보장하고 있다.

이와 같이 저작인접권은 저작자의 권리를 보완하며, 창작물의 활용과 유통에 필수적인 역할을 한다. 이 장에서는 실연자의 권리, 음반제작자의 권리, 방송사업자의 권리, 그리고 저작인접권의 보호기간에 대해 살펴본다.

제64조(보호받는 실연·음반·방송) ① 다음 각 호 각 목의 어느 하나에 해당하는 실연·음반 및 방송은 이 법에 따른 보호를 받는다. <개정 2011. 12. 2., 2021. 5. 18., 2023. 8. 8.>

1. 실연
    가. 대한민국 국민(대한민국 법률에 따라 설립된 법인 및 대한민국 내에 주된 사무소가 있는 외국법인을 포함한다. 이하 같다)이 행하는 실연
    나. 대한민국이 가입 또는 체결한 조약에 따라 보호되는 실연
    다. 제2호 각 목의 음반에 고정된 실연
    라. 제3호 각 목의 방송에 의하여 송신되는 실연(송신 전에 녹음 또는 녹화되어 있는 실연은 제외한다)

2. 음반
    가. 대한민국 국민을 음반제작자로 하는 음반
    나. 음이 맨 처음 대한민국 내에서 고정된 음반
    다. 대한민국이 가입 또는 체결한 조약에 따라 보호되는 음반으로서 조약체결국 내에서 최초로 고정된 음반
    라. 대한민국이 가입 또는 체결한 조약에 따라 보호되는 음반으로서 조약체결국의 국민(해당 조약체결국의 법률에 따라 설립된 법인 및 해당 조약체결국 내에 주된 사무소가 있는 법인을 포함한다)을 음반제작자로 하는 음반조약체결국 내에 주된 사무소가 있는 법인을 포함한다)을 음반제작자로 하는 음반

> 3. 방송
>   가. 대한민국 국민인 방송사업자의 방송
>   나. 대한민국 내에 있는 방송설비로부터 행하여지는 방송
>   다. 대한민국이 가입 또는 체결한 조약에 따라 보호되는 방송으로서 조약체결국의 국민인 방송사업자가 해당 조약체결국 내에 있는 방송설비로부터 행하는 방송
>
> ② 제1항에 따라 보호되는 외국인의 실연ㆍ음반 및 방송이라도 그 외국에서 보호기간이 만료된 경우에는 이 법에 따른 보호기간을 인정하지 아니한다. <신설 2011. 12. 2.>

실연자의 권리

실연자는 연극, 음악, 춤 등 저작물을 직접 공연하거나 연주하는 사람들을 의미한다. 실연자의 권리는 공연에서 창작물을 해석하고 전달하는 데 있어 중요한 역할을 담당하는 이들에게 부여된다.

실연자의 권리는 실연자가 자신의 실연에 대해 가지는 다양한 권리를 포괄하며, 크게 인격권과 재산권으로 나뉜다. 인격권에는 성명표시권(제66조)과 동일성유지권(제67조)이 포함되며, 이는 실연자에게 실명 또는 이명을 표시하고 실연 내용과 형식의 동일성을 유지할 권리를 부여한다. 이 권리는 실연자 본인에게만 귀속되는 일신전속성(제68조)을 가진다. 재산권으로는 복제권(제69조), 배포권(제70조), 대여권(제71조), 공연권(제72조), 방송권(제73조), 전송권(제74조)이 있으며, 실연자는 자신의 실연을 복제, 배포, 대여하거나 공연, 방송, 전송할 권리를 가진다. 다만, 일부 권리에는 예외 규정이 적용될 수 있다.

예를 들어, 한 오케스트라의 연주를 음반 제작사가 녹음하여 무단으로 배포한 사건이 발생했을 때, 법원은 실연자의 동의 없이 이루어진 행위가 실연자의 권리를 침해한 것으로 판결했다. 이는 실연자가 자신의 공연에 대한 통제권을 가지며, 이를 통해 창작물의 가치를 보호할 수 있음을 보여준다.

제66조(성명표시권) ①실연자는 그의 실연 또는 실연의 복제물에 그의 실명 또는 이명을 표시할 권리를 가진다.

②실연을 이용하는 자는 그 실연자의 특별한 의사표시가 없는 때에는 실연자가 그의 실명 또는 이명을 표시한 바에 따라 이를 표시하여야 한다. 다만, 실연의 성질이나 그 이용의 목적 및 형태 등에 비추어 부득이하다고 인정되는 경우에는 그러하지 아니하다.

제67조(동일성유지권) 실연자는 그의 실연의 내용과 형식의 동일성을 유지할 권리를 가진다. 다만, 실연의 성질이나 그 이용의 목적 및 형태 등에 비추어 부득이하다고 인정되는 경우에는 그러하지 아니하다.

제68조(실연자의 인격권의 일신전속성) 제66조 및 제67조에 규정된 권리(이하 "실연자의 인격권"이라 한다)는 실연자 일신에 전속한다.

제69조(복제권) 실연자는 그의 실연을 복제할 권리를 가진다.

제70조(배포권) 실연자는 그의 실연의 복제물을 배포할 권리를 가진다. 다만, 실연의 복제물이 실연자의 허락을 받아 판매 등의 방법으로 거래에 제공된 경우에는 그러하지 아니하다.

제71조(대여권) 실연자는 제70조 단서에도 불구하고 그의 실연이 녹음된 상업용 음반을 영리를 목적으로 대여할 권리를 가진다. <개정 2016. 3. 22., 2021. 5. 18.>

제72조(공연권) 실연자는 그의 고정되지 아니한 실연을 공연할 권리를 가진다. 다만, 그 실연이 방송되는 실연인 경우에는 그러하지 아니하다.

제73조(방송권) 실연자는 그의 실연을 방송할 권리를 가진다. 다만, 실연자의 허락을 받아 녹음된 실연에 대하여는 그러하지 아니하다.

제74조(전송권) 실연자는 그의 실연을 전송할 권리를 가진다.

음반제작자의 권리

음반제작자는 실연을 녹음하고 이를 배포하여 음반으로 제작하는 데 기여하는 사람이나 기업을 의미한다. 음반제작자의 권리는 녹음물의 제작과 유통에 필요한 경제적 보호를 제공한다.

음반제작자는 자신의 음반에 대해 복제권(제78조), 배포권(제79조), 대여권(제80조), 전송권(제81조)을 가진다. 복제권과 배포권은 음반 제작자가 음반을 복제하고 유통할 수 있는 권리이며, 배포권의 경우 음반이 판매 등으로 제공된 이후에는 제한된다. 대여권은 상업용 음반을 영리 목적으로 대여할 수 있는 권리로서 예외적으로 인정되며, 전송권은 음반을 디지털 방식으로 전송할 수 있는 권리를 의미한다. 이러한 권리는 음반제작자의 투자와 창작물 유통 과정에서의 기여를 보호하기 위한 것이다.

> 제78조(복제권) 음반제작자는 그의 음반을 복제할 권리를 가진다.
>
> 제79조(배포권) 음반제작자는 그의 음반을 배포할 권리를 가진다. 다만, 음반의 복제물이 음반제작자의 허락을 받아 판매 등의 방법으로 거래에 제공된 경우에는 그러하지 아니하다.
>
> 제80조(대여권) 음반제작자는 제79조 단서에도 불구하고 상업용 음반을 영리를 목적으로 대여할 권리를 가진다. <개정 2016. 3. 22., 2021. 5. 18.>
>
> 제81조(전송권) 음반제작자는 그의 음반을 전송할 권리를 가진다.

방송사업자의 권리

방송사업자는 텔레비전, 라디오 등을 통해 콘텐츠를 대중에게 송출하는 역할을 한다. 방송사업자의 권리는 방송 프로그램의 복제, 재방송, 녹화 등을 통제할 수 있도록 보장된다.

방송사업자는 자신의 방송에 대해 복제권(제84조), 동시중계방송권(제85조), 공연권(제85조의2)을 가진다. 복제권은 방송 내용을 복제할 수 있는 권리이며, 동시중계방송권은 기존 방송을 동시적으로 중계할 수 있는 권리를 의미한다. 또한, 공연권은 공중이 접근 가능한 장소에서 입장료를 받고 방송을 시청하게 하는 경우 해당 방송을 공연할 수 있는 권리로, 방송사업자의 경제적 권익을 보호하기 위한 조치이다.

> 제84조(복제권) 방송사업자는 그의 방송을 복제할 권리를 가진다.
>
> 제85조(동시중계방송권) 방송사업자는 그의 방송을 동시중계방송할 권리를 가진다.
>
> 제85조의2(공연권) 방송사업자는 공중의 접근이 가능한 장소에서 방송의 시청과 관련하여 입장료를 받는 경우에 그 방송을 공연할 권리를 가진다.

저작인접권의 보호기간

저작인접권은 실연, 음반, 방송과 같은 저작물 이용 행위가 이루어진 시점부터 발생하며, 별도의 절차나 형식 없이 자동으로 보호된다. 보호기간은 실연자의 인격권을 제외하고, 실연과 음반의 경우 70년, 방송의 경우 50년간 존속한다. 실연은 실연 시점부터, 음반은 발행 시점부터, 방송은 방송 시점부터 보호기간이 기산되며, 특정 조건에 따라 음반 발행 시점과 실연 고정 시점이 보호기간 산정에 영향을 미칠 수 있다.

보호기간의 설정은 창작물과 관련된 경제적 가치를 보호하면서도, 일정 시간이 지난 후 저작물과 관련된 권리가 공공의 자산으로 활용될 수 있도록 균형을 맞추는 데 목적이 있다. 예를 들어, 오래된 음반이 보호기간이 만료된 후에는 공공의 영역으로 전환되어 누구나 자유롭게 활용할 수 있게 된다.

> 제86조(보호기간) ①저작인접권은 다음 각 호의 어느 하나에 해당하는 때부터 발생하며, 어떠한 절차나 형식의 이행을 필요로 하지 아니한다. <개정 2011. 12. 2.>
>
>   1. 실연의 경우에는 그 실연을 한 때
>   2. 음반의 경우에는 그 음을 맨 처음 음반에 고정한 때
>   3. 방송의 경우에는 그 방송을 한 때

> ②저작인접권(실연자의 인격권은 제외한다. 이하 같다)은 다음 각 호의 어느 하나에 해당하는 때의 다음 해부터 기산하여 70년(방송의 경우에는 50년)간 존속한다. <개정 2011. 12. 2., 2023. 8. 8.>
>
> 1. 실연의 경우에는 그 실연을 한 때. 다만, 실연을 한 때부터 50년 이내에 실연이 고정된 음반이 발행된 경우에는 음반을 발행한 때
> 2. 음반의 경우에는 그 음반을 발행한 때. 다만, 음을 음반에 맨 처음 고정한 때의 다음 해부터 기산하여 50년이 지난 때까지 음반을 발행하지 아니한 경우에는 음을 음반에 맨 처음 고정한 때
> 3. 방송의 경우에는 그 방송을 한 때

저작인접권은 창작물의 유통과 소비 과정에서 중요한 역할을 하는 실연자, 음반제작자, 방송사업자를 보호하는 데 핵심적인 역할을 한다. 실연자의 해석과 전달, 음반제작자의 유통 및 디지털화, 방송사업자의 콘텐츠 송출은 창작물을 대중과 연결하는 중요한 과정들이다. 저작인접권의 보호기간은 권리자에게 적절한 보상을 보장하면서도, 창작물의 공익적 활용을 위한 길을 열어준다. 디지털과 AI 기술이 발전하는 시대에서 저작인접권의 중요성은 점점 더 커지고 있다.

 광고모델은 자신의 인격과 초상을 판매할 수 있는가?

나종갑(2013)의 연구는 2021년 한 피팅모델 사건을 통해 디지털 시대의 인격권과 초상권의 의미를 새롭게 조명한다. SNS와 온라인 광고가 폭발적으로 증가하는 시대에, '내 얼굴'의 가치는 어디까지 거래될 수 있을까?

대학생 A는 아르바이트로 액세서리 회사의 피팅모델을 하게 되었다. 일당 45만원을 받고 찍은 사진들이 온라인 쇼핑몰에서 사용되었다. 그러던 어느 날, A가 연예인의 꿈을 이루게 되면서 상황이 달라졌다. 전문 매니지먼트사와 계약한 A는 과거 피팅모델 시절의 사진들을 더 이상 사용하지 말라고 요구했다. 하지만 회사는 '정당한 대가를 지불했으니 계속 사용하겠다'며 거부했다.

대법원은 '모델료에 따른 상당한 기간' 동안만 사진을 사용할 수 있다고 판결했다. 하지만 이 판결에 대해 저자는 근본적인 문제를 제기한다. 우리의 얼굴, 이름, 목소

리와 같은 인격적 요소는 애초에 '판매'될 수 있는 것일까?

연구에 따르면, 인격권과 초상권은 '불가분, 불가양의 권리'로서 마치 집이나 자동차처럼 사고팔 수 있는 것이 아니다. 피팅모델 계약은 단순히 얼굴을 파는 것이 아닌, 모델이라는 '노무'를 제공하는 고용계약으로 봐야 한다는 것이다. 초상권 침해에 대한 동의는 계약의 조건일 뿐, 초상권 자체를 거래하는 것은 아니라고 설명한다.

이는 2장 저작권의 구성요소와도 밀접하게 연결된다. 저작인격권이 창작자의 일신전속적 권리로서 양도될 수 없듯이, 우리의 인격적 요소도 본질적으로 거래의 대상이 될 수 없다. 반면 저작재산권처럼 경제적 가치로 환산될 수 있는 부분은 분리하여 거래가 가능하다.

결론적으로 디지털 시대에 우리의 얼굴, 목소리, 이름은 더욱 쉽게 복제되고 유통된다. SNS의 발달로 누구나 쉽게 인플루언서가 될 수 있는 시대에, 우리는 인격권의 본질을 다시 한번 생각해봐야 한다. 또한 법원도 단순히 '얼마를 받았으니 얼마나 써도 된다'는 식의 판단이 아닌, 인격권의 근본적 성격을 고려한 판결이 필요하다는 것이 이 연구의 핵심이다.

이 사례는 연예인이나 모델을 꿈꾸는 많은 젊은이들에게 의미 있는 교훈을 준다. 당장의 아르바이트비와 자신의 얼굴 가치를 어떻게 균형있게 판단할 것인지, 계약서에는 어떤 내용을 꼭 확인해야 하는지 등 실질적인 시사점을 제공한다.

 저작권과 저작인접권의 균형

2장은 저작권의 인격적 측면과 재산적 측면을 모두 포괄하면서, 창작자의 권리를 보호하고 저작물이 공정하게 활용되도록 법적 기반을 제공한다. 또한, AI 시대와 디지털 환경의 변화로 저작권의 해석과 적용 방식이 복잡해지고 있는 만큼, 저작권과 저작인접권이 인간 창작자와 기술의 조화로운 발전을 위해 어떻게 진화해야 할지를 고민해야 하며, 창작자의 권리 보호와 공정한 이용의 균형이 지속 가능한 문화기술 발전의 출발점이 된다.

2장 요약 — 저작권을 반드시 지켜야 하는 이유

저작권을 구성하는 주요 요소들을 저작인격권, 저작재산권, 저작권의 양도와 이용허락, 그리고 저작인접권으로 나누어 설명하면서 각각의 개념과 역할을 정리하였다.

1. 저작인격권

저작인격권은 창작자의 인격적 가치를 보호하는 비재산적 권리로, 양도나 상속이 불가능하다. 핵심 권리로는 다음이 포함된다.

- **공표권** : 저작물을 발표할 시기와 방법을 결정할 권리.
- **성명표시권** : 저작물에 창작자의 이름이나 필명을 표시하거나 생략할 권리.
- **동일성유지권** : 저작물의 원래 형태와 의미를 유지하도록 하며, 무단 변형을 방지하는 권리.

저작인격권은 기술 발전으로 저작물의 변형과 유통이 쉬워진 AI 시대에 더욱 중요해지고 있다.

2. 저작재산권

저작재산권은 저작자가 저작물을 경제적으로 활용할 수 있는 권리로, 창작자의 경제적 기반을 마련한다. 주요 권리로는 다음이 있다.

- **복제권** : 저작물을 복사하거나 재생산할 수 있는 권리.
- **공연권 및 공중송신권** : 저작물을 대중에게 공연하거나 방송·스트리밍으로 제공하는 권리.
- **배포권과 소진의 원칙** : 저작물을 배포할 권리. 하지만 물리적 복제물은 한 번 판매되면 더 이상 통제할 수 없다는 '소진의 원칙'이 적용된다.
- **2차적 저작물 작성권** : 원 저작물을 기반으로 새로운 저작물을 창작할 수 있는 권리.
- **대여권 및 전시권** : 저작물을 대여하거나 전시할 수 있는 권리.

디지털 시대의 등장과 AI 콘텐츠의 확산은 저작재산권의 해석과 적용 범위를 재정립할 필요성을 제기하고 있다.

2장 요약 저작권을 반드시 지켜야 하는 이유

3. 저작권의 양도와 이용허락

저작재산권은 양도하거나 타인에게 이용을 허락할 수 있다.

- **저작재산권 양도**: 저작자가 자신의 권리를 전부 또는 일부 양도할 수 있지만, 저작인격권은 양도되지 않는다.
- **이용허락**: 저작물을 특정 조건 하에 이용하도록 허락하는 행위로,
  1) **독점적 이용허락**: 특정인에게만 이용을 허락하며 타인의 이용을 방지할 수 있음.
  2) **비독점적 이용허락**: 여러 사용자에게 동시에 이용을 허락할 수 있음.
- **계약 해석 원칙**: 계약 내용이 불명확하면 창작자의 이익을 우선으로 해석하는 원칙이 적용된다.

4. 저작인접권

저작인접권은 창작물의 유통 과정에 기여한 실연자, 음반제작자, 방송사업자에게 부여되는 권리다.

- **실연자의 권리**: 자신의 실연을 복제하거나 방송할 때 보호받는 권리.
- **음반제작자의 권리**: 음반을 제작·유통할 때 복제권과 배포권을 행사할 권리.
- **방송사업자의 권리**: 방송 콘텐츠를 재방송하거나 공중송신할 수 있는 권리.
- **보호기간**: 실연자는 70년, 음반제작자는 70년, 방송사업자는 50년간 권리가 보호된다.

저작인접권은 콘텐츠 유통의 디지털화로 인해 더욱 중요해지고 있으며, 실연자와 제작자의 권익 보호와 공공재 활용 사이의 균형이 필요하다.

참고 문헌

나종갑(2023). 광고모델은 자신의 인격과 초상을 판매할 수 있는가?-피팅모델사건 판결의 평석을 겸하여. 지식재산연구, 18(3), pp.75-130.

박순태(2020). 문화콘텐츠와 저작권, 현암사,

정현순(2024). 저작인격권침해죄에 관한 시론-대법원 2023. 11. 30. 선고 2020도 10180 판결을 소재로 하여. 사법, 1(67), pp.538-584.

3장
내 콘텐츠가
무단 도용되었을 때

3장 내 콘텐츠가 무단 도용되었을 때

 누구의 권리인가? 저작권과 계약 해석의 한계

구름빵 사건을 넘어

2015년, 동화 작가 A는 자신의 창작 세계를 담은 그림책 '구름빵'을 출판하기 위해 B출판사와 계약을 맺었다. 계약서에는 저작재산권과 2차적 저작물 작성권이 포함되었지만, 캐릭터에 대한 권리는 명확하게 언급되지 않았다. 그림책은 출간 즉시 큰 성공을 거두었고, B출판사는 이를 기회로 다양한 사업 확장을 시도했다.

[그림 3.1] 구름빵 표지 이미지

문제는 B출판사가 회사 분할을 통해 애니메이션 제작사를 설립하고, D재단 및 E사와 협력하여 구름빵 캐릭터를 활용한 다양한 상품을 출시하면서 시작되었다. 애니메이션에서는 원작과 다른 등장인물과 배경이 추가되었고, 캐릭터의 성격과 설정도 변경되었다. 이러한 변화는 원작자 A의 동의 없이 이루어졌다.

A는 "캐릭터 저작권은 별도의 보호 대상이며, 이는 계약에서 양도되지 않았다"고 주장하며 소송을 제기했다. 특히 애니메이션에서 캐릭터 설정이 크게 바뀐 것은 동일성유지권 침해라고 지적했다. A는 이를 근거로 계약 해지와 함께 모든 권리의 반환을 요구했다.

반면 B출판사는 저작재산권 양도 계약이 캐릭터 사용권을 포함하며, 회사 분할은 단순한 조직 개편일 뿐 계약 양도가 아니라고 반박했다. 또한 애니메이션 제작은 2차적 저작물 작성권의 범위 내이며, 원작의 본질을 훼손하지 않았다고 주장했다.

법원은 세 가지 핵심 쟁점을 중심으로 판단을 내렸다. 첫째, 회사 분할에 따른 권리

승계는 계약 양도로 볼 수 없어 계약 해지 사유가 되지 않는다고 보았다. 둘째, 캐릭터는 그림책이라는 저작물의 본질적 구성요소로서 저작재산권에 포함되며, 독립적인 보호 대상이 될 수 없다고 판단했다. 셋째, 애니메이션의 변형은 2차적 저작물 작성권의 범위 내에서 이루어진 창작적 표현으로, 동일성유지권 침해가 아니라고 결론지었다.

이 사건은 디지털 시대 저작권의 본질적 과제를 드러낸다. 저작물이 다양한 형태로 변형되고 활용되는 현대 미디어 환경에서, 저작권의 범위와 한계를 어떻게 설정할 것인가? 캐릭터와 같은 저작물의 구성요소는 독립적 보호가 가능한가? 창작자의 권리와 산업적 활용 사이의 균형은 어떻게 이룰 것인가?

3장에서는 이러한 질문들에 답하기 위해 저작권의 발생과 보호범위, 공동저작물과 결합저작물의 개념, 직무저작물과 위탁저작물의 권리관계, 그리고 국제저작권 보호체계를 상세히 살펴볼 것이다. 특히 저작권 계약의 해석과 권리 범위 획정이라는 관점에서, 창작자 보호와 산업 발전이라는 두 가지 가치의 조화로운 실현 방안을 모색하고자 한다.

① 내가 만든 자료가 무단으로 사용되었다면?

우리나라 「저작권법」 제10조 제2항은 저작권의 발생 시기와 요건을 규정하고 있다. "저작권은 저작물을 창작한 때부터 발생하며 어떠한 절차나 형식의 이행을 필요로 하지 아니한다"는 규정이 이를 명확히 한다. 즉, 저작권은 저작물이 창작되는 순간 자동으로 발생하며, 특정한 매체에 고정되거나 외부에 공표, 등록 등의 절차를 거칠 필요가 없다. 창작과 동시에 저작자는 저작권을 원시적으로 취득하게 되며, 이는 실질적으로 저작물을 최초로 창작한 자에게 자동으로 귀속된다. 아울러, 저작권의 등록 절차, 보호 기간 설정, 외국 저작물의 보호 등은 저작권 체계의 중요한 요소로 작용하여 창작자의 권리를 보장하고 저작물의 공정한 활용을 도모하는 데 기여한다.

창작과 동시에 발생하는 권리

저작권은 저작물이 창작된 순간부터 발생하며, 어떠한 절차나 형식의 이행을 필요로 하지 않는다(법 제10조 제2항). 이를 '무방식주의(doctrine of formality-free protection)'라고 하며, 저작권이 등록이나 신청과 같은 절차 없이도 법적으로 보호받을 수 있음을 의미한다. 즉, 소설, 음악, 그림 등 창작물이 만들어지는 순간 창작자는 해당 저작물에 대한 권리를 자동으로 취득한다. 창작 과정이 완전히 끝나지 않은 저작물이라도 최소한의 형태만 갖추면 공표, 저작권 표시, 등록 등의 절차 없이 즉시 보호를 받을 수 있다. 여기서 '방식'이란 권리 보호를 위한 조건을 의미하며, 이를 충족하지 않을 경우 저작권 보호를 받을 수 없거나 보호받지 못하는 것과 동일한 결과를 초래할 수 있다. 역사적으로 납본, 등록, 저작권 표시, 공증인의 증명, 수수료 지급, 자국 내 제조 및 발행 요건 등이 방식으로 요구된 사례가 있다.

예를 들어, 한 작가가 글을 쓰거나 화가가 그림을 그리는 행위만으로도 저작권이 발생한다. 이는 1886년 체결된 베른 협약에서 국제적으로 보장하는 원칙으로, "무방식주의"를 채택하고 있어 저작권 성립을 위해 별도의 형식적 절차나 등록을 요구하지 않는다. 그러나 무방식주의에도 불구하고 저작권 침해가 발생했을 때 저작물의 창작 시점이나 창작 사실을 입증하는 데 어려움이 따를 수 있다. 이를 보완하기 위해 도입된 것이 저작권 등록제도다.

> 제10조(저작권) ①저작자는 제11조부터 제13조까지에 따른 권리(이하 "저작인격권"이라 한다)와 제16조부터 제22조까지에 따른 권리(이하 "저작재산권"이라 한다)를 가진다. <개정 2023. 8. 8.>
>
> ②저작권은 저작물을 창작한 때부터 발생하며 어떠한 절차나 형식의 이행을 필요로 하지 아니한다.

저작권 등록제도의 의의

저작권 등록제도는 저작물의 창작 시기와 권리자를 명확히 하기 위한 제도로, 주로 분쟁 발생 시 증거로 활용된다. 다시 말하면, 저작권 등록이란 공공기관이 관리하는 저작권등록부에 저작자와 저작물 등 저작권의 귀속 주체 및 저작권 행사의 대상이 되는 주요 사항을 기재하는 것을 의미한다. 우리나라 『저작권법』에서는 저작자의 저작물 이용 행위에 따라 개별적인 지분권을 부여하고 있으므로, 저작권 등록 또한 저작자와 저작물에 관한 주요 사항 중심으로 이루어질 수밖에 없다. 이에 대한 내용은 법 제53조에서 규정하고 있으며, 개별 지분권과 기타 권리의 변동 사항 등록에 대해서는 법 제54조에서 별도로 규정하고 있다. 저작권 등록 자체가 저작권의 발생 요건은 아니지만, 저작자가 자신의 권리를 입증하는 수단으로 중요한 역할을 한다.

앞에서 언급한 저작권법 제53조와 제54조는 저작물과 저작권 관련 사항을 등록할 수 있도록 규정하고 있다. 저작자는 이름, 저작물의 제목, 종류, 창작 날짜, 최초 공표 국가와 공표 날짜 등을 등록할 수 있으며, 사망한 경우 상속인이나 유언으로 지정된 사람이 대신 등록할 수 있다. 등록된 내용은 저작자가 저작물의 창작자임을 법적으로 증명하는 데 중요한 역할을 하며, 창작일과 공표일을 공식적으로 인정받을 수 있다. 또한, 저작재산권이나 출판권, 배타적 발행권을 양도하거나 제한할 때 이를 등록해야 제3자에게 효력을 주장할 수 있다. 등록은 저작권 보호와 권리 변동의 증명을 위해 필요한 절차이다.

저작권 등록의 주요 의의는 권리 입증, 공시, 분쟁 해결에 있다. 첫째, 저작권 등록은 저작자가 누구인지, 창작 시기가 언제인지를 증명하는 법적 증거가 될 수 있다. 둘째, 등록을 통해 제3자에게 저작권의 존재를 알릴 수 있어 저작권 침해와 같은 분쟁을 예방할 수 있다. 셋째, 침해가 발생했을 때 등록된 정보를 근거로 법적 대응이 용이해져 분쟁 해결이 수월해진다. 이처럼 저작권 등록은 저작자의 권리를 보호하고 분쟁을 예방하는 데 중요한 역할을 한다.

예를 들어, 작곡가 A가 자신의 곡을 창작한 후 등록하지 않았는데, 다른 사람이 동일한 곡을 먼저 발표했다고 주장하는 상황에서는 창작 시기를 입증하기가 어렵다. 그러나 저작권 등록을 했다면 법적 보호를 훨씬 용이하게 받을 수 있다.

> 제53조(저작권의 등록)
> ① 저작자는 다음 각 호의 사항을 등록할 수 있다. <개정 2021. 5. 18.>
>
> 　1. 저작자의 실명・이명(공표 당시에 이명을 사용한 경우로 한정한다)
> 　　・국적・주소 또는 거소
> 　2. 저작물의 제호・종류・창작연월일
> 　3. 공표의 여부 및 맨 처음 공표된 국가・공표연월일
> 　4. 그 밖에 대통령령으로 정하는 사항
>
> ② 저작자가 사망한 경우 저작자의 특별한 의사표시가 없는 때에는 그의 유언으로 지정한 자 또는 상속인이 제1항 각 호의 규정에 따른 등록을 할 수 있다.

③ 제1항 및 제2항에 따라 저작자로 실명이 등록된 자는 그 등록저작물의 저작자로, 창작연월일 또는 맨 처음의 공표연월일이 등록된 저작물은 등록된 연월일에 창작 또는 맨 처음 공표된 것으로 추정한다. 다만, 저작물을 창작한 때부터 1년이 지난 후에 창작연월일을 등록한 경우에는 등록된 연월일에 창작된 것으로 추정하지 아니한다. <개정 2009. 4. 22., 2023. 8. 8.>

제54조(권리변동 등의 등록·효력) 다음 각 호의 사항은 이를 등록할 수 있으며, 등록하지 아니하면 제3자에게 대항할 수 없다. <개정 2011. 12. 2., 2023. 8. 8.>

1. 저작재산권의 양도(상속 그 밖의 일반승계의 경우는 제외한다) 또는 처분제한
2. 제57조에 따른 배타적발행권 또는 제63조에 따른 출판권의 설정·이전·변경·소멸 또는 처분제한
3. 저작재산권, 제57조에 따른 배타적발행권 및 제63조에 따른 출판권을 목적으로 하는 질권의 설정·이전·변경·소멸 또는 처분제한

보호기간의 계산

저작권의 보호기간은 저작자가 저작물로부터 경제적 이익을 얻을 수 있도록 보장하기 위해 설정된다. 보호기간이 만료되면 저작물은 공공의 재산(퍼블릭 도메인)으로 전환되어 누구나 자유롭게 이용할 수 있다.

저작권법 제39조부터 제44조까지는 저작재산권 보호기간에 대해 규정하고 있다. 일반적으로 저작재산권은 저작자가 생존하는 동안과 사망 후 70년간 보호되며, 공동저작물의 경우 마지막으로 사망한 저작자가 사망한 후 70년간 보호된다. 무명 또는 이명이 표시된 저작물은 공표된 때부터 70년간 보호되지만, 저작자의 신원이 밝혀지면 실명 저작물과 동일한 보호기간이 적용된다. 업무상 저작물과 영상저작물도 공표한 때부터 70년간 보호되며, 창작 후 50년 이내에 공표되지 않은 경우에는 창작 시점을 기준으로 보호기간이 계산된다. 계속적 간행물의 경우 최종 공표 시점이 보호기간의 기준이 되며, 보호기간은 저작자의 사망 또는 저작물의 공표 다음 해부터 시작된다.

디지털 시대에는 보호기간 산정이 더욱 복잡해질 수 있다. 특히, 미발표 저작물

이 사후 수십 년이 지나 발표되는 경우처럼 보호기간의 시작 시점을 어떻게 계산할지가 논쟁이 될 수 있다.

> 제39조(보호기간의 원칙) ①저작재산권은 이 관에 특별한 규정이 있는 경우를 제외하고는 저작자가 생존하는 동안과 사망한 후 70년간 존속한다. <개정 2011. 6. 30.> ②공동저작물의 저작재산권은 맨 마지막으로 사망한 저작자가 사망한 후 70년간 존속한다. <개정 2011. 6. 30.> 제40조(무명 또는 이명 저작물의 보호기간) ①무명 또는 널리 알려지지 아니한 이명이 표시된 저작물의 저작재산권은 공표된 때부터 70년간 존속한다. 다만, 이 기간 내에 저작자가 사망한지 70년이 지났다고 인정할만한 정당한 사유가 발생한 경우에는 그 저작재산권은 저작자가 사망한 후 70년이 지났다고 인정되는 때에 소멸한 것으로 본다. <개정 2011. 6. 30.> ②다음 각 호의 어느 하나에 해당하는 경우에는 제1항의 규정은 이를 적용하지 아니한다.
>
> 1. 제1항의 기간 이내에 저작자의 실명 또는 널리 알려진 이명이 밝혀진 경우
> 2. 제1항의 기간 이내에 제53조제1항의 규정에 따른 저작자의 실명등록이 있는 경우

외국 저작물의 보호기간

국제 저작권 보호는 베른협약과 같은 국제조약을 통해 이루어지며, 각 국가의 저작권법이 상호 적용되는 원칙을 따른다. 외국인의 저작물이 국내에서 보호될 때에는 내국민대우의 원칙에 따라 국내저작물과 마찬가지로 보호된다. 따라서 보호기간 역시 같다.

저작물의 보호기간은 기본적으로 국내 저작권법에 따라 정해지지만, 저작물의 본국에서 보호기간이 만료되었을 경우 국내에서도 보호가 종료된다. 이는 베른협약의 "보호기간 비교의 원칙"에 따른 것으로, 보호가 주장되는 국가의 입법에 따라 보호기간을 정하되 본국에서 정한 보호기간을 초과할 수 없다는 규정 때문이다. 예를 들어, 미키마우스와 같은 잘 알려진 캐릭터는 미국 저작권법에 따라 발행 후 95년간 보호되지만, 우리나라에서는 월트 디즈니가 사망한 해의 다음 해부터 70년간 보

호되며, 미국에서 보호기간이 2023년에 만료됨에 따라 우리나라에서도 동일하게 2023년까지만 보호된다.

저작권은 창작과 동시에 발생하며, 저작권 등록제도를 통해 그 권리를 더욱 명확히 할 수 있다. 또한, 저작권의 보호기간은 창작자의 경제적 이익을 보장하면서도 저작물이 공익을 위해 활용될 수 있는 시점을 설정하는 데 중요한 역할을 한다. 외국 저작물의 보호는 베른협약 등 국제 규약에 따라 이루어지며, 자국법과 국제법의 균형이 요구된다. 따라서, 저작권의 발생과 보호기간을 이해하는 것은 창작자의 권리를 보호하는 동시에 문화유산의 공공 활용을 촉진하는 중요한 법적 기반이 된다. 디지털과 글로벌 시대에 저작권 보호의 명확성과 공정성이 더욱 강조되고 있다.

② 저작권 침해 신고 절차와 법적 대응 방법

저작물은 하나의 창작자가 단독으로 만들어내는 경우가 대부분이지만, 때로는 여러 사람이 협력하거나 독립적인 저작물을 결합해 하나의 작품을 만들어내기도 한다. 이러한 경우를 공동저작물과 결합저작물로 구분하며, 저작권법은 이러한 저작물의 권리와 활용 방안을 명확히 규정하고 있다.

공동저작물의 성립요건

공동저작물이란 2명 이상이 공동으로 창작한 저작물로서 각자의 이바지한 부분을 분리하여 이용할 수 없는 것을 말한다(저작권법 제2조 21항). 공동저작물로 인정되기 위해서는 저작자들이 공동으로 저작물을 창작하려는 의사와 목적을 가져야 하며, 단순한 아이디어 제공이나 협조는 이에 해당하지 않는다.

또한 각 저작자의 기여분은 반드시 창작적이어야 하며, 단순 반복 작업이나 기술적 보조는 창작적 기여로 인정되지 않는다. 마지막으로, 각 저작자의 기여분이 분리될 수 없는 상태여야 하며, 기여가 명확히 구분될 수 있는 경우에는 공동저작물이 아닌 결합저작물로 분류된다. 예를 들어 한 작곡가와 작사가가 함께 노래를 창작했다면, 작사와 작곡은 분리될 수 없으므로 이는 공동저작물로 인정된다. 반면, 그림과 글이 결합된 그림책은 그림과 글이 독립적으로 존재할 수 있어 결합저작물에 해당한다.

결합저작물의 특징

결합저작물은 각기 독립된 저작물을 결합해 새로운 저작물을 만들어낸 경우를 의미한다. 즉, 결합저작물은 각 저작물이 창작적 독립성을 유지한 상태로 결합된 형태의 저작물을 말하며, 결합된 상태에서도 각 저작물은 독자적으로 저작권 보호를 받는다. 결합저작물을 이용하려면 결합된 각 저작물의 저작자로부터 별도의 이용 허락을 받아야 하며, 결합저작물에 대한 저작권은 새로운 결합 형태에 대한 권리로, 개별 저작물에 대한 저작권과는 구별된다.

예를 들어 한 영화에 삽입된 기존 음악이나 소설을 바탕으로 제작된 드라마는 결합저작물로 볼 수 있다. 이 경우 영화와 드라마는 결합된 형태이지만, 음악과 소설은 여전히 독립적으로 보호된다.

권리행사의 방법

공동저작물과 결합저작물은 권리 행사 방식에서 중요한 차이를 보인다. 공동저작물은 저작자가 공동으로 저작권을 소유하며, 권리 행사는 공동저작자 전원의 동의를 필요로 한다. 각 저작자는 자신의 기여분을 독자적으로 이용하거나 타인에게 허락할 수 없으며, 공동저작물로부터 얻은 이익은 기여도에 따라 분배하되, 기여도가 명확하지 않은 경우 균등하게 분배하는 것이 원칙이다.

반면, 결합저작물은 각 저작물이 독립적인 저작권을 유지하기 때문에 이용이나 권리 행사를 위해서는 결합된 저작물의 각 저작자에게 개별적으로 허락을 받아야 한다. 결합저작물로 수익이 발생할 경우, 각 저작자는 자신의 저작물 이용에 대한 대가를 요구할 수 있다. 예를 들어, 영화 제작사가 기존 음악을 사용할 때는 해당 음악 저작권자의 허락을 받아야 하며, 수익이 발생할 경우 음악 저작권자는 자신의 기여에 대한 정당한 몫을 받을 권리가 있다.

이용허락과 수익분배

공동저작물과 결합저작물을 활용할 때 주요 쟁점은 이용허락과 수익분배 방식이다. 먼저, 이용허락과 관련하여 공동저작물은 저작자 전원의 동의가 필요하며, 동의 없이 저작물 전체를 이용할 수 없다. 반면, 결합저작물은 각 저작자가 개별적으로 저작권을 행사할 수 있으므로 각 저작물에 대한 별도의 이용허락을 받아야 한다. 이러한 차이로 인해 공동저작물은 권리 행사에 있어 더 복잡한 절차를 요구한다.

수익분배의 경우, 공동저작물은 저작자들의 기여도에 따라 수익을 나누되, 기여도가 불명확할 경우 균등하게 분배한다. 반면, 결합저작물에서는 각 저작물의 기여에 따른 수익 배분이 이루어지며, 구체적인 분배 비율은 계약에 의해 정해질 수 있다. 예를 들어, 한 드라마가 기존 소설을 바탕으로 제작되고 드라마에 삽입된 음악이 큰 인기를 끌었다면, 드라마 제작사, 소설의 저작자, 음악 저작권자가 각각 자신들의 권리에 따라 수익을 배분받게 된다.

제15조(공동저작물의 저작인격권)
① 공동저작물의 저작인격권은 저작자 전원의 합의에 의하지 아니하고는 이를 행사할 수 없다. 이 경우 각 저작자는 신의에 반하여 합의의 성립을 방해할 수 없다.
② 공동저작물의 저작자는 그들 중에서 저작인격권을 대표하여 행사할 수 있는 자를 정할 수 있다.
③ 제2항의 규정에 따라 권리를 대표하여 행사하는 자의 대표권에 가하여진 제한이 있을 때에 그 제한은 선의의 제3자에게 대항할 수 없다. 제39조(보호기간의 원칙)

① 저작재산권은 이 관에 특별한 규정이 있는 경우를 제외하고는 저작자가 생존하는 동안과 사망한 후 70년간 존속한다. <개정 2011. 6. 30.>
②공동저작물의 저작재산권은 맨 마지막으로 사망한 저작자가 사망한 후 70년간 존속한다. <개정 2011. 6. 30.>

제48조(공동저작물의 저작재산권의 행사)
① 공동저작물의 저작재산권은 그 저작재산권자 전원의 합의에 의하지 아니하고는 이를 행사할 수 없으며, 다른 저작재산권자의 동의가 없으면 그 지분을 양도하거나 질권의 목적으로 할 수 없다. 이 경우 각 저작재산권자는 신의에 반하여 합의의 성립을 방해하거나 동의를 거부할 수 없다.
② 공동저작물의 이용에 따른 이익은 공동저작자 간에 특약이 없는 때에는 그 저작물의 창작에 이바지한 정도에 따라 각자에게 배분된다. 이 경우 각자의 이바지한 정도가 명확하지 아니한 때에는 균등한 것으로 추정한다.

③ 공동저작물의 저작재산권자는 그 공동저작물에 대한 자신의 지분을 포기할 수 있으며, 포기하거나 상속인 없이 사망한 경우에 그 지분은 다른 저작재산권자에게 그 지분의 비율에 따라 배분된다.
④ 제15조제2항 및 제3항의 규정은 공동저작물의 저작재산권의 행사에 관하여 준용한다.

제129조(공동저작물의 권리침해) 공동저작물의 각 저작자 또는 각 저작재산권자는 다른 저작자 또는 다른 저작재산권자의 동의 없이 제123조의 규정에 따른 청구를 할 수 있으며 그 저작재산권의 침해에 관하여 자신의 지분에 관한 제125조의 규정에 따른 손해배상의 청구를 할 수 있다.

공동저작물과 결합저작물은 저작권의 협업과 활용을 가능하게 하지만, 그 권리 행사는 저작자 간의 명확한 합의와 기준이 필요하다. 공동저작물은 창작과 권리가 분리될 수 없는 상태에서 공동 관리되며, 결합저작물은 각 저작물이 독립적으로 존재하면서 결합된 형태로 이용된다. 따라서, 저작권을 공동으로 소유하거나 결합된 형태로 활용할 때는 명확한 권리관계 설정과 공정한 수익분배가 필요하며, 이러한 이해를 바탕으로 저작물의 산업적 활용과 창작자 간의 협력을 지속할 수 있다.

③ 분쟁을 예방하고 창작을 보호하는 전략

저작물은 개인 창작자뿐 아니라 법인이나 조직, 그리고 타인의 의뢰에 따라 작성되는 경우도 있다. 이러한 저작물은 직무저작물과 위탁저작물로 구분되며, 저작권의 귀속과 활용 방안은 창작의 성격과 계약 내용에 따라 달라진다. 직무저작물과 위탁저작물의 권리 귀속은 저작권법에서 중요한 법적 논점 중 하나다.

직무저작물의 성립요건

직무저작물은 고용관계나 업무 수행 중 창작된 저작물로, 법인이나 단체가 저작권을 가지기 위해서는 몇 가지 요건을 충족해야 한다. 먼저, 저작물이 법인이나 단체의 업무 수행 과정에서 창작되어야 하며, 예를 들어 회사 소속 디자이너가 업무상 제작한 브랜드 로고나 사내 기술팀이 작성한 보고서 등이 이에 해당한다. 또한, 저작물이 명확하게 업무 목적과 관련된 것이어야 하며, 근무 시간에 회사 프로젝트를 위해 작성한 코드나 보고서처럼 업무의 일환으로 제작된 경우에만 직무저작물로 인정된다. 반면, 개인적인 창작물은 업무와 관련이 없기 때문에 직무저작물로 보지 않는다.

또한, 직무저작물이 성립하려면 해당 저작물이 법인이나 단체의 명의로 발표되거나 공개되어야 하며, 이 경우 법인이 저작권자로 인정된다. 예를 들어 출판사 소속 작가가 회사의 의뢰로 사보에 실릴 에세이를 작성한 경우, 이는 직무저작물로 회사에 저작권이 귀속된다. 그러나 회사 업무와 무관하게 개인적으로 작성한 소설은 직무저작물이 아니며, 이에 대한 저작권은 작가 개인에게 귀속된다.

법인 등의 지위

직무저작물에서 법인이나 단체는 저작권자로서 법적 지위를 가지며, 저작재산권과 저작인격권 측면에서 다음과 같은 특징이 있다. 먼저, 저작재산권은 법인에게 귀속되며, 법인은 이를 자유롭게 활용하거나 양도, 이용 허락할 수 있다. 예를 들어 기업이 사내 교육 자료를 제작하여 이를 판매하거나 배포하는 경우가 이에 해당한다. 법인은 직무저작물에 대한 권리를 독점적으로 행사할 수 있으며, 이를 통해 경제적 이익을 창출할 수 있다.

또한, 직무저작물에서는 저작인격권이 제한될 수 있다. 직무저작물은 법인의 명의로 공표되기 때문에 창작자의 공표권, 성명표시권, 동일성유지권 등이 제한될 수 있지만, 창작자가 실질적으로 기여한 경우 자신의 성명을 표시할 권리를 주장할 수 있다. 예를 들어, 건축회사의 소속 설계사가 만든 설계도면은 회사의 직무저작물로서 저작권은 회사에 귀속되지만, 설계사는 도면에 자신의 이름을 표시할 권리를 가진다.

위탁저작물의 권리 귀속

위탁저작물은 타인의 의뢰나 위탁에 따라 창작된 저작물로, 저작권의 귀속 여부는 계약 내용에 따라 달라진다. 기본적으로 저작권은 창작자에게 귀속되며, 별도의 계약이 없는 한 위탁받아 창작한 저작물의 저작권은 창작자에게 남는다. 예를 들어, 회사가 외부 디자이너에게 로고를 의뢰했을 때 저작권에 대한 별도의 계약이 없다면, 로고의 저작권은 디자이너가 가진다.

그러나, 계약에 따른 권리 이전이 명시적으로 합의된 경우, 저작권은 의뢰자에게 귀속될 수 있다. 이 경우 계약서에 저작권 양도나 이용허락 조건이 명확히 기재되어야 하며, 불명확한 경우 창작자의 권리가 우선 보호된다. 예를 들어, 출판사가 프리랜서 작가에게 책 집필을 의뢰했더라도, 계약서에 저작권 양도 조항이 없다면 저작권은 작가에게 남고, 출판사는 출판권만을 가지게 된다.

계약해석의 원칙

직무저작물과 위탁저작물의 저작권 귀속 문제는 계약 내용과 해석에 따라 결정되며, 계약이 불명확하거나 분쟁이 발생한 경우 다음 원칙을 따른다. 먼저, 문언 해석의 원칙에 따라 계약서에 명확한 조항이 있을 경우 이를 그대로 적용한다. 예를 들어, 계약서에 "저작권 일체를 의뢰자에게 양도한다"고 명시되어 있다면, 저작권은 의뢰자에게 귀속된다. 둘째, 목적론적 해석은 계약 문구가 모호할 때 적용되며, 계약 체결의 목적과 당사자의 의도를 종합적으로 고려하여 해석한다. 예를 들어, 위탁계약이 특정 저작물의 상업적 활용을 목적으로 한다면 저작권 양도가 포함된 것으로 해석될 수 있다. 마지막으로, 저작자 보호 원칙에 따라 계약 해석상 저작권 귀속이 불분명할 경우 창작자인 저작자의 권리를 우선 보호한다. 이는 저작권 양도의 남용을 방지하고 저작자의 권익을 보호하기 위한 것이다. 예를 들어, 프리랜서 웹툰 작가가 플랫폼사와 계약했으나 저작권 양도에 대한 명확한 조항이 없는 경우, 법원은 작가에게 저작권을 인정하고 플랫폼사는 웹툰을 게시할 권리만 가진다고 판단할 수 있다.

> 제2조 31. "업무상저작물"은 법인·단체 그 밖의 사용자(이하 "법인등"이라 한다)의 기획하에 법인등의 업무에 종사하는 자가 업무상 작성하는 저작물을 말한다.
>
> 제9조(업무상저작물의 저작자) 법인등의 명의로 공표되는 업무상저작물의 저작자는 계약 또는 근무규칙 등에 다른 정함이 없는 때에는 그 법인등이 된다. 다만, 컴퓨터프로그램저작물(이하 "프로그램"이라 한다)의 경우 공표될 것을 요하지 아니한다. <개정 2009. 4. 22.>

직무저작물과 위탁저작물은 창작의 성격과 계약에 따라 저작권 귀속이 달라진다. 직무저작물은 고용관계에서 업무상 창작된 저작물로, 법인이나 단체에 저작권이 귀속되지만, 창작자는 저작인격권의 일부를 주장할 수 있다. 위탁저작물은 원칙적으로 창작자에게 저작권이 귀속되지만, 계약에 따라 저작권의 양도나 이용허락이 이루어진다. 계약 해석의 원칙은 문언을 우선으로 하되, 불명확할 경우 저작자의 권리를 보호하는 방향으로 해석한다. 따라서, 직무저작물과 위탁저작물의 저작권을 둘러싼 논쟁을 피하기 위해서는 명확한 계약서 작성이 필수적이며, 저작자의 권리를 우선 고려하는 법적 원칙이 적용된다.

저작권 침해 사례 분석과 실전 대응

국내법과 마찬가지로 저작권의 국제적 보호를 위한 국제협약 역시 생성, 변형, 발전 그리고 소멸의 과정을 겪으면서 오늘에 이르고 있다. 국제 저작권 보호는 국가 간 경계를 넘어 창작자의 권리를 보장하고 저작물의 공정한 유통을 촉진하기 위해 마련된 체계이다. 글로벌화와 디지털 시대가 심화되면서 저작권 침해 문제는 더욱 복잡해졌고, 이에 대응하기 위해 국제 협약과 협정이 발전해왔다. 베른협약, WTO/TRIPs 협정, WIPO 저작권조약, 양자간 협정은 오늘날 국제 저작권 보호 체계의 핵심 축을 이루고 있다.

베른협약

베른협약(Berne Convention for the Protection of Literary and Artistic Works)은 1886년에 체결된 최초의 국제 저작권 협약으로, 저작권 보호의 기본 원칙을 확립했다. 현재 180개 이상의 국가가 가입한 베른협약은 저작권 보호에 관한 국제적인 기준을 제시하며, 주요 내용은 다음과 같다.

무방식주의에 따라 저작권은 창작과 동시에 자동으로 발생하며, 별도의 등록이나 고지를 요구하지 않는다. 예를 들어, 작가가 소설을 쓰는 순간 전 세계적으로 저작권이 자동 보호된다. 내국민 대우 원칙에 따라 각 가입국은 다른 가입국 저작물에 자국 저작물과 동일한 보호를 제공해야 하며, 프랑스 작가의 소설도 한국에서 동일한 보호를 받는다. 최소 보호기간은 저작자 사후 50년을 원칙으로 하지만, 각 국가가 이를 연장할 수 있어 한국은 사후 70년을 적용한다. 또한, 2차적 저작물 보호 규정에 따라 번역, 각색, 영화화된 저작물도 원저작물과 동일하게 보호된다. 베른협약은 현대 저작권법의 기반을 제공했으며, 국제적 저작권 보호를 위한 첫 발걸음이었다.

WTO/TRIPs 협정

TRIPs 협정(Agreement on Trade-Related Aspects of Intellectual Property

Rights)은 1994년 세계무역기구(WTO) 출범과 함께 체결된 협정으로, 지식재산권 보호를 무역과 연결시킨 최초의 국제 규범이다. TRIPs 협정은 베른협약의 원칙을 포함하면서 지식재산권 보호를 더욱 강화한 내용을 담고 있다. WTO 회원국은 베른협약에서 정한 최소 기준을 준수해야 하며, 저작물의 복제, 배포, 공중송신 등 다양한 권리를 보장해야 한다. 또한, 컴퓨터 프로그램과 데이터베이스도 보호 대상으로 명시되어 있다. 특히 컴퓨터 프로그램은 문학적 저작물로 간주되어 보호되며, 데이터베이스는 창작적 기여가 있는 경우 저작권 보호를 받을 수 있다.

TRIPs 협정은 저작권 보호에 있어 강력한 분쟁 해결 메커니즘을 도입한 것이 특징이다. WTO는 회원국 간 저작권 침해에 대한 분쟁 해결을 위해 분쟁해결제도(DSU)를 통해 강제력을 부여하며, 이를 통해 실질적인 대응력을 확보했다. 예를 들어, 한 국가가 불법 복제 소프트웨어 문제를 방치할 경우 피해 국가는 WTO에 제소하여 경제적 제재를 가할 수 있다. 이러한 방식으로 TRIPs 협정은 저작권을 포함한 지식재산권 보호를 국제 무역의 필수 요소로 자리매김시켰다.

WIPO 저작권조약

WIPO 저작권조약(WIPO Copyright Treaty, WCT)은 디지털 시대에 맞추어 베른협약을 보완하고 확장한 조약으로, 1996년에 채택되었다. 이 조약은 인터넷과 디지털 기술의 발전에 따른 저작권 보호 문제를 해결하기 위해 마련되었으며, 디지털 환경에서의 저작권 보호를 강화하는 것을 주요 내용으로 한다. WCT에 따르면 저작권자의 허락 없이 온라인상에서 저작물을 복제, 전송, 배포하는 행위는 금지되며, 저작권자의 동의 없이 음악이나 영화를 인터넷에 업로드하는 것은 WCT 위반에 해당한다.

또한, WCT는 기술적 보호조치와 저작권 정보 보호를 위한 규정을 포함하고 있다. 저작권 보호를 위해 마련된 DRM(디지털 권리 관리)과 같은 기술적 보호조치를 무력화하는 행위를 금지하며, 저작물에 포함된 저작권 정보(창작자, 권리자 등)를 제거하거나 변경하는 것도 금지한다. 이를 통해 WIPO 저작권조약은 디지털 환경에서 저작물의 무단 복제와 불법 유통에 대한 대응책을 제시하고, 저작권 보호를 한층 강화하였다.

양자간 협정

양자간 협정은 두 국가 간 체결되는 저작권 보호 협정으로, 국제 협약이나 다자간 협정을 보완하며 각국의 문화적·경제적 관계에 따라 맞춤형 저작권 보호를 제공한다. 이를 통해 특정 권리를 더욱 강화할 수 있으며, 예를 들어 한-미 FTA에서는 저작권 보호 기간을 저작자 사후 70년으로 연장하고, 디지털 저작물에 대한 강력한 보호 조치를 명시하여 기존 국제 협약보다 높은 수준의 저작권 보호를 보장하고 있다.

또한, 양자간 협정은 국가 간 저작권 보호의 상호주의를 기반으로 하여 두 국가가 서로 저작물 보호를 보장하고, 무단 사용과 침해를 방지하는 효과를 낸다. 특히 영화, 소프트웨어, 음악 등 특정 산업의 저작권 보호를 강화하고, 저작물의 무역을 촉진함으로써 산업적 목적도 달성할 수 있다. 이를 통해 양자간 협정은 저작권 보호와 함께 국가 간 문화 콘텐츠 교류 및 경제 협력에도 중요한 역할을 한다.

국제 저작권 보호체계는 베른협약, TRIPs 협정, WIPO 저작권조약, 양자간 협정을 통해 글로벌 차원에서 저작물의 권리 보호를 강화하고 있다. 베른협약은 무방식주의와 내국민 대우 원칙을 확립하여 국제적 보호의 기틀을 마련했다. TRIPs 협정은 저작권 보호를 무역과 연결해 강력한 분쟁해결 메커니즘을 제공했다. WIPO 저작권조약은 디지털 시대의 저작권 침해에 대응하며 기술적 보호조치를 강화했다. 양자간 협정은 국가 간 맞춤형 저작권 보호를 통해 특정 산업을 보호하고 무역을 활성화한다. 따라서, 국제 저작권 보호체계는 창작자의 권리를 글로벌하게 보장하면서도, 기술 발전과 디지털 환경의 변화에 유연하게 대응할 수 있는 체계를 지속적으로 발전시키고 있다.

K-pop 커버곡의 저작권법적 양성화 방안

K-pop 커버곡은 전 세계적으로 인기를 끌며 팬 문화의 한 축으로 자리 잡았으나, 지속적인 저작권 논란으로 창작자와 팬들 사이에서 중요한 이슈로 부각되고 있다. 홍진욱과 김서희(2023)의 연구는 이러한 커버곡의 저작권 문제를 다각도로 분석하며, 이를 해결하기 위한 실질적 정책 방안을 제시하고 있다. 특히 커버곡의 다양한 유형별로 침해될 수 있는 저작권 및 저작인접권을 명확히 식별하고, 이를 토대로 법적 대응과 제도적 개선 방안을 모색하였다.

커버곡의 유형에 따른 주요 침해 권리는 다음과 같다. 먼저, 원본 MR 활용형 커버는 원곡의 음악 반주를 그대로 사용하여 노래하는 방식으로, 복제권과 공중송신권 침해 가능성이 크다. 이에 비해 수정 MR 활용형 커버는 원곡을 편곡한 반주를 사용하는 방식으로, 음반제작자의 복제권과 관련된 논란이 있지만 실질적 유사성이 낮으면 침해로 인정될 가능성이 줄어든다. 리메이크는 원곡을 재해석하여 편곡한 형태로, 동의 없이 제작될 경우 동일성유지권과 2차적저작물작성권 침해 소지가 있다. 이와 유사하게, 어댑테이션은 기존 곡의 멜로디와 가사를 변형하여 새로운 창작물을 만드는 방식으로 동일성유지권과 2차적저작물작성권 문제를 야기할 수 있다. 마지막으로, 샘플링은 원곡의 일부를 발췌하여 사용하는 형태로, 독립저작물과 2차적저작물의 경계에 있어 개별 사안에 따라 법적 판단이 달라질 수 있다.

이에 따라 연구는 커버곡의 법적 양성화를 위한 몇 가지 해결 방안을 제안했다. 첫째, 커버용 라이선스 제도 도입을 통해 원저작자와 저작인접권자가 수익 배분을 사전에 투명하게 협의할 수 있는 구조를 마련하고, 신탁단체가 이를 관리하도록 한다. 둘째, 저작권 교육과 인식 제고를 통해 창작자와 팬들이 저작권 문제에 대한 이해를 높이고, 합법적인 방법으로 콘텐츠를 제작하도록 유도한다. 셋째, 공정이용 조항의 활용을 통해 비영리적 목적의 커버곡이나 제한된 범위 내에서의 활용에 대해 법적 분쟁을 줄일 수 있는 방안을 마련한다.

이 연구는 3장 "저작권 법률관계의 심화"에서 다룬 직무저작물과 위탁저작물의 권리 귀속 문제, 그리고 국제 저작권 체계에서 논의된 협력과 조정의 필요성을 반영하며 정책적 의미를 강화한다. 특히, 창작자와 이용자 간 신뢰를 기반으로 한 라이선싱 체계의 구축이 필수적임을 강조하며, 이를 통해 저작권법이 양측의 권리와 의무를 조화롭게 균형 잡을 수 있음을 제시했다. 이러한 방안은 디지털 시대의 팬 창작물과 상업적 콘텐츠 사이의 갈등을 완화하고, 지속 가능한 창작 생태계를 형성하는 데 기여할 수 있을 것이다.

 저작권 관계의 조화와 발전

3장은 저작권의 귀속과 활용, 국제 협력의 중요성을 강조하며, 디지털 시대에 저작권 체계의 현대화 필요성을 제기했다. 직무저작물과 위탁저작물은 권리 귀속의 명확성과 공정한 계약이 핵심이며, 제 저작권 보호 체계는 글로벌 창작물의 공정한 유통과 보호를 위한 협력적 접근이 필요하다. K-pop 사례는 창작자, 이용자, 산업 간의 균형 있는 정책 설계의 중요성을 보여준다. 따라서, 저작권 법률 관계의 심화는 창작자의 권리를 보호하면서도, 디지털 환경과 글로벌화된 창작 환경에서 저작물이 공정하게 활용될 수 있는 방향으로 나아가야 한다.

3장 요약 내 콘텐츠가 무단 도용되었을 때

3장 "저작권 법률관계의 심화"는 저작권의 귀속, 계약, 국제 체계 등 심화된 법적 관계를 다룬다. 이 장에서는 직무저작물, 위탁저작물, 국제 저작권 보호체계, 그리고 사례 연구를 통해 실질적 문제 해결 방안을 탐구했다.

1. 직무저작물과 위탁 저작물

① 직무저작물

- 개념 : 고용관계에서 업무상 창작된 저작물로, 저작권은 법인이나 단체에 귀속된다.
- 조건 : 법인의 명의로 공표된 경우 법인이 저작권자이며, 창작자는 제한적으로 저작인격권(성명표시권 등)을 주장할 수 있다.
- 논의 : 창작자의 기여를 어떻게 공정하게 인정하고 보상할 것인가가 쟁점이다.

② 위탁저작물

- 개념 : 의뢰에 따라 창작된 저작물로, 저작권은 계약 내용에 따라 귀속된다.
- 원칙 : 별도의 계약이 없는 경우, 저작권은 창작자에게 귀속된다.
- 쟁점 : 계약의 불명확성이 분쟁을 초래하며, 명확한 권리 귀속과 계약 해석이 중요하다.

2. 국제 저작권 보호체계

① 베른협약
- 저작권은 창작과 동시에 자동 발생하며, 최소한 저작자 사후 50년간 보호된다.
- 무방식주의와 내국민 대우 원칙이 주요 특징이다.

② WTO/TRIPs 협정
- 저작권 보호를 무역의 일부로 규정하며, 컴퓨터 프로그램과 데이터베이스를 보호 대상으로 포함한다.
- 분쟁해결 메커니즘(DSU)을 통해 국가 간 분쟁을 해결한다.

③ WIPO 저작권조약
- 디지털 환경에 맞춰 저작권 보호를 강화하며, 온라인 전송, DRM(디지털 권리 관리) 보호, 저작권 정보 무단 변경 금지 등을 포함한다.

④ 양자간 협정
- 국가 간 맞춤형 협정을 통해 특정 산업(음악, 영화 등)의 저작권 보호를 강화한다.

참고 문헌

서울고등법원, 2020. 1.21 선고. 2019나2007820판결.

서울중앙지방법원, 2019. 1.11. 선고, 2017가합588605판결.

박순태(2020), 문화콘테츠와 저작권, 현암사.

임원선(2022), 제7판 실무자를 위한 저작권법, 한국저작권위원회.

홍진욱, 김서희(2023). K-pop 커버곡의 저작권법적 양성화 방안 연구. 계간 저작권, 36(4), pp.251-295.

제2부

AI시대, 저작권은 어떻게 변하고 있는가

4장

AI가 만든 콘텐츠의 저작권 문제

4장 AI가 만든 콘텐츠의 저작권 문제

누구의 권리인가? 저작권과 계약 해석의 한계

노래방 반주기 사건(2015도3352)

 2015년, 대법원은 저작권 보호를 위한 기술적 조치의 의미를 재정립하는 중요한 판결을 내렸다. 이 사건의 중심에는 노래방 반주기 제작업체인 甲 회사가 있었다. 甲 회사는 음악저작권협회로부터 적법한 이용허락을 받아 신곡을 공급하면서, 저작권 보호를 위한 인증절차를 도입했다. 그러나 이러한 보호장치는 예상치 못한 도전에 직면했다.

 피고인 乙 등은 甲 회사의 인증절차를 무력화하는 장치를 제조하고 판매했다. 이들의 행위는 단순한 기술적 우회를 넘어, 디지털 시대 저작권 보호의 근간을 위협하는 것이었다. 甲 회사의 인증절차는 음악저작물에 대한 접근을 통제하고 저작권 침해를 방지하기 위한 이중의 보호장치였으나, 乙 등의 장치로 인해 그 보호망이 무너질 위기에 처했다.

 대법원은 이 사건에서 '기술적 보호조치'의 법적 의미를 명확히 했다. 저작권법은 기술적 보호조치를 저작물 접근 방지 조치와 저작권 침해행위 방지 조치로 구분한다. 법원은 甲 회사의 보호조치가 복제권과 배포권 측면에서는 접근통제 조치로, 공연권 측면에서는 이용통제 조치로 기능한다고 판단했다.

 이 사례는 단순한 기술적 보호조치 침해를 넘어, 디지털 환경에서 저작권 보호의 새로운 패러다임을 제시했다. AI와 디지털 기술의 발전으로 저작물의 복제와 유통이 더욱 쉬워진 현실에서, 기술적 보호조치의 무력화는 저작권 침해의 심각한 위협이 되고 있다. 대법원의 판결은 이러한 현실을 인식하고, 디지털 시대에 걸맞은 저작권 보호 기준을 제시했다는 점에서 중요한 의의가 있다.

 이에 따라 4장에서는 저작권 침해의 다양한 유형과 이에 대한 구제방안을 살펴보고자 한다. 특히 기술적 보호조치의 의미와 역할, 그리고 이를 둘러싼 법적 해석을 깊이 있게 탐구할 것이다. 더 나아가, 민사적, 형사적, 행정적 구제방안을 통해 디지털 환경에서 저작권을 효과적으로 보호할 수 있는 방안을 모색하고자 한다.

AI 창작물과 인간 창작물의 경계

저작권 침해는 저작권자의 허락 없이 저작물을 이용하거나 저작인격권을 침해하는 행위를 의미한다. 디지털 시대에는 기술적 보호조치의 무력화도 주요한 침해 유형으로 부상하고 있다. 여기서 주요 침해 유형으로 부상이라 표현한 이유는 저작권 침해에 관한 양상은 일률적으로 규정하기가 대단히 어렵고 대부분의 국가에서 이를 실정법이 아닌 학설과 판례에 맡기기 때문이다. 우리 저작권법도 저작권등의 침해에 관한 규정은 법 124조가 유일한데, 저작권 침해에 관한 규정 자체가 사전적·선험적 차원에서 이뤄지는 실정법보다는 구체적 타당성을 고려하여 법원이 상황에 따라 판단하여 결정하는 판례를 따를 수 밖에 없기 때문이다.

> 제124조(침해로 보는 행위)
> ①다음 각 호의 어느 하나에 해당하는 행위는 저작권 그 밖에 이 법에 따라 보호되는 권리의 침해로 본다. <개정 2009. 4. 22.>
>
> 1. 수입 시에 대한민국 내에서 만들어졌더라면 저작권 그 밖에 이 법에 따라 보호되는 권리의 침해로 될 물건을 대한민국 내에서 배포할 목적으로 수입하는 행위
> 2. 저작권 그 밖에 이 법에 따라 보호되는 권리를 침해하는 행위에 의하여 만들어진 물건(제1호의 수입물건을 포함한다)을 그 사실을 알고 배포할 목적으로 소지하는 행위
> 3. 프로그램의 저작권을 침해하여 만들어진 프로그램의 복제물(제1호에 따른 수입 물건을 포함한다)을 그 사실을 알면서 취득한 자가 이를 업무상 이용하는 행위
>
> ②저작자의 명예를 훼손하는 방법으로 저작물을 이용하는 행위는 저작인격권의 침해로 본다. <개정 2011. 6. 30.>
> ③ 삭제 <2011. 6. 30.>

저작권법 제124조는 저작권자의 권리를 보호하기 위해 만들어진 규정으로, 불법 복제물의 수입, 소지, 업무상 이용, 명예 훼손 등의 행위를 저작권 침해로 보고 이를 금지하고 있다. 이 조항은 저작물의 공정한 사용을 보장하고, 저작권 침해를 방지함으로써 창작 활동을 장려하는 데 목적이 있다. 첫째, 불법 복제물의 수입 금지인데, 저작권자의 동의를 받지 않고 제작된 불법 복제물을 배포할 목적으로 수입하는 행위는 저작권 침해로 간주된다. 예를 들어, 저작권이 없는 외국 영화 DVD를 한국으로 들여와 판매하는 경우가 이에 해당한다. 둘째, 불법 복제물의 소지 금지이다. 저작권 침해 사실을 알고도 배포할 목적으로 복제물을 소지하는 행위 역시 저작권 침해로 간주된다. 예를 들어, 불법으로 다운받은 음악 파일을 친구와 공유하려고 소지하는 행위는 법적으로 문제가 된다. 셋째, 불법 프로그램의 업무상 이용 금지이다. 불법 복제된 프로그램을 업무에 사용하는 행위는 저작권 침해로 판단된다. 회사가 정품 소프트웨어를 구입하지 않고 불법 복제된 프로그램을 사용하는 경우가 대표적인 예이다. 넷째, 저작자의 명예 훼손 금지이다. 저작물을 이용할 때 저작자의 명예를 훼손하는 방식으로 사용하는 행위도 금지된다. 예를 들어, 저작물을 왜곡하여 조롱하거나 비하하는 방식으로 이용하는 경우가 이에 해당한다.

저작권 침해 유형

저작권 침해의 유형은 직접침해와 간접침해로 나눌 수 있다. 직접침해에는 복제권 침해, 공중소신권 침해, 배포권 침해등이 있다. 간접침해로는 침해방조 등이 있다. 또한 사례에서 다룬 기술적 보호조치의 무력화가 있을 수 있으며, OSP의 법적 지위와 책임범위도 저작권 침해에서 다뤄야 할 내용이다.

복제권, 공중송신권, 배포권은 저작권 보호의 핵심적인 권리로, 디지털 환경에서 다양한 형태로 침해될 수 있다. 복제권은 저작물을 유형물에 고정하거나 복제할 수 있는 권리로, 불법 다운로드, 스크린샷, 캡처, 심지어 RAM의 일시적 저장도 복제권 침해로 간주될 수 있다. 공중송신권은 저작물을 공중에게 전송하거나 방송할 권리로, 불법 스트리밍, P2P 파일 공유, SNS 무단 게시 등이 침해 사례에 해당하며, 실시간 스트리밍과 클라우드 서비스에서의 무단 송신도 새로운 쟁점으로 떠오르고 있다. 배포권은 저작물의 원본이나 복제물을 공중에게 양도하거나 대여할 권리를 보호하며, 무단 판매와 디지털 콘텐츠의 불법 배포가 대표적인 사례이다. 특히, 최초 판매 이후 배포권이 소멸하는지 여부는 온·오프라인에서 중요한 법적 논의 대상이다.

기술적 보호조치 무력화

저작권법 제2조 제28항에 따른 기술적 보호조치를 무력화하는 행위가 이에 해당한다. 접근통제 조치와 이용통제 조치로 구분되며, 각각의 보호 범위와 법적 효과가 다르다.

접근통제(제2조 제28호 가목)란 저작물에 대한 접근을 제한하는 기술적 장치로, 비밀번호나 암호화 방식이 이에 해당된다. 반면 이용통제(제2조 제28호 나목)는 저작물의 불법 복제를 방지하는 장치로, DRM(Digital Rights Management)과 같은 복제방지 기술이 대표적이다. 접근통제와 이용통제 모두 무력화될 경우 저작권 침해로 간주되며, 이를 지원하는 도구나 서비스를 제공하는 행위도 법적으로 금지된다.

저작권법 제104조의2는 저작물 보호를 위해 설치된 기술적 장치를 무단으로 해제하거나 우회하는 행위를 금지하는 조항으로, 음악이나 영화의 불법 복제를 방지하기 위한 보안 장치를 무력화하는 것을 원칙적으로 금지하고 있다. 그러나 모든 무력화 행위가 불법은 아니며, 암호 기술 연구, 미성년자 보호, 개인정보 보호, 법 집행이나 국가 안보, 도서관 및 교육기관의 저작물 구매 결정, 프로그램 호환성 검사, 컴퓨터 보안 점검 등의 정당한 목적이 있는 경우 예외적으로 허용된다. 또한, 이러한 보호장치를 무력화하는 도구나 서비스를 제작하거나 판매하는 것도 원칙적으로 금지되지만, 앞서 언급한 정당한 목적을 위해 사용될 경우에는 허용될 수 있다. 이는 마치 자물쇠를 따는 도구가 모두 불법이 아닌 것처럼, 기술적 장치의 무력화 행위도 그 목적과 맥락에 따라 합법성이 결정되는 것과 같다.

OSP의 책임 범위에 대한 설명

온라인 서비스 제공자(Online Service Provider, OSP)는 정보 전달 및 저장 역할을 수행하는 주체로서, 저작권 침해가 발생할 수 있는 환경을 제공하는 위치에 있다. 법적으로 OSP는 저작권 침해에 직접적인 가담이 없는 한 책임이 제한될 수 있으며, 이는 정보통신망법 및 저작권법에 명시된 바에 따른다. 따라서 OSP의 법적 지위는 정보 전달자 혹은 중개자로서 해석되며, 책임 제한을 위한 요건 충족 시 면책이 가능하다.

OSP가 저작권 침해에 대한 책임을 면하기 위해서는 중립성을 유지하고, 신속한 조치를 취하며, 통지 및 삭제 절차를 준수해야 한다. 먼저, OSP는 저작물의 내용에 관여하지 않고 단순히 기술적 수단을 제공함으로써 중립성을 유지해야 한다. 다음으로, 권리자로부터 침해 통지를 받은 즉시 해당 저작물을 삭제하거나 접근을 차단하는 조치를 취함으로써 신속성을 확보해야 한다. 마지막으로, 법적 절차에 따른 통지-삭제 절차를 성실히 이행하고, 이 과정에서 권리자와 이용자 모두의 권익을 보호할 의무가 있다.

우리 저작권법 제102조는 면책 규정으로 OSP가 법적 책임을 회피할 수 있는 중요한 근거로 작용하며, 주요 법적 해석으로는 정보 중개자로서의 면책, 기술적 조치 제공의 면책, 그리고 통지-삭제 절차 이행의 면책이 있다. 첫째, OSP가 저작권 침해에 직접 관여하지 않고 단순히 정보 전달자 역할을 수행한 경우 면책될 수 있다. 둘째, OSP가 기술적 보호 수단을 제공했음에도 사용자 행위로 인해 침해가 발생한 경우에도 면책이 가능하다. 셋째, OSP가 정당한 통지를 받은 후 신속히 삭제 또는 차단 조치를 취했다면 면책될 수 있다.

OSP는 저작권 침해에 대한 통지를 받은 즉시 신속하게 침해 저작물을 삭제하거나 접근을 차단하는 기술적 조치를 시행해야 하며, 이와 관련된 모든 기록을 향후 법적 분쟁에 대비하여 일정 기간 보관해야 한다. 또한, 이용자가 삭제 또는 차단 조치에 대해 이의를 제기할 수 있도록 절차를 명확히 안내함으로써 권리자와 이용자 모두의 권익을 보호할 의무가 있다(저작권법 제103조).

저작권의 보호대상

저작권법이 보호하는 대상은 문학, 음악, 미술, 영화 등과 같은 다양한 창작물이다. 저작권의 보호대상은 창작자의 독창성과 창의성이 발현된 표현물에 국한되며, 단순한 아이디어나 개념은 보호받지 못한다. 보호대상에는 시나 소설과 같은 문학작품뿐만 아니라 사진, 컴퓨터 프로그램, 건축물 등 현대적이고 기술적인 창작물도 포함된다. 디지털 시대에는 데이터베이스와 같은 비전통적 창작물의 저작권 보호 여부도 중요한 쟁점으로 대두되고 있다.

저작권은 단순한 권리 이상의 의미를 지닌다. 이는 창작자의 경제적 기반을 마련하고 창작 활동을 지속적으로 가능하게 하는 핵심적 제도이며, 더 나아가 사회적, 문화적 발전을 도모하는 데 중요한 역할을 한다. 저작권의 개념과 역사를 이해하는 것은 디지털 시대에 이를 어떻게 적용하고 해석할 것인지 논의하는 데 있어 필수적인 출발점이다.

AI 툴을 활용한 콘텐츠, 법적 문제는 없는가?

저작권 침해에 대한 구제는 손해가 발생한 후에 배상을 청구하기보다는, 침해가 진행 중이거나 침해 우려가 있을 때 사전에 침해의 정지와 예방을 청구하는 것이 더욱 효과적이다. 법원은 이러한 청구를 심리하여 침해를 방지하기 위한 명령을 내릴 수 있으며, 이는 저작권 침해의 악화를 방지하고 피해자의 권리를 보호하는 데 적합한 조치로 평가된다.

특히 대륙법계 국가에서는 저작권 침해 정지와 예방 청구권을 물권적 청구권의 일환으로 인정하고 있다. 물권적 청구권은 특정 당사자와의 채권 관계가 아닌 저작권자와 불특정 다수의 일반인 간의 배타적 권리에 기반을 두며, 물권 내용의 실현이 방해받거나 방해 우려가 있을 때 방해자에게 이를 제거하거나 예방할 행위를 요구할 수 있는 권리로 정의된다. 이는 침해자의 고의나 과실 여부와 무관하게 행사될 수 있다는 점에서 불법행위로 인한 손해배상 청구와 구별된다.

따라서 법 제123조에 따른 침해 정지 청구는 침해자의 고의 또는 과실을 요하지 않지만, 법 제125조에 따른 손해배상 청구는 일반적인 불법행위의 요건을 따르기 때문에 고의나 과실이 요구된다. 이에 따라 저작권 침해에 대한 민사적 구제를 청구할 때에는 침해 정지와 손해배상의 법적 요건을 명확히 구분하여 적용해야 한다.

정리하면, 민사적 구제방안은 저작권 등 지적재산권 침해 시 권리자가 법적 보호를 받기 위해 활용할 수 있는 여러 수단을 말한다. 이러한 방안에는 침해정지청구권, 손해배상청구권, 부당이득반환청구권, 신용회복청구권 등이 포함되며, 각각의 구체적인 요건과 절차에 따라 권리자가 실질적인 구제를 받을 수 있다.

침해정지청구권

침해정지청구권은 권리자가 침해 행위를 중단시키거나 추가적인 침해를 예방하기 위해 법원에 청구할 수 있는 권리로, 침해가 이미 발생했거나 계속되고 있는 경우에 행사할 수 있다(저작권법 제123조). 또한 침해가 발생할 구체적 위험이 높을 때에도 이를 사전에 차단할 수 있도록 예방 청구가 가능하다. 침해정지청구권을 통해 권리자는 침해 행위를 즉각 중단시키고, 침해로 인해 생성된 물품이나 자료를 폐기 또는 제거하도록 요구할 수 있다. 다만, 실무에서는 침해의 현재성과 위험을 입증하는 것이 중요하며, 이를 위한 충분한 자료 확보가 필요하다.

> **저작권법 제123조(침해의 정지 등 청구)**
> ① 저작권 그 밖에 이 법에 따라 보호되는 권리(제25조·제31조·제75조·제76조·제76조의2·제82조·제83조 및 제83조의2의 규정에 따른 보상을 받을 권리는 제외한다. 이하 이 조에서 같다)를 가진 자는 그 권리를 침해하는 자에 대하여 침해의 정지를 청구할 수 있으며, 그 권리를 침해할 우려가 있는 자에 대하여 침해의 예방 또는 손해배상의 담보를 청구할 수 있다. <개정 2009. 3. 25., 2023. 8. 8.>
>
> ② 저작권 그 밖에 이 법에 따라 보호되는 권리를 가진 자는 제1항의 규정에 따른 청구를 하는 경우에 침해행위에 의하여 만들어진 물건의 폐기나 그 밖의 필요한 조치를 청구할 수 있다.
>
> ③ 제1항 및 제2항의 경우 또는 이 법에 따른 형사의 기소가 있는 때에는 법원은 원고 또는 고소인의 신청에 따라 담보를 제공하거나 제공하지 아니하게 하고, 임시로 침해행위의 정지 또는 침해행위로 말미암아 만들어진 물건의 압류 그 밖의 필요한 조치를 명할 수 있다.
>
> ④ 제3항의 경우에 저작권 그 밖에 이 법에 따라 보호되는 권리의 침해가 없다는 뜻의 판결이 확정된 때에는 신청자는 그 신청으로 인하여 발생한 손해를 배상하여야 한다.

손해배상청구권

손해배상청구권은 침해로 인해 발생한 손해를 금전적으로 보상받기 위한 권리이다. 손해는 재산적 손해와 정신적 손해로 나뉘며, 손해배상액은 실손해액, 침해자 이익액, 통상 사용료, 또는 법정손해배상 기준에 따라 산정된다. 실무에서는 손해액을 입증하는 것이 핵심 과제로, 권리자는 침해로 인한 구체적인 손해 자료를 확보해야 한다. 특히 법정손해배상 제도는 손해액 산정이 어려운 경우에 권리자가 구제를 받을 수 있는 중요한 수단으로 활용된다(저작권법 제125조).

제125조(손해배상의 청구)
① 저작재산권 그 밖에 이 법에 따라 보호되는 권리(저작인격권 및 실연자의 인격권은 제외한다)를 가진 자(이하 "저작재산권자등"이라 한다)가 고의 또는 과실로 권리를 침해한 자에 대하여 그 침해행위에 의하여 자기가 받은 손해의 배상을 청구하는 경우에 그 권리를 침해한 자가 그 침해행위에 의하여 이익을 받은 때에는 그 이익의 액을 저작재산권자등이 받은 손해의 액으로 추정한다. <개정 2023. 8. 8.>
② 저작재산권자등이 고의 또는 과실로 그 권리를 침해한 자에게 그 침해행위로 자기가 받은 손해의 배상을 청구하는 경우에 그 권리의 행사로 일반적으로 받을 수 있는 금액에 상응하는 액을 저작재산권자등이 받은 손해의 액으로 하여 그 손해배상을 청구할 수 있다. <개정 2021. 5. 18., 2023. 8. 8.>
③ 제2항에도 불구하고 저작재산권자등이 받은 손해의 액이 제2항에 따른 금액을 초과하는 경우에는 그 초과액에 대해서도 손해배상을 청구할 수 있다. <개정 2021. 5. 18.>
④ 등록되어 있는 저작권, 배타적발행권(제88조 및 제96조에 따라 준용되는 경우를 포함한다), 출판권, 저작인접권 또는 데이터베이스제작자의 권리를 침해한 자는 그 침해행위에 과실이 있는 것으로 추정한다. <개정 2009. 4. 22., 2011. 12. 2.>

제125조의2(법정손해배상의 청구)
① 저작재산권자등은 고의 또는 과실로 권리를 침해한 자에 대하여 사실심(事實審)의 변론이 종결되기 전에는 실제 손해액이나 제125조 또는 제126조에 따라 정하여지는 손해액을 갈음하여 침해된 각 저작물등마다 1천만원(영리를 목적으로 고의로 권리를 침해한 경우에는 5천만원) 이하의 범위에서 상당한 금액의 배상을 청구할 수 있다.
② 둘 이상의 저작물을 소재로 하는 편집저작물과 2차적저작물은 제1항을 적용하는 경우에는 하나의 저작물로 본다.
③ 저작재산권자등이 제1항에 따른 청구를 하기 위해서는 침해행위가 일어나기 전에 제53조부터 제55조까지의 규정(제90조 및 제98조에 따라 준용되는 경우를 포함한다)에 따라 그 저작물등이 등록되어 있어야 한다.

④ 법원은 제1항의 청구가 있는 경우에 변론의 취지와 증거조사의 결과를 고려하여 제1항의 범위에서 상당한 손해액을 인정할 수 있다. [본조신설 2011. 12. 2.]

제127조(명예회복 등의 청구) 저작자 또는 실연자는 고의 또는 과실로 저작인격권 또는 실연자의 인격권을 침해한 자에 대하여 손해배상을 갈음하거나 손해배상과 함께 명예회복을 위하여 필요한 조치를 청구할 수 있다. <개정 2023. 8. 8.>

부당이득반환청구권

부당이득반환청구권은 침해자가 정당한 이유 없이 권리자의 권리를 침해하여 얻은 이익을 반환받기 위한 권리이다. 이를 위해서는 침해로 인한 이득과 권리자의 손실이 명확히 입증되어야 하며, 반환 범위는 침해자가 얻은 이익의 전부를 대상으로 한다. 부당이득반환청구권과 손해배상청구권은 중복 청구가 가능하나, 이중 배상을 방지하기 위해 반환받은 금액은 손해배상액에서 공제된다. 실무에서는 침해자의 재무 자료와 판매 기록을 통해 부당이득액을 산정하는 것이 중요하며, 필요한 자료를 법원을 통해 강제로 제출받는 절차를 활용할 수 있다(저작권법 제125조 2).

제125조의2(법정손해배상의 청구)

① 저작재산권자등은 고의 또는 과실로 권리를 침해한 자에 대하여 사실심(事實審)의 변론이 종결되기 전에는 실제 손해액이나 제125조 또는 제126조에 따라 정하여지는 손해액을 갈음하여 침해된 각 저작물등마다 1천만원(영리를 목적으로 고의로 권리를 침해한 경우에는 5천만원) 이하의 범위에서 상당한 금액의 배상을 청구할 수 있다.

② 둘 이상의 저작물을 소재로 하는 편집저작물과 2차적저작물은 제1항을 적용하는 경우에는 하나의 저작물로 본다.

③ 저작재산권자등이 제1항에 따른 청구를 하기 위해서는 침해행위가 일어나기 전에 제53조부터 제55조까지의 규정(제90조 및 제98조에 따라 준용되는 경우를 포함한다)에 따라 그 저작물등이 등록되어 있어야 한다.

④ 법원은 제1항의 청구가 있는 경우에 변론의 취지와 증거조사의 결과를 고려하여 제1항의 범위에서 상당한 손해액을 인정할 수 있다.

본조신설 2011. 12. 2.]

신용회복청구권

신용회복청구권은 침해로 인해 훼손된 권리자의 명예를 회복하기 위한 권리로, 저작권 침해 사건에서 권리자의 신용이 중요한 경우 필요한 조치이다. 신용 회복을 위해 침해자에게 공개 사과를 요구하거나 정정 보도를 요청할 수 있으며, 침해 상황에 따라 법원이 적절한 회복 조치를 명할 수 있다. 실무에서는 신용회복 조치가 실제로 이루어졌는지와 그 효과가 충분했는지를 평가하는 것이 중요하며, 미흡할 경우 추가적인 조치를 요구할 수 있다(저작권법 127조).

제127조(명예회복 등의 청구) 저작자 또는 실연자는 고의 또는 과실로 저작인격권 또는 실연자의 인격권을 침해한 자에 대하여 손해배상을 갈음하거나 손해배상과 함께 명예회복을 위하여 필요한 조치를 청구할 수 있다. <개정 2023. 8. 8.>

③ AI 저작권과 관련된 실제 분쟁 사례

우리나라 현행 법체계에 따르면 저작권과 그밖에 법에 따라 보호되는 각종 권리의 침해에 대해서는 민사적 책임(저작권법 제123조~제129조)과 형사적 책임을 동시에 부과하고 있는 반면에 법에서 규정하고 있는 의무를 위반한 행위에 대해서는 주로 형사적 책임(저작권법 제136조 ~ 제137조)만을 묻는 입법태도를 취하고 있다.

즉 우리나라 저작권법은 저작권 침해와 법적 의무 위반 행위에 대해 형사적 책임을 중심으로 구제하며, 이는 저작권 보호의 실효성을 높이고 제작물의 공정 이용이라는 공익적 가치를 고려한 조치로 평가된다. 형사법은 행위의 경중에 따라 5년 이하의 징역 또는 5천만 원 이하의 벌금 등 네 단계로 구분되며, 저작재산권 침해, 저작인격권 침해, 허위 등록, 기술적 보호조치 위반 등 다양한 유형의 범죄에 적용된다. 이러한 형사적 구제는 행정적·민사적 구제가 효과적이지 않을 때 보충적으로 적용되며, 공소장에는 관련 법조와 죄명을 명확히 기재해야 한다. 다만, 데이터베이스 제작자의 권리 침해처럼 저작물성이 약한 경우에는 가벼운 처벌이 부과되며, 배타적 권리가 아닌 채권적 권리의 침해는 형사적 책임에서 제외된다.

정리하면, 저작권의 형사적 구제방안은 저작권 침해죄, 기술적 보호조치 침해죄, 권리관리정보 침해죄 및 영리목적 침해죄로 구분하여 설명할 수 있다. 각각의 범죄 유형은 구체적인 구성요건과 처벌 규정을 기반으로 하며, 실무적으로 중요한 법적 쟁점들을 포함한다. 이로써 저작권 보호를 강화하고 저작권자의 권리를 보다 효과적으로 보장할 수 있다.

저작권 침해죄

저작권 침해죄의 구성요건은 공지된 저작물을 권리자의 허락 없이 무단으로 복제, 배포, 공연, 전시하거나 이를 전송하는 행위를 포함한다. 이러한 행위가 발생했을 때 고의성을 입증하는 것이 중요한데, 이를 위해 저작물의 보호 대상 여부와 침해 행위의 명확한 고의성을 증명할 필요가 있다. 이 범죄는 친고죄로 분류되기 때문에 저작권자의 고소가 있어야만 수사가 진행될 수 있으며, 양형 기준은 침해 규모와 고의성 정도에 따라 결정된다.

기술적 보호조치 침해죄

기술적 보호조치는 저작권자가 자신의 저작물을 보호하기 위해 설정한 조치를 의미하며, 이를 무력화하거나 우회하는 행위는 기술적 보호조치 침해죄로 간주된다. 침해 유형은 복제 방지 시스템을 우회하거나 접근 제어 기술을 무력화하는 경우가 대표적이다. 관련 처벌 규정은 침해 행위가 고의적이거나 상습적인 경우 가중처벌을 가능하게 하며, 주요 사례로는 DRM(디지털 저작권 관리) 해킹 사례가 자주 언급된다.

권리관리정보 침해죄 및 영리목적 침해죄

권리관리정보 침해죄는 저작권 보호를 위해 부착된 권리관리정보를 제거하거나 변경하는 행위를 대상으로 한다. 이러한 행위는 저작권자의 권리 행사에 직접적인 영향을 미치기 때문에 처벌 내용이 엄격하게 규정되어 있다. 실무적으로는 권리관리정보가 삭제된 저작물의 배포 사례가 주요 쟁점으로 다뤄진다.

영리목적 침해죄

한편, 영리목적 침해죄는 상업적 이익을 목적으로 저작권을 침해하는 경우 적용되며, 가중처벌 규정이 따로 마련되어 있다. 적용 요건으로는 침해 행위가 영리적 동기에 의해 이루어졌음을 입증해야 하며, 처벌 사례로는 불법 복제물을 대규모로 판매한 사례가 있다. 이러한 형사적 구제방안은 저작권 보호의 실효성을 높이고 저작권 침해에 대한 경각심을 고취시키는 데 중요한 역할을 한다.

> 저작권법 제136조 제1항 1호 제136조(벌칙)
> ① 다음 각 호의 어느 하나에 해당하는 자는 5년 이하의 징역 또는 5천만원 이하의 벌금에 처하거나 이를 병과(倂科)할 수 있다. <개정 2011. 12. 2., 2021. 5. 18.>
>
> 1. 저작재산권, 그 밖에 이 법에 따라 보호되는 재산적 권리(제93조에 따른 권리는 제외한다)를 복제, 공연, 공중송신, 전시, 배포, 대여, 2차적저작물 작성의 방법으로 침해한 자
>
> 저작권법 제136조 제2항 제1호 ② 다음 각 호의 어느 하나에 해당하는 자는 3년 이하의 징역 또는 3천만원 이하의 벌금에 처하거나 이를 병과할 수 있다. <개정 2009. 4. 22., 2011. 6. 30., 2011. 12. 2.>
>
> 1. 저작인격권 또는 실연자의 인격권을 침해하여 저작자 또는 실연자의 명예를 훼손한 자
>
> 저작권법 제136조 제3호
>
> 3. 제93조에 따라 보호되는 데이터베이스제작자의 권리를 복제·배포·방송 또는 전송의 방법으로 침해한 자
>
> 저작권법 제136조 제4호
>
> 4. 제124조제1항에 따른 침해행위로 보는 행위를 한 자

④ AI 시대, 저작권 침해 방지를 위한 법적 조치

저작권 침해에 대한 행정적 구제방안은 침해자에 대한 민·형사상 제재와 함께 저작권 보호를 위한 중요한 수단이다. 행정적 구제는 소송 절차에 비해 신속하고 효율적인 대응이 가능하며, 예방적 조치를 통해 침해의 확산을 방지할 수 있다는 장점이 있다. 특히 온라인 환경에서 발생하는 대규모 침해나 반복적 침해에 대해 효과적으로 대응할 수 있는 수단으로 주목받고 있다.

우리나라의 저작권 보호를 위한 행정적 구제체계는 문화체육관광부를 중심으로 한국저작권보호원과 한국저작권위원회가 각각의 전문 영역에서 역할을 분담하고 있다. 문화체육관광부는 특별사법경찰을 통한 수사와 시정명령 등 행정처분을 담당하고, 한국저작권보호원은 온라인 모니터링과 불법복제물 단속을, 한국저작권위원회는 분쟁조정과 저작권 감정 등을 수행한다. 이들 기관은 상호 협력하며 저작권 보호를 위한 종합적인 행정 체계를 구축하고 있다.

또한 저작권 침해가 국경을 넘어 발생하는 현실을 고려하여, 국제적인 협력 체계도 강화되고 있다. 주요국 저작권 기관과의 수사 공조, 정보 공유, 공동 단속 등을 통해 국제적인 저작권 침해에 대응하고 있으며, 예방적 차원의 협력도 확대되고 있다. 이러한 행정적 구제방안은 저작권법의 실효성을 확보하고 저작권 보호의 사각지대를 해소하는 데 기여하고 있다.

문화체육관광부의 역할

문화체육관광부는 저작권 보호를 위한 행정기관으로서 포괄적인 권한과 책임을 가지고 있다. 특히 저작권 특별사법경찰을 통해 저작권 침해에 대한 수사와 단속을 실시하며, 온·오프라인에서 발생하는 불법복제물의 유통을 차단하고 있다. 이들은 일반 사법경찰관과 동일한 수사권을 보유하고 있어 저작권 침해 현장에 대한 압수·수색 및 증거물 확보, 피의자 체포 등의 강제수사가 가능하다(저작권법 제2조 2).

문화체육관광부는 또한 저작권법 위반에 대한 시정명령을 발동할 수 있으며, 이를 이행하지 않을 경우 과태료를 부과할 수 있다. 시정명령은 불법복제물 등의 복제·전송 중단, 불법복제물 등의 삭제, 경고문구 게시 등을 포함하며, 온라인서비스제공자에 대해서도 해당 계정의 정지 또는 취소를 명할 수 있다. 아울러 저작권 보호를 위한 행정조사를 실시하여 침해 실태를 파악하고 효과적인 대응 방안을 수립하고 있다.

> 제2조의2(저작권 보호에 관한 시책 수립 등)
> ① 문화체육관광부장관은 이 법의 목적을 달성하기 위하여 다음 각 호의 시책을 수립·시행할 수 있다.
>
> 1. 저작권의 보호 및 저작물의 공정한 이용 환경 조성을 위한 기본 정책에 관한 사항
> 2. 저작권 인식 확산을 위한 교육 및 홍보에 관한 사항
> 3. 저작물등의 권리관리정보 및 기술적보호조치의 정책에 관한 사항
>
> ② 제1항에 따른 시책의 수립·시행에 필요한 사항은 대통령령으로 정한다.
> [본조신설 2009. 4. 22.]

한국저작권보호원

한국저작권보호원은 저작권 보호를 위한 핵심 전담기관으로서 온라인 모니터링 시스템을 구축·운영하고 있다. 이를 통해 24시간 불법복제물을 감시하며, 저작권 침해 게시물을 신속하게 발견하고 대응한다. 특히 인공지능 기술을 활용한 자동 모니터링 시스템을 도입하여 효율성을 높이고 있으며, 웹하드, P2P, 토렌트 등 주요 유통 경로를 중점적으로 감시하고 있다(저작권법 제122조의 2).

보호원은 또한 오프라인에서의 불법복제물 수거·폐기 업무를 수행하며, 저작권 침해 관련 정보제공 청구 권한을 보유하고 있다. 온라인서비스제공자에게 침해자 정보를 요청할 수 있으며, 시정권고를 통해 자발적인 침해 중단을 유도한다. 시정권고를 받은 온라인서비스제공자는 해당 복제물의 삭제나 전송 중단 등의 필요한 조치를 취해야 하며, 이를 이행하지 않을 경우 문화체육관광부의 시정명령으로 이어질 수 있다.

> 제122조의2(한국저작권보호원의 설립) ① 저작권 보호에 관한 사업을 하기 위하여 한국저작권보호원(이하 "보호원"이라 한다)을 둔다.

> ② 보호원은 법인으로 한다.
> ③ 정부는 보호원의 설립·시설 및 운영 등에 필요한 경비를 예산의 범위에서 출연 또는 지원할 수 있다.
> ④ 보호원에 관하여 이 법과 「공공기관의 운영에 관한 법률」에서 정한 것을 제외하고는 「민법」의 재단법인에 관한 규정을 준용한다.
> ⑤ 이 법에 따른 보호원이 아닌 자는 한국저작권보호원 또는 이와 비슷한 명칭을 사용하지 못한다. [본조신설 2016. 3. 22.]

한국저작권위원회

한국저작권위원회는 저작권 분쟁의 조정과 알선을 담당하는 준사법적 기관이다. 분쟁조정을 통해 당사자 간의 합의를 도출하고, 소송에 비해 신속하고 경제적인 분쟁 해결을 지원한다. 조정이 성립되면 재판상 화해와 동일한 효력이 발생하며, 알선의 경우 보다 간이한 절차로 당사자 간의 자율적 합의를 유도한다(저작권법 제122조).

위원회는 또한 저작권 침해 감정과 저작권 임치 제도를 운영하고 있다. 감정은 저작권 침해 여부를 전문적으로 판단하는 절차로, 법원의 감정촉탁이나 수사기관의 의뢰를 받아 수행된다. 저작권 임치는 저작물의 창작 시점과 내용을 증명하기 위한 제도로, 등록이 어려운 소스코드나 영업비밀 등을 보호하는 데 활용된다. 이를 통해 추후 발생할 수 있는 저작권 분쟁에서 창작자의 권리를 보호할 수 있다.

> 제112조(한국저작권위원회의 설립)
> ① 저작권과 그 밖에 이 법에 따라 보호되는 권리(이하 이 장에서 "저작권"이라 한다)에 관한 사항을 심의하고, 저작권에 관한 분쟁(이하 "분쟁"이라 한다)을 알선·조정하며, 저작권 등록 관련 업무를 수행하고, 권리자의 권익증진 및 저작물등의 공정한 이용에 필요한 사업을 수행하기 위하여 한국저작권위원회(이하 "위원회"라 한다)를 둔다. <개정 2016. 3. 22., 2020. 2. 4.>
> ② 위원회는 법인으로 한다.

③ 위원회에 관하여 이 법에서 정하지 아니한 사항에 대하여는 「민법」의 재단법인에 관한 규정을 준용한다. 이 경우 위원회의 위원은 이사로 본다.
④ 위원회가 아닌 자는 한국저작권위원회의 명칭을 사용하지 못한다.

국제협력

저작권 침해가 국경을 넘어 발생하는 현실에서 국제협력은 필수적이다. 우리나라는 주요국과의 수사 공조와 인터폴 등 국제기구와의 긴밀한 협력을 통해 국제적인 저작권 침해에 효과적으로 대응하고 있다. 특히 해외 서버를 통한 불법복제물 유통이나 국제 저작권 범죄 조직에 대한 수사에서는 국제 공조가 중요한 역할을 하고 있다. 각국의 저작권 보호 기관들은 정기적으로 정보를 공유하고 공동 단속을 실시하며, 새로운 침해 유형과 대응 방안을 논의하는 한편, 예방 활동도 공동으로 추진하고 있다. 이를 통해 저작권 인식 제고를 위한 국제 캠페인, 교육 프로그램 운영, 모범 사례 공유 등의 활동을 통해 저작권 존중 문화를 확산시키고 있다.

이러한 국제협력은 글로벌 디지털 환경에서 더욱 중요해지고 있으며, 향후 메타버스 등 새로운 기술 환경에서의 저작권 보호를 위해 국제 공조의 필요성이 더욱 커질 전망이다. 저작권 보호에 관한 국제적 노력은 다자조약(예: 베른협약)과 양자조약(예: FTA)을 통해 발전해 왔으며, 2010년 이후 FTA가 점차 중요한 역할을 하고 있다. 특히 유럽에서는 회원국 간 저작권 규범을 통일하기 위한 다양한 지침들이 시행되면서 통합이 가속화되고 있다. 인터넷 시대를 맞아 저작권 보호는 전 세계적으로 중요한 화두가 되었고, 각국의 저작권법도 국제적으로 통일되는 추세이다. 우리나라는 한-미 FTA를 통해 대륙법과 영미법 모델을 조화시킨 형태로 저작권법이 변화했으며, 이는 국제 저작권법 통일화의 대표적인 사례로 평가받는다.

한편, 1967년 설립된 세계지식재산기구(WIPO)는 베른협약과 파리협약 등 26개의 조약을 관장하며, 국가 간 협력을 통해 전 세계 지식재산권 보호를 촉진하고 있다. 스위스 제네바에 본부를 둔 WIPO는 190여 개 회원국으로 구성되어 있으며, 우리나라는 1979년에 가입해 국제적인 저작권 보호 활동에 적극적으로 참여하고 있다.

저작권 침해의 손해배상, 얼마까지 청구할 수 있나?

최상필(2023)의 연구는 원격교육 프로그램 저작권 침해 사건을 통해 디지털 시대의 저작권 침해 구제방안의 실효성을 검토한다. 온라인 교육이 일상화되는 시대에, '프로그램 저작권' 침해에 대한 적절한 구제방안은 무엇일까?

원고는 원격수업 강의 콘텐츠 제작 프로그램을 개발하여 D회사와 용역계약을 체결했다. D회사의 직원 Y는 이 프로그램을 복제해 보관하다가 퇴사 후 다른 회사에서 무단으로 사용했다. 더 나아가 이 프로그램은 여러 교육기관으로 퍼져나갔고, 결국 원고는 저작권 침해 소송을 제기하게 되었다.

대법원은 프로그램 간 유사도가 전체 70%, 핵심부분 90% 이상이라는 점을 근거로 저작권 침해를 인정했다. 또한 '선의의 무단사용자'라도 정당한 이용료를 지불했어야 하므로 부당이득을 반환해야 한다고 판결했다. 하지만 이 판결에 대해 저자는 저작권 침해에 대한 구제방안의 실효성 문제를 제기한다. 현행 저작권법상의 손해배상액 산정 방식과 부당이득반환 기준이 디지털 저작물의 특성을 제대로 반영하고 있을까?

연구에 따르면, 저작권 침해에 대한 구제방안은 크게 손해배상청구와 부당이득반환청구로 나뉜다. 손해배상은 침해자의 이익액 추정, 통상 사용료 기준, 법원 재량 등 다양한 산정 방식이 있으나, 디지털 저작물의 가치를 정확히 반영하기 어렵다는 한계가 있다. 특허법의 '합리적 사용료' 기준 도입 등 보다 실효성 있는 구제방안이 필요하다는 것이다.

이는 4장 저작권 침해와 구제방안의 핵심 주제와 직결된다. 디지털 환경에서는 저작권 침해가 쉽게 발생하고 빠르게 확산되므로, 침해 판단 기준을 명확히 하고 피해자 구제를 위한 실질적인 방안을 마련하는 것이 더욱 중요해졌다.

결론적으로 AI와 디지털 기술의 발전으로 저작권 침해 양상은 더욱 복잡해지고 있다. 단순히 기존의 구제방안을 적용하는 것이 아닌, 디지털 저작물의 특성을 고려한 새로운 구제체계가 필요하다는 것이 이 연구의 핵심이다.

이 사례는 소프트웨어 개발자나 IT기업에 중요한 교훈을 준다. 저작권 침해가 발생했을 때 어떤 법적 조치를 취할 수 있는지, 어떤 증거를 확보해야 하는지 등 실무적인 지침을 제공한다.

 디지털 시대의 저작권 침해

　디지털 시대의 저작권 침해는 그 양상이 더욱 복잡해지고 있으며, 이에 따른 손해배상액 산정도 정교화되고 있다. 최상필(2023)의 연구가 보여주듯이, 법원은 저작권자의 실질적인 피해 회복을 위해 보다 현실적이고 합리적인 기준을 제시하고 있다. 저작권 보호의 실효성을 높이기 위해서는 명확한 손해배상 기준과 함께, 침해 예방을 위한 교육과 인식 제고가 필요하다. 특히 AI 시대에는 저작권 침해의 형태가 더욱 다양화될 것으로 예상되므로, 기술 발전에 따른 새로운 침해 유형에 대응할 수 있는 유연한 법적 해석과 제도적 장치가 마련되어야 한다. 또한 창작자의 권리 보호와 공정한 이용 간의 균형을 유지하면서, 문화 산업의 건전한 발전을 도모할 수 있는 제도적 기반을 구축해야 할 것이다.

　저작권 보호는 창작자의 권리를 보장하고 문화 발전을 촉진하는 핵심 수단이다. 디지털 환경에서 저작권 침해에 대한 적절한 구제방안을 마련하고 실행하는 것은, 건전한 창작 생태계 조성을 위한 필수적인 과제인 것이다.

4장 요약   AI가 만든 콘텐츠의 저작권 문제

1. 저작권 침해의 유형과 기술적 보호조치

저작권 침해는 원저작물에 대한 접근 가능성과 실질적 유사성이 존재할 때 성립하며, 저작재산권(복제, 배포, 공연 등)과 저작인격권(공표권, 성명표시권 등)에 대한 침해를 포함한다. 이를 방지하기 위한 기술적 보호조치로는 DRM, 암호화 및 인증 시스템 등의 접근통제 기술과 복제방지 기술, 워터마크 등의 이용통제 기술이 활용된다.

2. 민사적 구제방안

저작권 침해에 대한 민사적 구제방안으로는 침해정지청구, 침해예방청구, 손해배상청구가 있으며, 손해배상은 실손해액, 침해자 이익액, 법정손해배상제도 등을 기준으로 산정된다. 또한, 부당이득반환청구를 통해 통상적 라이선스 비용 수준의 반환을 요구할 수 있으며, 이는 손해배상청구와 선택적 또는 중첩적으로 청구 가능하다.

3. 형사적 구제방안

저작권 침해는 5년 이하 징역 또는 5천만 원 이하 벌금의 처벌을 받을 수 있으며, 영리 목적의 침해는 가중처벌된다. 기술적 보호조치 침해 시에도 법적 처벌이 이루어지며, 접근통제조치 무력화, 무력화 도구 제공, 권리관리정보 침해 등이 포함된다.

4. 행정적 구제방안

한국저작권보호원은 온라인 불법복제물 모니터링, 시정권고, 저작권 침해 감정, 분쟁조정 지원을 수행하며, 문화체육관광부는 시정명령, 과태료 부과, 불법복제물 수거/폐기 등의 조치를 취한다. 또한, 온라인서비스제공자와 협력하여 notice and takedown 제도, 반복적 침해자 계정 해지, 기술적 조치 이행 등이 이루어진다.

본 장에서는 저작권 침해의 다양한 유형과 그에 대한 구제방안을 체계적으로 살펴보았으며, 특히 디지털 환경과 AI 시대에 새롭게 제기되는 문제들에 대한 해결방향을 모색하였다. 향후 기술발전에 따른 새로운 침해 유형에 대응하면서도 창작자의 권리보호와 공정한 이용의 균형을 이루는 것이 중요한 과제가 될 것이다.

참고 문헌

박순태, 문화콘텐츠와 저작권, 현암사, 2020.

최상필. (2023). 저작권침해로 인한 손해액산정과 부당이득반환의 범위-대법원 2023. 1. 12. 선고 2022 다 270002 판결을 참고하여. 민사법의 이론과 실무, 26(3), 309-337.

5장

기업이 알아야 할 AI 저작권 리스크

5장 기업이 알아야 할 AI 저작권 리스크

 **디지털 시대의 새로운 권리,
퍼블리시티권은 어떻게 보호되어야 하는가?**

   2006년, 한국 법원은 프로야구 선수들의 퍼블리시티권과 관련된 중요한 판결을 내렸다. 이 사건의 중심에는 국내 유명 프로야구 선수들이 있었다. 이들은 자신들의 실력과 노력으로 프로스포츠 선수로서의 명성을 쌓아왔고, 많은 팬들의 사랑을 받고 있었다.

   그러나 한 게임 회사가 이들의 동의 없이 선수들의 이름을 영문 이니셜로 변형해 모바일 야구 게임을 제작했다. 게임에는 선수들의 이름이 이니셜로 표시되었지만, 팬들은 누구를 모델로 했는지 쉽게 알아볼 수 있었다. 게임은 큰 인기를 얻었고, 회사는 상당한 수익을 얻었다.

[그림 5-] 챗GPT를 통해 생성한 모바일 야구게임에 대한 이미지

   이에 선수들은 자신들의 동의 없이 이름이 상업적으로 이용된 것에 대해 소송을 제기했다. 이들은 게임 회사가 자신들의 성명권과 퍼블리시티권을 침해했다고 주장했다. 이 사건은 디지털 콘텐츠 시대에 유명인의 권리를 어떻게 보호할 것인가에 대한 중요한 법적 논쟁을 불러일으켰다.

   서울중앙지방법원은 2006년 4월, 획기적인 판결을 내렸다. 법원은 비록 성명권 침해는 인정하지 않았으나, 유명인의 퍼블리시티권을 인정하며 이를 독립된 재산권으로 보았다. 법원은 유명인이 자신의 노력으로 얻은 명성과 사회적 평가가 가지는 경제적 가치를 인정했고, 이를 무단으로 상업적 이용하는 것은 불법이라고 판단했다.

   이 사례는 단순한 이름 사용의 문제를 넘어, 디지털 시대의 새로운 권리 보호에 대한 문제를 제기했다. 특히 메타버스와 AI 시대를 앞둔 시점에서, 이 판결은 가상 세계에서 유명인의 권리를 어떻게 보호할 것인가에 대한 중요한 선례가 되었다.

본 장에서는 이러한 배경을 바탕으로 문화산업에서의 특수한 권리들을 살펴보고자 한다. 특히 스포츠 중계권의 법적 성격, 퍼블리시티권의 보호 방안, 그리고 문화산업 진흥법과 저작권의 관계를 심도 있게 분석할 것이다.

① 기업이 AI를 활용할 때 주의해야 할 사항

문화산업은 문화적 요소와 산업적 가치가 결합된 독특한 영역으로, 창의성과 경제성이 동시에 요구되는 분야이다. 이러한 문화산업의 개념과 특성을 체계적으로 분석하면 다음과 같다.

문화산업의 개념과 특성

문화산업은 문화적 요소와 산업적 가치가 결합된 독특한 영역으로, 문화산업진흥기본법에서는 "문화상품의 기획·개발·제작·생산·유통·소비 등과 이에 관련된 서비스를 하는 산업"으로 정의하고 있다(문화산업진흥 기본법 제2조 제1항). 문화콘텐츠는 비경합성과 비배제성, 고위험-고수익 구조, 무형적 가치의 중요성이라는 특성을 가지며, 이는 디지털 환경에서 더욱 강화되고 있다. 문화산업진흥기본법은 이러한 특성을 반영하여 기본계획 수립, 진흥기반 조성, 투자 활성화 등의 체계적인 지원 구조를 마련하고 있다. 특히 문화산업에서 창의성, 독창성, 예술성 등 무형적 요소는 핵심 가치를 형성하며, 이에 따라 지식재산권 보호가 매우 중요한 의미를 갖는다.

> 문화산업진흥 기본법 제2조(정의) 제1항 제2조(정의) 이 법에서 사용하는 용어의 뜻은 다음과 같다.
>
> 1. "문화산업"이란 문화상품의 기획ㆍ개발ㆍ제작ㆍ생산ㆍ유통ㆍ소비 등과 이에 관련된 서비스를 하는 산업을 말하며, 다음 각 목의 어느 하나에 해당하는 것을 포함한다.
>   가. 영화ㆍ비디오물과 관련된 산업
>   나. 음악ㆍ게임과 관련된 산업
>   다. 출판ㆍ인쇄ㆍ정기간행물과 관련된 산업
>   라. 방송영상물과 관련된 산업
>   마. 「국가유산기본법」 제3조에 따른 국가유산과 관련된 산업

바. 만화・캐릭터・애니메이션・에듀테인먼트・모바일문화콘텐츠・
디자인(산업디자인은 제외한다)・광고・공연・미술품・공예품과
관련된 산업
사. 디지털문화콘텐츠, 사용자제작문화콘텐츠 및 멀티미디어문화
콘텐츠의 수집・가공・개발・제작・생산・저장・검색・유통 등과
이에 관련된 서비스를 하는 산업
아. 대중문화예술산업
자. 전통적인 소재와 기법을 활용하여 상품의 생산과 유통이 이루어지
는 산업으로서 의상, 조형물, 장식용품, 소품 및 생활용품 등과 관
련된 산업
차. 문화상품을 대상으로 하는 전시회・박람회・견본시장 및 축제 등과
관련된 산업. 다만, 「전시산업발전법」 제2조제2호의 전시회・
박람회・견본시장과 관련된 산업은 제외한다.
카. 가목부터 차목까지의 규정에 해당하는 각 문화산업 중 둘 이상이
혼합된 산업

  1995년 이후의 문화산업 관련 법률 변천 과정을 살펴보면, 문화산업에 대한 법적 정의와 정책적 방향성이 시대적 변화에 따라 점차 발전되어 왔음을 알 수 있다. 초기에는 문화예술 창작물을 중심으로 한 산업 정의에서 출발하였으나, 점차 문화상품의 생산, 유통, 소비를 포함한 산업 전반으로 그 범위가 확장되었다. 특히, 디지털 콘텐츠 산업이 부상하면서 이를 반영한 관련 법률이 새롭게 제정되거나 개정되었고, 기술 발전에 따른 문화산업의 다변화와 중요성이 강조되었다. 이러한 변화 속에서 법률적 정의는 단순히 '제작'과 '판매'에 국한되지 않고, '기획', '개발', '서비스' 등 다양한 활동 영역을 포괄하는 방향으로 확장되었으며, 이는 문화산업 육성을 위한 정부의 의지가 강하게 반영된 결과라 할 수 있다.
  문화산업은 콘텐츠 형태별로 출판, 음악, 게임, 영화, 애니메이션, 방송 등으로 분류되며, 가치사슬 측면에서는 기획/창작, 제작/생산, 유통/배급, 소비/향유의 단계로 구분된다. 또한 플랫폼 기준으로는 TV, 라디오, 신문 등 전통적 미디어와 인터넷, 모바일, 메타버스 등 뉴미디어로 나눌 수 있다. 이처럼 디지털 전환 시대를 맞아 문화산업의 개념과 범위는 계속 확장되고 있으며, 이에 대한 유연한 대응과 전략적 접근이 필요한 상황이다. 각 분야는 고유한 특성과 산업구조를 보유하고 있으며, 다양한 사업자들이 각 단계에서 참여하여 산업 생태계를 구성하고 있다는

점에서, 문화산업의 발전은 법적·정책적 기반과 밀접하게 연결되어 있음을 알 수 있다.

문화산업과 콘텐츠산업의 법률적 정의변동

연도	용어	법률	법률적 정의	변동사항
1995	문화산업	문화예술진흥법 (전부개정)	문화예술의 창작물 또는 문화예술용품을 산업의 수단에 의하여 제작·공연·전시·판매를 업으로 영위하는 것	항목 신설
1999	문화산업	문화산업진흥기본법 (전부개정)	문화상품의 생산·유통·소비와 관련된 산업	법률 제정
2002	문화산업	문화산업진흥기본법 (전부개정)	문화상품의 개발·제작·생산·유통·소비 등과 이에 관련된 서비스를 행하는 산업	개발·제작 추가
2002	온라인디지털콘텐츠산업	문화산업진흥기본법 (전부개정)	온라인디지털콘텐츠를 수집·가공·제작·저장·검색·송신 등과 이와 관련된 서비스를 행하는 산업	법률 제정
2003	문화산업	문화예술진흥법 (일부개정)	문화예술의 창작물 또는 문화예술 용품을 산업 수단에 의하여 기획·제작·공연·전시·판매하는 것을 업(業)으로 하는 것	기획 추가
2003	문화산업	문화산업진흥기본법 (일부개정)	문화상품의 기획·개발·제작·생산·유통·소비 등과 이에 관련된 서비스를 행하는 산업	기획 추가
2010	콘텐츠산업	콘텐츠산업진흥법 (전부개정)	경제적 부가가치를 창출하는 콘텐츠 또는 이를 제공하는 서비스(이들의 복합체를 포함한다)의 제작·유통·이용 등과 관련한 산업	온라인디지털콘텐츠산업발전법 전부개정

[자료 : 김시범, 문화산업의 법률적 정의 및 개념 고찰, 2018]

문화산업 진흥 제도

문화산업의 진흥을 위해 정부는 다양한 지원 제도를 운영하고 있다. 문화산업진흥기금은 문화산업 발전의 핵심적인 재원으로, 문화콘텐츠 제작 지원, 창업 지원, 유통 구조 개선 등 다양한 분야에 활용된다. 기금은 정부 출연금, 민간 출연금, 기금 운용 수익 등을 통해 조성되며, 한국콘텐츠진흥원이 주관하여 운영한다(문화산업진흥 기본법 제31조). 세제 지원으로는 문화산업 기업에 대한 법인세 감면, 연구개발비 세액공제, 투자 세액공제 등이 있으며, 특히 초기 기업과 중소기업에 대한 지원이 강화되고 있다. 금융 지원은 완성보증제도, 문화산업 전문투자조합, 모태펀드 등 다양한 형태로 이루어지며, 콘텐츠 기업의 자금조달을 돕고 있다.

문화산업의 지속가능한 성장을 위해 전문인력 양성도 중요한 과제이다. 콘텐츠 창작 교육, 실무 중심의 직업훈련, 산학협력 프로그램 등을 통해 현장에서 필요로 하는 인재를 육성하고 있다. 해외 진출 지원은 한류의 확산과 함께 더욱 강화되고 있는데, 국제 견본시 참가 지원, 현지화 지원, 마케팅 지원, 수출 인프라 구축 등 다각적인 방식으로 이루어진다. 특히 최근에는 신한류 전략을 바탕으로 게임, 웹툰, K-pop 등 다양한 장르의 해외 진출을 체계적으로 지원하고 있으며, 현지 네트워크 구축과 지식재산권 보호에도 많은 노력을 기울이고 있다.

> 문화산업진흥 기본법 제31조 제31조(한국콘텐츠진흥원의 설립)
>
> ① 정부는 문화산업의 진흥·발전을 효율적으로 지원하기 위하여 한국콘텐츠진흥원(이하 "진흥원"이라 한다)을 설립한다.
> ② 진흥원은 법인으로 한다.
> ③ 진흥원의 주된 사무소의 소재지는 정관으로 정한다. <신설 2019. 11. 26.>
> ④ 진흥원에는 정관으로 정하는 바에 따라 임원과 필요한 직원을 둔다. <개정 2019. 11. 26.>
> ⑤ 진흥원은 그 업무 수행을 위하여 필요하면 정관으로 정하는 바에 따라 국내외의 필요한 곳에 사무소·지사 또는 주재원을 둘 수 있다. <신설 2019. 11. 26.>
> ⑥ 진흥원은 정관으로 정하는 바에 따라 연구개발사업의 관리를 전담하는 부설기관을 둘 수 있다. <신설 2020. 12. 22.>

⑦ 진흥원은 다음 각 호의 사업을 한다. <개정 2019. 11. 26., 2020. 12. 22., 2021. 5. 18., 2022. 1. 18.>

1. 문화산업 진흥을 위한 정책 및 제도의 연구·조사·기획
2. 문화산업 실태조사 및 통계작성
3. 문화산업 관련 전문인력 양성 지원 및 재교육 지원
4. 문화체육관광부 소관 연구개발사업의 기획·관리·평가 및 성과 확산 등
5. 문화산업발전을 위한 제작·유통활성화
6. 문화산업의 창업, 경영지원 및 해외진출 지원
7. 문화원형, 학술자료, 역사자료 등과 같은 콘텐츠 개발 지원
8. 문화산업활성화를 위한 지원시설의 설치 등 기반조성
9. 공공문화콘텐츠의 보존·유통·이용촉진
10. 국내외 콘텐츠 자료의 수집·보존·활용
11. 방송영상물의 방송매체별 다단계 유통·활용·수출 지원
12. 방송영상 국제공동제작 및 현지어 재제작 지원
13. 게임 역기능 해소 및 건전한 게임문화 조성
14. 이스포츠의 활성화 및 국제교류 증진
15. 콘텐츠 이용자의 권익보호
16. 문화산업의 투자 및 융자 활성화 지원
17. 지역별 특성에 기반한 문화산업의 진흥 및 육성
18. 그 밖에 진흥원의 설립목적을 달성하는 데 필요한 사업

⑧ 정부는 진흥원의 설립·시설·운영 및 제7항 각 호의 사업 등에 필요한 경비를 예산의 범위에서 출연 또는 지원할 수 있다. <개정 2019. 11. 26., 2020. 12. 22., 2021. 5. 18.>

⑨ 진흥원은 지원을 받고자 하는 공공기관에 그 지원에 소요되는 비용의 전부 또는 일부를 부담하게 할 수 있다. <개정 2019. 11. 26., 2020. 12. 22.>

⑩ 진흥원에 관하여 이 법과 「공공기관의 운영에 관한 법률」에서 정한 것을 제외하고는 「민법」의 재단법인에 관한 규정을 준용한다. <개정 2019. 11. 26., 2020. 12. 22.>

⑪ 진흥원이 아닌 자는 한국콘텐츠진흥원의 명칭을 사용하지 못한다. <개정 2019. 11. 26., 2020. 12. 22.> [전문개정 2009. 2. 6.]

문화산업 규제 제도

문화산업의 건전한 발전과 소비자 보호를 위해 다양한 규제 제도가 운영되고 있다. 등급 분류 제도는 문화콘텐츠의 연령별 적합성을 평가하여 이용자의 적절한 선택을 돕는 핵심적인 규제 장치이다. 영화, 게임, 방송 등 각 분야별로 전문화된 등급 분류 기관이 운영되며, 콘텐츠의 폭력성, 선정성, 사행성 등을 종합적으로 평가하여 등급을 부여한다. 내용 규제는 청소년 보호, 공공질서 유지, 인권 보호 등을 위해 필요한 최소한의 범위에서 이루어지며, 자율규제와 법적 규제가 병행되고 있다.

광고·선전 규제는 과장·허위 광고 방지, 청소년 보호, 소비자 권익 보호 등을 목적으로 한다. 특히 최근에는 인플루언서 마케팅, 가상광고 등 새로운 형태의 광고에 대한 규제 기준이 마련되고 있다. 유통 규제는 공정한 시장 질서 확립을 위해 시행되며, 독과점 방지, 불공정거래 규제, 건전한 유통 질서 확립 등을 주요 내용으로 한다. 동시에 디지털 플랫폼의 영향력이 커지면서 플랫폼 사업자에 대한 규제도 강화되는 추세이다. 이러한 규제들은 문화산업의 발전을 저해하지 않는 범위에서 필요한 최소한의 수준으로 운영되며, 산업의 변화에 맞춰 지속적으로 개선되고 있다.

정리하면, 문화콘텐츠와 저작권은 개념과 범위에서 긴밀히 일치하며, 문화콘텐츠는 경제적 부가가치를 창출하는 유·무형 재화와 서비스로서, 부호·문자·도형·색채·음성·이미지 등 다양한 형태로 표현된다. 저작권법상 저작물도 동일한 형태로 표현되는 창작물로, 창작성과 독창성을 요건으로 한다. 따라서 문화콘텐츠는 저작물로 인정될 수 있으며, 「문화산업진흥 기본법」과 「콘텐츠산업 진흥법」은 저작권법과 동일한 개념으로 이를 규정한다.

② 자동 생성 콘텐츠는 법적으로 보호받을 수 있을까?

스포츠 중계권은 현대 문화산업에서 핵심적인 권리로서 그 법적 성격과 실무적 측면을 체계적으로 이해할 필요가 있다. 여기서는 스포츠 중계권의 기본 구조와 실무적 쟁점들을 상세히 살펴보고자 한다.

법적 성격

스포츠 중계권은 저작권법상 독특한 지위를 가진다. 스포츠 경기 자체는 저작물로 인정되지 않지만, 중계방송은 저작인접권으로 보호받는다. 이는 방송사의 카메라 워크, 편집기술, 해설, 운동선수의 포착, 카메라앵글의 설정, 기타 촬영방법 등에 창작적 요소가 인정되기 때문이다. 또한, 중계권은 경기 주최자의 시설관리권과 결합해 독특한 형태의 권리를 구성하며, 중계권자는 이를 통해 해당 스포츠 경기에 대한 독점적 방송권을 획득한다. 이 독점적 방송권은 단순히 방송에 그치지 않고, 디지털 플랫폼에서의 송신권과 복제권 등 포괄적 권리로 확대된다.

중계권의 경제적 가치는 광고수입, 구독료, 재판매 수익 등 다양한 수익원과 연계되며, 디지털 플랫폼의 발전으로 그 중요성이 더욱 커지고 있다. 이러한 가치 상승은 스포츠 중계권의 핵심 요소인 독점적 방송권이 뒷받침한다. 그러나 스포츠 중계권은 경제적 이익 외에도 공익적 성격을 지닌다. 국민적 관심이 큰 올림픽이나 월드컵 같은 경기는 방송법상 보편적 시청권 제도를 통해 공공성을 확보한다. 이는 중계권의 독점성과 공공성 사이에서 균형을 찾기 위한 중요한 장치로 평가된다.

중계권 계약의 실무

스포츠 중계권 계약에서는 권리의 범위를 명확히 설정하는 것이 핵심이다. 생중계권, 재방송권, 하이라이트 권리, 클립 제작권 등 다양한 세부 권리 항목을 구체적으로 명시하여 각 권리자의 권한과 책임을 명확히 해야 한다. 또한, 전통적 TV 방송, 케이블TV, IPTV, 인터넷 스트리밍, 모바일 플랫폼 등 매체별로 권리를 구분하여 계약을 체결하는 것이 필수적이며, 각 플랫폼의 특성과 시장 상황에 맞춰 세부 조건을 설정할 필요가 있다. 더불어 중계권의 지역적 범위는 국내 또는 특정 해외 지역으로 한정할 수 있으며, 글로벌 스포츠의 경우 국가별 또는 권역별로 중계권을 분할하여 판매하는 것이 일반적이다.

중계권의 유효 기간은 대회나 시즌 단위로 설정되며, 장기 계약일 경우 권리금 조정 조항을 포함하여 계약의 지속성을 높인다. 중계권료는 시청률, 광고 수익, 그리고 플랫폼 영향력 등을 종합적으로 고려하여 산정하며, 일반적으로 최소보장금액(MG)과 수익배분(RS) 방식을 조합하는 형태가 가장 많이 활용된다. 이러한 방식은 계약 당사자 간 수익과 리스크를 적절히 분담하는 구조로, 중계권 계약의 안정성을 확보하는 데 중요한 역할을 한다.

중계권 계약의 실무

스포츠 중계권 계약에서 중요한 쟁점 중 하나는 중계권자가 제3자에게 권리를 재허락할 수 있는 범위와 조건이다. 재허락과 관련하여 권리의 범위, 수익 배분, 품질 관리 등에 대한 명확한 기준을 설정해야 분쟁을 방지할 수 있다. 특히 경기 하이라이트의 제작 및 유통 권리는 별도의 계약 대상이 될 수 있으며, 하이라이트 영상의 길이, 제작 시점, 유통 채널 등에 대한 세부 규정을 명시하여 권리 남용을 방지하는 것이 필요하다.

또한 짧은 클립 영상의 제작과 활용에 관한 권리 역시 중요한 쟁점으로 떠오르고 있다. SNS 플랫폼에서 짧은 클립 영상의 활용이 증가하면서 이에 대한 명확한 규정이 필수적이다. 실시간 스트리밍, 하이라이트 공유, 팬 참여 콘텐츠 등 소셜미디어에서의 다양한 콘텐츠 활용 범위를 명확히 정하고, 각 채널에 적합한 기준을 마련함으로써 중계권의 가치를 극대화할 수 있다.

국제 스포츠 중계권

올림픽 중계권은 국제올림픽위원회(IOC)가 일괄 관리하며, 각국 방송사와 개별 계약을 통해 판매된다. 이 과정에서 공영방송의 우선권과 보편적 시청권 보장이 중요한 고려사항으로 작용한다. 월드컵 중계권은 국제축구연맹(FIFA)이 관리하며, 권역별로 나눠 판매하는 방식이 일반적이다. 월드컵 중계권료는 대회 규모와 글로벌 관심에 따라 지속적으로 상승하고 있다.

프리미어리그, NBA 등 주요 국제 리그의 중계권은 글로벌 시장에서 높은 가치를 지니며, 각국의 시장 상황에 맞춰 차별화된 계약이 이루어진다. 특히 국제 스포츠 중계권에서는 국가 간 협력이 필수적이다. 저작권 보호, 시그널 전송, 불법 중계 방지 등을 위해 국제적 협력 체계를 구축하여 중계권의 경제적 가치를 보호하고, 공정한 스포츠 중계를 보장하는 것이 중요하다.

이러한 스포츠 중계권의 구조와 실무는 디지털 기술의 발전과 미디어 환경의 변화에 따라 계속해서 진화하고 있다. 따라서 법적 보호체계와 계약실무도 이러한 변화에 탄력적으로 대응할 필요가 있다.

AI 기반 콘텐츠의 법적 쟁점과 대응 방안

퍼블리시티권은 디지털 시대에서 더욱 중요해지는 권리로, 특히 AI 기술의 발전과 메타버스의 등장으로 새로운 보호 영역이 계속해서 확장되고 있다. 이에 대한 체계적 이해를 위해 다음과 같이 분석한다.

퍼블리시티권의 개념

퍼블리시티권은 개인의 성명, 초상 등 동일성 표지를 상업적으로 이용할 수 있는 권리를 의미한다. 1953년 미국 미국 제2항소법원의 Haelan Laboratories v. Topps Chewing Gum 사건의 판결을 통해 처음 인정된 이후 각국에서 독자적으로 발전해 왔다. 이 사건은 유명 프로야구 선수들의 사진에 대한 독점권을 인정받은 원고가 피고에게 위 독점권을 인정받은 원고가 피고에게 위 독점권 침해 금지를 청구한 사건이다. 국내에서도 명문 규정 없이 판례를 통해 그 권리성이 인정되고 있다. 퍼블리시티권은 인격권에서 파생된 독립적 재산권으로서의 성격을 지니며, 초상권과 성명권 같은 전통적 인격권과 구별된다. 특히 이 권리는 양도와 상속이 가능하여 독자적인 재산권으로 발전하고 있다.

퍼블리시티권의 재산권적 성격은 그 권리가 가진 경제적 가치에 기초한다. 연예인, 스포츠 스타 등 대중적 인지도가 높은 인물의 경우 퍼블리시티권이 막대한 경제적 가치를 창출할 수 있다. 인격권이 인격적 이익 보호에 중점을 둔다면, 퍼블리시티권은 경제적 이익 보호에 중점을 둔다. 두 권리는 밀접하게 연결되어 있어 퍼블리시티권 행사 시 인격권 보호와 조화를 이루는 것이 중요하다.

보호 대상

퍼블리시티권의 보호대상에는 성명, 초상, 음성, 서명, 캐릭터 등이 포함된다. 성명은 개인을 특정할 수 있는 핵심 요소로, 본명뿐 아니라 예명이나 닉네임도 특정인을 식별할 수 있는 경우 보호 대상에 해당한다. 초상은 얼굴을 포함한 전체적인 외관으로서, 실제 모습뿐 아니라 이를 재현한 그림이나 캐릭커처까지도 보호될 수 있다. 또한, 음성 역시 퍼블리시티권의 중요한 보호대상이다. 특히 AI 기술의 발달로 음성 모방과 재현이 쉬워지면서 그 중요성이 더욱 부각되고 있다.

서명은 개인의 동일성을 나타내는 중요한 표지로 보호되며, 디지털 서명의 활용이 증가함에 따라 보호의 필요성이 커지고 있다. 아울러 개인과 강하게 연관된 캐릭터나 이미지는 퍼블리시티권의 보호대상으로 간주될 수 있다. 특히 연예인의 경우 특정 캐릭터나 이미지가 큰 경제적 가치를 가지므로, 이에 대한 보호가 더욱 중요하다.

권리의 내용

퍼블리시티권자는 자신의 동일성 표지가 상업적으로 이용되는 것을 통제할 수 있는 배타적 권리를 가진다. 이를 통해 허락되지 않은 상업적 이용을 금지할 수 있으며, 제3자에게 이용을 허락할 때는 이용허락의 범위, 기간, 대가 등을 자유롭게 정할 수 있다. 이 권리는 권리자가 동일성 표지를 통해 경제적 이익을 보호하고 활용할 수 있도록 보장하는 핵심 요소다.

퍼블리시티권은 재산권적 성격을 가지므로 양도와 상속이 가능하다. 양도는 전부 또는 일부가 가능하며, 이용허락과 구별된다. 상속에 관해서는 국가마다 차이가 있으며, 한국에서는 아직 명확한 기준이 없으나 상속 가능성을 긍정하는 견해가 증가하고 있다. 또한, 보호기간에 대한 명확한 기준은 없지만, 생존 중뿐만 아니라 사후에도 일정 기간 보호할 필요성이 인정되고 있다.

침해와 구제

퍼블리시티권 침해는 무단 사용, 왜곡된 사용, 과도한 사용 등 다양한 형태로 나타날 수 있으며, 특히 디지털 환경에서는 새로운 형태의 침해가 지속적으로 등장하고 있다. 이러한 침해에 대한 위법성 판단은 이용 목적, 방식, 그리고 이용이 미치는 영향 등을 종합적으로 고려하여 이루어진다. 일부 경우에는 공정이용의 법리가 적용될 수 있어, 단순한 사용이 반드시 위법으로 간주되지는 않는다. 그러나 권리자의 경제적 이익이나 명예를 해치는 경우 위법성이 인정된다.

침해에 대한 구제수단으로 손해배상과 침해금지청구가 있다. 손해배상은 실제 손해액 산정이 어려운 경우가 많아, 통상적인 사용료와 침해자의 이익 등을 기준으로 산정된다. 또한, 침해가 현재 진행 중인 경우 이를 중지시키고 향후 침해를 방지하기 위한 침해금지청구가 가능하며, 가처분 제도를 활용할 수 있다. 디지털 기술이 발전함에 따라 퍼블리시티권 보호체계는 계속 진화하고 있으며, 특히 AI와 메타버스 환경에서 새롭게 제기되는 쟁점들에 대한 적절한 보호기준 마련이 중요한 과제로 떠오르고 있다.

우리나라 퍼블리시티권 입법 동향

퍼블리시티권의 보호를 위하여 개정된 부정경쟁방지법(부정경쟁방지 및 영업비밀보호에 관한 법률)이 2022년 6월 8일부터 시행되었다. 개정된 법 제2조 제1호 타목에서는 '국내에 널리 인식되고 경제적 가치를 가지는 타인의 성명, 초상, 음성, 서명 등 식별 가능한 표지를 공정한 상거래 관행이나 경쟁질서에 반하는 방법으로 무단 사용하여 타인의 경제적 이익을 침해하는 행위'를 부정경쟁행위로 규정하였다.

이를 통해 해당 행위를 명확히 제재하여 건전한 거래 질서를 확립하고, 부당한 피해로부터 소비자를 보호하는 것이 목적이었다. 기존에는 퍼블리시티권을 명시적으로 보호하는 법적 규정이 없어, 이를 침해하는 경우 보호 수단에 대한 논란이 지속되어 왔다. 판례에서도 퍼블리시티권을 인정하거나 부정하는 사례가 혼재되어 있어 명확한 법적 근거가 부족했다는 점에서 이번 개정의 의의가 크다.

다만, 개정 부정경쟁방지법은 퍼블리시티권의 보호를 실질적으로 규정했지만, 여전히 몇 가지 한계를 지니고 있다. 법은 퍼블리시티권의 보호 대상이나 보호 기간, 양도성 등 구체적인 내용에 대해 명시하지 않았으며, 인격표지의 경제적 가치나 널리 인식된 정도를 판단하는 기준도 불명확하다는 지적이 있다. 또한, 퍼블리시티권 침해에 대한 형사처벌 규정이 없어 충분한 보호가 이루어지지 못한다는 비판도 존재한다. 이를 보완하기 위해 2024년 2월 20일 추가 개정을 통해 특허청장이 부정경쟁행위에 대해 시정명령 권한을 행사할 수 있도록 하고, 불이행 시 과태료를 부과하는 규정을 신설했다. 또한, 피해자가 행정조사 기록을 열람 및 복사할 수 있는 권리를 부여하여 입증책임을 경감하고 실질적인 구제를 강화하고자 하였다. 이러한 개정은 퍼블리시티권 보호 체계의 실효성을 높이는 데 기여할 것으로 기대된다.

> 부정경쟁방지법 제2조 제1호 타목
> 제2조(정의) 이 법에서 사용하는 용어의 뜻은 다음과 같다.
> 1. "부정경쟁행위"란 다음 각 목의 어느 하나에 해당하는 행위를 말한다. 타. 국내에 널리 인식되고 경제적 가치를 가지는 타인의 성명, 초상, 음성, 서명 등 그 타인을 식별할 수 있는 표지를 공정한 상거래 관행이나 경쟁질서에 반하는 방법으로 자신의 영업을 위하여 무단으로 사용함으로써 타인의 경제적 이익을 침해하는 행위

④ AI 콘텐츠 저작권 보호와 기업의 대응 전략

문화산업의 각 영역은 독특한 특성과 환경에 따라 서로 다른 법제도로 규율되고 있다. 영화, 음악, 게임, 예술 분야의 주요 법제도와 그 특징을 살펴보면 다음과 같다.

영화산업과 음악산업 법제도

영화산업 법제도는 영화비디오법(영화 및 비디오물의 진흥에 관한 법률)을 중심으로 구성되어 있다. 이 법은 영화진흥위원회의 설립과 운영, 영화발전기금의 조성과 운용, 영화제작 지원 등을 규정하고 있다. 특히 한국영화 의무상영일수 제도와 스크린 독과점 규제를 통해 영화산업의 균형 발전을 도모하고 있으며, 등급분류제도를 통해 영화 콘텐츠의 사회적 책임을 강조하고 있다.

음악산업 법제도는 음악산업법(음악산업진흥에 관한 법률)을 기반으로 한다. 이 법은 음악창작자의 권리보호와 공정한 유통환경 조성에 중점을 두고 있다. 특히 음원 플랫폼의 수익배분 구조, 공연장 안전관리, 저작권 집중관리단체 운영 등을 통해 음악산업의 건전한 발전을 지원하고 있다. 최근에는 디지털 환경에서의 음원 유통과 관련된 규제가 강화되는 추세이다.

게임산업과 예술진흥 법제도

게임산업 법제도는 게임산업법(게임산업진흥에 관한 법률)을 통해 규율된다. 이 법은 게임산업의 진흥과 함께 이용자 보호를 중요한 목표로 삼고 있다. 게임물 등급분류제도를 통해 연령별 적합성을 관리하고, 셧다운제를 통해 청소년 보호를 도모하며, 확률형 아이템 규제를 통해 소비자 권익을 보호하고 있다. 최근에는 e스포츠 활성화와 관련된 제도적 지원도 강화되고 있다.

예술진흥 법제도는 '문화예술진흥법'과 '예술인 복지법'을 중심으로 구성되어 있다. 이들 법은 예술인의 지위 향상과 권리 보호, 창작 활동 지원에 초점을 맞추고 있다. 특히 예술인 고용보험 제도 도입, 공연장 안전관리 강화, 미술품 유통 투명성 제고 등을 통해 예술 분야의 제도적 기반을 강화하고 있다. 또한 공연법과 미술품 유통법을 통해 각 분야의 특수성을 반영한 세부 규정을 마련하고 있다.

이러한 분야별 법제도는 각각의 특수성을 반영하면서도, 전체적으로는 문화산업의 균형 있는 발전과 공정한 생태계 조성이라는 공통된 목표를 추구하고 있다. 특히 디지털 전환 시대를 맞아 새로운 형태의 콘텐츠와 서비스가 등장하면서, 법제도의 유연한 대응과 지속적인 개선이 요구되고 있다. 이러한 변화 속에서도 창작자의 권리 보호와 이용자의 접근성 보장이라는 기본 가치를 지켜나가는 것이 중요한 과제로 대두되고 있다.

프로축구선수의 퍼블리시티권은 어디까지 보호받을 수 있는가?

조재광과 범경철(2024)의 연구는 해외 프로축구 리그에서 활약하는 한국 선수들의 퍼블리시티권 보호 문제를 다루고 있다. 최근 한국 선수들의 해외진출이 활발해지면서, 이들의 경제적 가치와 권리 보호가 주요 법적 쟁점으로 부각되고 있다. K리그의 한 프로축구선수 A는 구단과의 계약 당시 '선수의 초상권은 구단에 귀속된다'는 표준계약서에 서명했지만, 해외 이적 후에도 국내 게임회사가 자신의 이름과 얼굴을 게임 캐릭터로 계속 사용하는 문제를 겪었다. 또한, 스포츠 음료 회사가 과거 촬영한 광고 영상을 동의 없이 재활용하는 상황도 발생했다.

이 과정에서 포괄적 초상권 계약이 퍼블리시티권 전체를 포기한 것으로 해석될 수 있는지, 해외 이적 후에도 국내 구단이 선수의 퍼블리시티권을 행사할 수 있는지, 퍼블리시티권의 시간적·공간적 범위는 어디까지 인정될 수 있는지가 중요한 법적 쟁점으로 떠올랐다. 퍼블리시티권은 인격권적 성격과 재산권적 성격을 동시에 가지며, 현행법에는 명확한 규정이 없어 판례와 학설에 의존해야 하는 한계가 있다. 구단과의 계약만으로는 권리 이전 범위에 제한이 있다는 점도 드러났다.

연구는 선수 계약 시 퍼블리시티권의 범위를 구체적으로 명시하고, 해외 이적을 고려한 권리 관계를 설정하며, 은퇴 후 이미지 활용에 대한 별도 조항을 마련할 필요성을 강조한다. 더불어 부정경쟁방지법에 퍼블리시티권 보호 조항을 신설하고, 표준계약서를 개정하여 선수 권리를 강화하며, 분쟁조정기구를 통해 효율적인 분쟁 해결 체계를 구축해야 한다고 제안한다.

이 연구는 프로스포츠 선수의 퍼블리시티권이 단순한 초상권을 넘어 경제적 가치와 직결된다는 점을 환기하며, 디지털 시대에 이를 보호하기 위한 법적·제도적 정비가 시급하다는 점을 강조하고 있다.

 문화산업의 새로운 권리 보호

5장은 문화산업에서 새롭게 주목받는 권리들을 다루면서, 스포츠 중계권과 퍼블리시티권의 보호체계를 분석했다. 특히 디지털 기술의 발전과 메타버스, AI의 등장으로 이러한 권리들의 보호 범위와 방식이 계속 진화하고 있음을 확인했다. 앞으로 문화산업의 지속가능한 발전을 위해서는 권리자의 보호와 공정한 이용의 균형을 찾는 것이 핵심 과제가 될 것이다.

5장 요약 — 기업이 알아야 할 AI 저작권 리스크

5장은 문화산업의 법과 제도, 스포츠 중계권의 법적 성격, 퍼블리시티권의 보호, 문화산업 진흥법과 저작권의 관계를 다루었다.

1. 문화산업의 법과 제도

문화산업은 문화상품의 기획부터 소비까지 전 과정과 관련된 산업 활동을 포함한다. 이를 진흥하기 위해 기금 조성, 세제 지원, 전문인력 양성 등의 제도를 운영하며, 동시에 등급 분류와 내용 규제 등을 통해 건전한 발전을 도모한다. 특히 디지털 환경에서 새로운 형태의 문화산업이 등장함에 따라, 진흥과 규제의 균형 잡힌 접근이 더욱 중요해지고 있다.

2. 스포츠 중계권의 법적 성격

스포츠 중계권은 저작인접권으로서의 성격과 시설관리권이 결합된 특수한 권리로 보호된다. 중계권 계약에서는 권리의 범위, 매체별 구분, 지역적 범위가 중요하게 다루어지며, 재허락 범위나 하이라이트 권리 등 새로운 미디어 환경에서 발생하는 법적 쟁점들이 주목받고 있다.

3. 퍼블리시티권의 보호

퍼블리시티권은 개인의 성명, 초상 등 동일성 표지를 상업적으로 이용할 수 있는 권리다. 성명, 초상, 음성 등 다양한 개인적 특성이 보호 대상이 되며, 권리 침해 시 손해배상이나 침해금지청구 등을 통해 구제받을 수 있다. 디지털 기술의 발전으로 가상인물과 실제인물의 경계가 모호해지면서 보호의 범위와 한계가 새롭게 논의되고 있다.

5장 요약 기업이 알아야 할 AI 저작권 리스크

4. 문화산업 진흥법과 저작권

 영화, 음악, 게임, 예술 등 각 분야별 특성을 고려한 진흥법과 저작권법이 상호 보완적으로 운영되고 있다. 특히 디지털 환경에서 콘텐츠의 융합과 확산이 가속화되면서, 산업 진흥과 권리 보호를 위한 법제도의 유기적 연계가 더욱 중요해지고 있다.

 본 장에서는 문화산업의 특수한 권리들을 체계적으로 살펴보았으며, 특히 디지털 시대의 새로운 도전과제들에 대한 법적 대응방안을 모색하였다. 향후 기술발전에 따른 문화산업의 변화에 대응하면서도 권리보호와 산업진흥의 균형을 이루는 것이 중요한 과제가 될 것이다.

참고 문헌

서울중앙지법 2006. 4. 19. 선고 2005가합80450 판결

김시범(2018). 문화산업의 법률적 정의 및 개념 고찰. 인문콘텐츠, (48), pp.33-59.

박순태, 문화콘테츠와 저작권, 현암사, 2020. p.25.

우원상, 김병일(2013). e 스포츠와 저작권-저작권관련 쟁점을 중심으로. 정보법학, 17(1), p.33.

이규호, 스포츠방송에 관한 저작권법적 문제, 스포츠와 법 제10권제4호, 한국스포츠엔터테인먼트법학회, 2007.11, p.204

조재광, 범경철(2024). 프로축구선수의 퍼블리시티권 보호에 관한 연구. 스포츠엔터테인먼트와 법, 27(3).

제3부

블록체인, 메타버스 그리고 저작권

6장
AI 시대, 저작권을 보호하는 전략

6장 AI 시대, 저작권을 보호하는 전략

 AI 창작물, 누구의 저작물인가?

 2023년 12월, 한국과 중국에서 AI 창작물의 저작권에 관한 두 개의 중요한 결정이 내려졌다. 이 결정들은 AI가 창작의 주체로 부상하는 새로운 시대에 저작권법이 어떻게 적용되어야 하는지에 대한 깊은 통찰을 제공했다. 한국에서는 나라지식정보 산하 영화제작사가 AI로 제작한 'AI수로부인'이 한국저작권위원회로부터 '편집저작물'로 등록되었고, 중국에서는 베이징 인터넷 법원이 AI 생성 이미지에 대한 최초의 저작권 판결을 내렸다. 두 사례 모두 AI 창작물을 저작권법의 틀 안에서 어떻게 보호할 것인지에 대한 중요한 선례가 되었다.

 나라AI필름의 'AI수로부인' 제작 과정은 현대 AI 기술의 총체적 활용을 보여주는 혁신적인 시도였다. 시나리오 작성에는 GPT-4와 클로바X 같은 최신 대형언어모델이 동원되었고, 시각적 요소는 미드저니와 스테이블 디퓨전이 만들어냈다. 영상 제작에는 젠2와 D-ID가 활용되었으며, 음성과 음악까지도 각각 클로바더빙과 사운드로우라는 AI 기술로 완성했다. 이는 영화 제작의 전 과정을 AI가 보조한 최초의 시도였다.

 그러나 이 혁신적인 시도 속에서도 인간의 창의적 개입이 결정적인 역할을 했다. 서양 중심으로 학습된 AI 모델들은 한국의 고대 설화인 '수로부인'을 제대로 구현하는 데 한계가 있었다. 제작진은 이러한 한계를 극복하기 위해 AI 모델을 세밀하게 조정하고, 때로는 자체 소형언어모델을 개발하는 등 끊임없는 시행착오를 거쳤다. 특히 미드저니나 스테이블 디퓨전과 관련된 저작권 분쟁을 피하기 위해, 유료 버전을 사용하고 추가적인 리터치 작업을 더하는 등 법적 안정성도 고려했다.

 같은 시기 중국에서는 AI 창작물의 저작권에 대한 획기적인 판결이 있었다. 2023년 2월, 원고 리(李)는 스테이블 디퓨전을 사용해 몇 장의 예술적 이미지를 생성하고 그 중 하나를 "봄바람이 부드러움을 안겨준다(春风送来了温柔)"라는 제목으로 중국의 SNS '소홍서(小红书)'에 게시했다. 그러나 블로거인 피고 리우(刘)는 이 이미지의 워터마크를 제거하고 자신의 창작시 "삼월의 사랑, 복숭아 꽃 중에서(三月的爱情,在桃花里)"의 배경으로 무단 사용했다. 이에 원고는 저작권 침해를 주장하며 소송을 제기했고, 베이징 인터넷 법원은 놀라운 판결을 내렸다.

[그림 6-] AI 수로부인 이미지   [그림 6-] Li의 소홍서에 게시된 이미지

법원은 원고가 AI를 사용하는 과정에서 보여준 창의적 기여를 인정했다. 프롬프트 텍스트의 선택과 배열, 매개변수 설정, 이미지의 구상과 최종 선정 과정에서 원고가 보여준 지적 노력이 저작권 보호의 대상이 되기에 충분하다고 판단한 것이다. 다만 법원은 손해배상액으로 500위안(약 9만원)이라는 상징적인 금액만을 인정했는데, 이는 침해의 경중과 상업적 이용 정도를 고려한 결정으로 보인다.

이 두 사례는 AI 창작물의 저작권을 바라보는 한국과 중국의 상이한 법적 접근을 보여준다. 한국저작권위원회는 신중한 입장을 취했다. AI 수로부인의 경우, 영화 자체가 아닌 '편집저작물'로만 등록을 인정했는데, 이는 AI 산출물 자체의 저작권은 부정하고 인간이 이를 선택하고 배열한 창작성만을 인정한 것이다. 위원회는 "저작물은 인간의 사상과 감정을 표현한 창작물"이라는 전통적 정의에 충실한 해석을 보여주었다.

반면 중국 법원은 AI 이미지 자체에 대한 저작권을 인정하며, AI를 활용한 창작 과정에서 이용자의 기여를 적극적으로 평가하는 진보적 입장을 취했다. 다만 "중국 저작권법상 저작자는 자연인, 법인 또는 비법인 조직만 될 수 있다"고 명시하여, AI 자체가 저작자가 될 수는 없음을 분명히 했다.

이러한 상반된 접근은 AI 시대의 저작권법이 직면한 근본적인 과제들을 드러낸다. 첫째, AI 창작물의 저작자를 누구로 볼 것인가? AI 프로그램 개발자, AI를 활용한 창작자, 아니면 AI가 학습한 데이터의 원저작자들인가? 둘째, AI가 만든 작품의 창작성을 어떻게 평가할 것인가? 인간의 개입 정도에 따라 차등을 둘 것인가? 셋째, AI 학습을 위해 사용된 기존 저작물의 권리는 어떻게 보호해야 하는가? 넷째, 거의 동일한 프롬프트로 유사한 결과물이 나올 수 있는 AI 창작물의 특성을 어떻게 다룰 것인가?

본 장에서는 이러한 본질적 질문들을 중심으로 AI 창작물의 법적 지위와 보호 범위를 심도 있게 살펴보고자 한다. 특히 AI 학습데이터의 활용과 저작권 문제, AI 생성물의 저작권 판단기준, 그리고 새로운 기술적 보호조치의 필요성을 상세히 분석할 것이다. 이를 통해 인공지능 시대에 창작자의 권리를 보호하면서도 기술 혁신을 저해하지 않는 균형 잡힌 법적 프레임워크를 모색하고자 한다.

기업과 개인이 저작권을 지키는 방법

인공지능과 생성형 AI

인공지능(Artficial Intelligence, AI)은 인간의 학습, 추론, 의사결정 같은 인지 능력을 모방하는 기술로, 컴퓨터 프로그램을 통해 인간의 지능적 행동을 재현하려는 것이 목표이다. 주요 기능은 데이터 분석을 통한 학습, 기존 정보로 새로운 결론을 도출하는 추론, 최적의 선택을 내리는 의사결정을 포함한다.

AI는 다양한 분야에서 효율적 문제 해결과 새로운 가치 창출에 기여하고 있다. 1956년 다트머스 회의에서 존 매커시가 "인공지능"이라는 말을 처음 사용한 이래 인공지능은 발전과 쇠퇴를 반복하며 성장해 왔다. 그러다 2017년 미국 캘리포니아 제31회 신경 정보 처리 시스템 컨퍼런스(31st Conference on Neural Information Processing Systems, NIPS 2017)에서 하나의 논문이 발표되었는데, "Attention is all you need."라는 논문으로 트랜스포머 모형으로 명명된 이 연구는 생성형 AI의 발전에 획기적인 전환을 이루게 되었다.

AI는 구현 방식에 따라 머신러닝(컴퓨터의 자가 학습), 딥러닝(인공신경망 기반 학습)으로 나뉜다. 특히 최근 ChatGPT와 같은 생성형 AI는 대화형 기능을 통해 텍스트 기반의 창의적 작업에 활용되며, 인공지능 기술의 변혁을 이끌고 있다. 생성형 AI는 데이터를 학습하여 새로운 콘텐츠를 자동으로 생성하는 기술로, 자연어 처리, 번역, 요약, 대화 생성 등 다양한 언어 작업에 활용된다. 특히 창의적인 작업과 맞춤형 콘텐츠 생성에 강점을 가지지만, 정확성, 신뢰성, 저작권 문제 및 윤리적 우려 등 과제가 남아 있다. 향후 발전 가능성이 크며, 법적·윤리적 논의가 더욱 중요해질 전망이다.

AI 창작물의 개념과 특성

AI 창작물이란 인공지능 기술을 활용하여 생성된 창작물을 말하며, 이 과정은 인공지능의 독자적인 작업 또는 인간과의 협업을 통해 이루어진다. 이러한 창작물에는 문학, 음악, 미술, 영상 등 다양한 형태가 포함되며, 인공지능의 학습과 생성 과정을 통해 새로운 형태의 예술과 창작이 가능해진다. 특히, AI 창작물은 전통적인 인간 창작과는 달리 기술적인 알고리즘과 데이터에 기반하여 생성되기 때문에, 기존의 창작 활동에 혁신적이고 독특한 방식을 더할 수 있다는 점에서 주목받고 있다. 이러한 특성 덕분에 AI 창작물은 예술, 문화, 엔터테인먼트 산업에서 점점 더 큰 영향을 미치고 있다.

AI 창작물의 특성은 크게 세 가지로 요약될 수 있다. 첫째, 데이터 의존성이다. 인공지능은 학습데이터를 기반으로 새로운 콘텐츠를 생성하므로, 데이터의 품질과 다양성이 창작물의 완성도에 직접적인 영향을 미친다. 이 때문에 풍부하고 균형 잡힌 데이터를 확보하는 것이 AI 창작물 제작에서 중요한 요소로 여겨진다. 둘째, 비결정성이다. 인공지능은 동일한 입력값이나 프롬프트를 사용하더라도 확률적 생성 방식을 통해 매번 다른 결과물을 만들어낼 수 있다. 이는 창작물의 예측 불가능성과 독창성을 높이는 동시에, 사용자에게 다양한 선택지를 제공한다. 마지막으로, 인간 개입의 정도가 다양하다는 점이다. AI 창작 과정에서는 프롬프트 작성, 매개변수 조정, 후편집 등 인간의 창의적 기여가 필요하며, 이 기여의 범위와 깊이는 케이스마다 다를 수 있다. 이처럼 AI 창작물은 데이터, 기술, 그리고 인간의 창의성이 결합된 결과물로, 현대 창작 활동의 새로운 가능성을 제시하고 있다.

AI 창작물의 법적 보호 필요성

AI 창작물에 대한 법적 보호는 기술 발전과 창작 활동의 지속 가능성을 보장하기 위해 필수적이다. 첫째, 법적 보호는 창작 활동을 촉진하는 데 기여한다. AI를 활용한 창작은 많은 시간과 자본을 필요로 하며, 이를 통해 얻어진 결과물에 대해 적절한 권리를 부여함으로써 창작자들의 투자와 노력을 보호할 수 있다. 이는 결과적으로 창의적이고 혁신적인 AI 창작 활동을 장려하는 기반이 된다. 만약 법적 보호가 부재하거나 모호할 경우, 창작자들은 자신들의 작품이 무단으로 사용되거나 상업적으로 악용될 위험에 노출되어 창작 활동에 소극적일 수밖에 없다.

둘째, 법적 안정성 확보도 중요하다. AI 창작물의 저작권 및 소유권에 대한 명확한 기준이 없으면, 창작물의 활용과 거래 과정에서 분쟁이 발생할 가능성이 높다. 명확한 권리 관계를 설정하면 이러한 법적 불확실성을 해소할 수 있으며, 창작물을 사용하는 기업과 개인 모두 안심하고 작품을 활용할 수 있는 환경이 조성된다. 마지막으로, 법적 보호는 AI 창작 산업의 발전을 도모하는 데 필수적이다. AI 창작물이 법적으로 보호받는다면, 관련 산업의 신뢰도가 높아지고 투자 유치와 기술 개발이 활발해질 것이다. 이는 AI 창작물이 문화와 경제적 가치 창출에 기여하는 선순환 구조를 형성하는 데 중요한 역할을 한다. 따라서, AI 창작물에 대한 법적 보호는 창작자의 권익 보장뿐 아니라, 산업 발전과 법적 안정성을 모두 실현하는 필수적인 요소라 할 수 있다.

현행법상 AI 창작물의 지위

현재 대부분의 국가에서 AI 창작물은 법적 보호의 한계와 논란에 직면하고 있다. 이는 주로 전통적인 저작권법이 '인간의 창작물'을 보호 대상으로 규정하고 있기 때문이다. 이러한 법적 틀 내에서 AI 창작물의 지위는 아래 세 가지 주요 문제를 중심으로 논의되고 있다.

첫째, 저작자성 문제이다. 전통적인 저작권법은 창작 활동을 '인간의 창작물'로 한정하고 있어 AI를 저작자로 인정하지 않는다. 이는 AI가 단독으로 생성한 창작물이 법적 보호 대상이 될 수 없음을 의미한다. 따라서 AI 창작물의 보호 여부는 인간이 창작 과정에 얼마나 기여했는지에 따라 달라진다. 예를 들어, 프롬프트 작성, 데이터 설계, 후편집 등의 과정에서 인간의 창의적 기여가 있었다면, 저작자성을 인정할 수 있을지가 중요한 쟁점이 된다.

둘째, 창작성 판단 기준이다. AI 창작물에 기존 저작권법의 창작성 기준을 그대로 적용하기에는 한계가 있다. 기존 법에서는 창작물이 '개인의 창의적 표현'을 담고 있어야 하지만, AI는 알고리즘과 학습 데이터를 기반으로 창작물을 생성하므로 이 기준에 부합하지 않을 수 있다. 이에 따라 AI 창작물에 적합한 새로운 창작성 판단 기준이 필요하다. 현재 국가별로 접근 방식이 다르며, 일부 국가는 인간의 개입 없이 생성된 AI 창작물을 저작권 보호 대상에서 제외하거나 별도의 보호 체계를 논의 중이다.

셋째, 권리귀속 문제이다. AI 창작물은 생성 과정에서 AI 개발자, 이용자, 데이터 제공자 등 다양한 이해관계자가 관여하기 때문에 권리 귀속 문제가 복잡하다. 각각의 주체가 기여한 정도에 따라 권리를 어떻게 배분할지에 대한 명확한 기준이 부족하다. 예컨대, AI 알고리즘 개발자의 역할과 데이터 제공자의 기여, 이용자가 설정한 프롬프트의 창의적 요소를 각각 어떻게 평가할지 불분명하다. 특히, 이러한 창작물이 공동저작물로 인정될 수 있을지에 대한 논란도 지속되고 있다.

이와 같이 AI 창작물은 저작자성, 창작성, 권리 귀속이라는 세 가지 핵심 문제에서 기존 법제도의 한계를 드러내고 있으며, 이를 해결하기 위해 새로운 법적 기준과 제도적 논의가 필요하다.

주요국의 AI 창작물 법적 보호 현황

국가	동향	AI 인정여부
국제조약	베른협약: 저작자가 반드시 인간이어야 한다는 정의 없음. 컴퓨터 프로그램 이용자에게 저작권과 소유권 부여 가능. 개발자가 창작물에 기여한 경우 저작자 또는 공동저작자로 간주.	O
EU	1988년부터 컴퓨터 창작물 언급. 컴퓨터 이용한 자를 저작자로 봄. 2019년 '옵트아웃(Opt-Out)' 제도 도입. 2024년 '유럽연합 인공지능법' 통과. AI 툴 위험도 4단계 분류: 허용 불가능, 고위험, 제한적 위험, 최소 위험.	O
독일	저작권법 제7조: 저작자는 저작물의 창작자. 저작권법 제2조 제2항: 인간의 정신적 창작물로 규정.	X
프랑스	저작권법 제111조의 1: 저작권 대상은 정신 활동에 따른 창작물. 자연인(인간)만 저작자로 인정.	X
영국	저작권법 제178조: 컴퓨터 기반 창작물 명시. 생성형 AI 창작물은 기여도를 기준으로 개발자 또는 사용자가 저작자가 될 수 있음.	O
미국	1989년 판결: 저작자는 실제 창작을 한 사람으로 정의. 2023년 생성형 AI 창작물은 저작권 인정 불가. 인간이 창의적 선택 및 배열을 한 경우에만 저작권 인정 가능.	X
일본	저작자를 인간으로 한정. 2018년 생성형 AI가 권리자 허가 없이 학습 가능하도록 저작권법 개정.	O
한국	저작권법 제2조 제1호: 창작물은 인간의 사상 또는 감정을 표현한 것으로 정의. 생성형 AI 창작물은 저작권 보호 대상 아님. 2023년 '인공지능 저작권 가이드라인' 발표: 일부 창작 기여도는 인정 가능.	X

[출처 : 이미나(2024). 생성형 AI 창작물에 대한 저작권 고찰-출판물을 중심으로. 한국디자인포럼, 85, p.135.의 내용을 재정리함.]

AI 창작물 보호를 위한 새로운 접근

AI 창작물 보호를 위해 하이브리드 보호체계를 도입하고, 저작권법과 특별법을 조화롭게 적용해야 한다. 기존 저작권법은 인간 창작물에 초점을 맞추고 있어, AI 창작물의 특성을 반영한 새로운 권리 체계가 요구된다. 이를 통해 AI 창작물 보호를 강화하면서도 인간 창작 활동을 충분히 존중하는 균형을 유지할 수 있다.

보호 기간과 범위는 AI 창작물의 성격에 따라 탄력적으로 운영해야 하며, 기존의 일률적인 보호 기간을 넘어 창작물의 특성과 창작 과정을 고려한 다양한 보호 범위를 설정해야 한다. 또한, 인간의 개입 정도에 따라 보호 수준을 차등화하고, AI의 기여도를 평가할 수 있는 기준을 마련함으로써 보호 체계를 세분화할 필요가 있다. 공정이용 범위 또한 명확히 규정하여 AI 창작물이 공정하게 활용될 수 있는 기준을 제공해야 한다.

국제적 차원에서도 AI 창작물 보호 기준을 통일하기 위한 노력이 필요하다. 국가별 저작권법의 차이를 줄이고 국제적 조화를 이루기 위해, 국제 협약 체결을 통해 각국의 법체계를 일관성 있게 정비해야 한다. 또한, 월경적 분쟁 해결 메커니즘을 구축하여 국경을 넘는 저작권 분쟁에 효과적으로 대응할 수 있는 체계를 마련해야 한다. 이러한 국제적 협력을 통해 AI 창작물이 각국에서 동일한 보호를 받을 수 있도록 하고, 글로벌 창작 환경에서도 안정적인 보호를 보장해야 한다.

② AI 기술의 발전과 함께 변화하는 저작권 법제

학습 데이터의 중요성과 저작권 문제

인공지능(AI) 학습데이터는 인공지능 모델을 훈련시키기 위해 사용되는 대규모 데이터셋을 의미한다. 인공지능(AI) 프로젝트에서 학습 데이터는 전체 과정의 약 80%를 차지할 정도로 중요한 역할을 한다. 데이터의 수집, 정제, 라벨링 과정은 AI 모델의 성능과 직결되며, 특히 생성형 인공지능은 이 데이터를 기반으로 학습해 텍스트, 이미지, 오디오, 비디오 등 다양한 형태의 콘텐츠를 생성한다. 생성형 인공지능은 딥러닝 알고리즘을 통해 학습 데이터의 패턴과 분포를 이해하고, 이를 바탕으로 기존 데이터를 확장하거나 유사한 특성을 가진 새로운 산출물을 만들어낸다. 이 과정에서 사용되는 데이터세트는 대부분 인터넷에서 크롤링된 정보로 구성되며,

ChatGPT를 비롯한 대표적인 생성형 AI 모델들이 이러한 방식으로 학습된 사례에 해당한다. 그러나 이러한 데이터 활용 방식은 저작권 관련 문제를 야기할 수 있어, AI 학습 과정에서 데이터의 적법한 사용 여부를 명확히 확인하는 것이 필수적이다.

인터넷에서 수집된 데이터는 대개 공개된 정보를 기반으로 하지만, 저작권이 있는 콘텐츠를 포함할 가능성이 크다. AI 모델이 이러한 데이터를 학습하기 위해서는 저작권법에 따라 이용 허락 조건을 준수하거나 퍼블릭 도메인에 해당하는 데이터를 사용해야 한다. 그렇지 않을 경우, 데이터 수집 및 학습 과정에서 복제권, 2차적 저작물 작성권, 전송권 등의 침해 문제가 발생할 수 있다. 특히, 저작권이 있는 데이터를 학습에 활용한 경우 생성된 산출물이 원본 데이터와 실질적으로 유사하다면, 의거성과 실질적 유사성을 근거로 저작권 침해로 판단될 가능성이 높다. 따라서 학습 데이터 활용 시, 데이터의 저작권 상태를 철저히 검토하고 공정이용의 범위를 명확히 설정하며, 퍼블릭 도메인 데이터나 라이선스를 통해 허가된 데이터를 우선적으로 활용하는 것이 중요하다. 이를 통해 AI 학습 과정에서 발생할 수 있는 법적 리스크를 최소화하고, 적법한 데이터 기반의 AI 기술 개발을 추구할 수 있다.

데이터세트와 학습 과정에서의 저작권 침해 가능성

AI 학습 과정에서는 데이터 입력, 중간 단계의 일시적 복제, 학습 과정에서의 복제, 그리고 산출물 생성까지 총 4단계에서 저작권 침해 가능성이 존재한다. 데이터 입력 단계에서는 데이터 마이닝과 유사하게 다량의 데이터가 복제되며, 저작물이 포함된 데이터를 허락 없이 사용할 경우 복제권 및 2차적 저작물 작성권 침해가 발생할 수 있다. 중간 단계에서의 일시적 복제는 저작권법 제35조의 2에 따라 면책될 가능성이 있지만, 학습 과정에서 모델이 생성한 산출물이 원본 데이터와 유사할 경우 실질적 유사성을 근거로 저작권 침해로 간주될 수 있다.

> 저작권법 제35조의 2
> 제35조의 2(저작물 이용과정에서의 일시적 복제) 컴퓨터에서 저작물을 이용하는 경우에는 원활하고 효율적인 정보처리를 위하여 필요하다고 인정되는 범위 안에서 그 저작물을 그 컴퓨터에 일시적으로 복제할 수 있다. 다만, 그 저작물의 이용이 저작권을 침해하는 경우에는 그러하지 아니하다.[본조신설 2011. 12. 2.]

인터넷에서 수집된 데이터는 대개 공개된 정보를 기반으로 하지만, 저작권이 있는 콘텐츠를 포함할 가능성이 크다. AI 모델이 이러한 데이터를 학습하기 위해서는 저작권법에 따라 이용 허락 조건을 준수하거나 퍼블릭 도메인에 해당하는 데이터를 사용해야 한다. 그렇지 않을 경우, 데이터 수집 및 학습 과정에서 복제권, 2차적 저작물 작성권, 전송권 등의 침해 문제가 발생할 수 있다. 특히, 저작권이 있는 데이터를 학습에 활용한 경우 생성된 산출물이 원본 데이터와 실질적으로 유사하다면, 의거성과 실질적 유사성을 근거로 저작권 침해로 판단될 가능성이 높다. 따라서 학습 데이터 활용 시, 데이터의 저작권 상태를 철저히 검토하고 공정이용의 범위를 명확히 설정하며, 퍼블릭 도메인 데이터나 라이선스를 통해 허가된 데이터를 우선적으로 활용하는 것이 중요하다. 이를 통해 AI 학습 과정에서 발생할 수 있는 법적 리스크를 최소화하고, 적법한 데이터 기반의 AI 기술 개발을 추구할 수 있다.

공정이용과 국제적 협력의 필요성

AI 학습 과정에서 저작권 침해를 방지하려면 공정이용의 범위와 조건을 명확히 설정하는 것이 중요하다. 공정이용은 저작권 보호와 창작물 활용 간의 균형을 유지하기 위한 법적 장치로, 연구, 교육, 비영리 목적 등 제한된 상황에서 저작물을 허가 없이 사용할 수 있도록 허용한다(저작권법 제28조). AI 학습을 위한 데이터 활용에서도 공정이용의 적용 여부는 핵심 쟁점이 되며, 특히 연구 목적의 데이터 활용은 공정이용 조항에 의해 면책될 가능성이 높다(저작권법 제35조의 2). 이를 뒷받침하기 위해, 데이터 수집 및 학습 과정에서 저작권 침해를 방지할 수 있는 구체적인 기준과 절차를 마련해야 한다. 또한, 퍼블릭 도메인 데이터를 적극 활용하거나, 라이선스를 통해 저작권자의 동의를 받은 데이터를 우선적으로 사용하는 것이 법적 안정성을 높이는 방법이다. 인터넷 플랫폼의 경우, 이용약관을 통해 사용자 콘텐츠를 학습 데이터로 사용할 수 있는 광범위한 라이선스를 제공하고 있어, 이를 준수하면 AI 학습 과정에서의 저작권 문제를 상당 부분 예방할 수 있다.

> 저작권법 제35조의 2 제28조(공표된 저작물의 인용) 공표된 저작물은 보도·비평·교육·연구 등을 위하여는 정당한 범위 안에서 공정한 관행에 합치되게 이를 인용할 수 있다.
> 제35조의5(저작물의 공정한 이용)
> ① 제23조부터 제35조의4까지, 제101조의3부터 제101조의5까지의 경우 외에 저작물의 일반적인 이용 방법과

> 충돌하지 아니하고 저작자의 정당한 이익을 부당하게 해치지 아니하는 경우에는 저작물을 이용할 수 있다. <개정 2016. 3. 22., 2019. 11. 26., 2023. 8. 8.>
> ② 저작물 이용 행위가 제1항에 해당하는지를 판단할 때에는 다음 각 호의 사항등을 고려하여야 한다. <개정 2016. 3. 22.>
>
> 1. 이용의 목적 및 성격
> 2. 저작물의 종류 및 용도
> 3. 이용된 부분이 저작물 전체에서 차지하는 비중과 그 중요성
> 4. 저작물의 이용이 그 저작물의 현재 시장 또는 가치나 잠재적인 시장 또는 가치에 미치는 영향 [본조신설 2011. 12. 2.]
>
> [제35조의3에서 이동 <2019. 11. 26.>]

AI 기술의 글로벌 확산과 데이터 활용의 국제적 특성을 고려할 때, 국가 간 법적 기준의 조율과 국제 협력은 필수적이다. 각국의 저작권법은 차이를 보이며, 이러한 차이는 AI 학습 과정에서 발생하는 저작권 분쟁의 주요 원인이 될 수 있다. 따라서, 국제 협약을 통해 AI 학습 데이터 활용과 관련된 저작권 규정을 일관성 있게 정비하고, 글로벌 수준에서 저작권 문제를 해결할 수 있는 협력 메커니즘을 구축해야 한다. 특히, AI가 생성한 산출물의 저작권 인정 여부나 학습 데이터의 적법성에 대한 기준을 통일하면, 국경을 넘는 저작권 분쟁을 효과적으로 예방할 수 있다. 또한, 월경적 분쟁 해결을 위한 국제적 분쟁 조정 기구를 설립하거나, 기존 국제 지재권 기구를 활용하여 AI 관련 저작권 문제를 심의하고 조정하는 체계를 마련해야 한다. 이를 통해 AI 기술이 글로벌 창작 환경에서도 안정적으로 발전할 수 있는 기반을 마련할 수 있다.

③ 앞으로의 저작권 체계와 새로운 규제 방향

AI 생성물의 개념과 정의

AI 생성물은 생성 과정에서의 인간 개입 정도와 활용 방식에 따라 크게 완전 자동생성형, 인간 협업형, 그리고 AI 보조형으로 분류된다. 완전 자동생성형은 AI가 독립적으로 창작하는 유형으로, 인간의 개입이 최소화된다. 사용자는 단순히 프롬프트를 입력하는 정도로만 관여하며, 생성 과정과 결과물의 품질은 AI 모델의 성능에 전적으로

의존한다. 이 유형은 대규모 학습 데이터를 기반으로 다양한 텍스트, 이미지, 비디오 등을 자동으로 생성하며, 주로 반복적이거나 대량의 콘텐츠가 필요한 상황에 유용하다. 대표적인 예로, 자동화된 텍스트 요약 생성이나 이미지 생성 AI가 있다.

인간 협업형 생성물은 AI와 인간의 상호작용을 통해 만들어지며, 창작 과정에서 인간의 창의적 판단이 중요한 역할을 한다. AI는 초기 아이디어 제공이나 반복적 작업을 처리하고, 인간은 결과물을 선별하거나 수정하여 최종 산출물을 완성한다. 이는 창작 과정을 효율화하면서도 인간의 독창성을 유지하는 데 적합하다. 반면, AI 보조형 생성물은 인간이 주도적으로 창작하고 AI를 도구로 활용하는 방식이다. 예를 들어, 문서 작성 도중 맞춤법 검사나 문장 추천 기능을 활용하거나, 그래픽 디자인에서 AI 도구를 사용해 특정 작업을 보조하는 경우가 이에 해당한다. 이 유형은 기존의 전통적 창작 방식과 유사하지만, AI의 도입으로 작업 효율성과 품질을 향상시킬 수 있다. 이러한 유형 분류는 AI 기술을 효과적으로 활용하는 전략을 수립하는 데 중요한 기준이 된다.

AI 생성물 유형과 특성

유형	특징	활용방식
완전 자동생성형	AI가 독립적으로 창작하며 인간 개입이 최소화됨. 주로 프롬프트 입력만으로 결과물 생성	반복적이거나 대량 콘텐츠 생성에 적합. 예: 자동 텍스트 요약, 이미지 생성.
인간 협업형	AI와 인간의 상호작용을 통해 생성되며, 인간의 창의적 판단과 수정이 포함됨.	창작 과정을 효율화하며 인간의 독창성을 유지. 예: 초안 작성 후 수정 및 선별.
AI 보조형	인간이 주도적으로 창작하고, AI를 도구로 활용하여 작업 효율성과 품질을 향상시킴.	전통적 창작 방식과 유사하나 AI 도구 활용. 예: 맞춤법 검사, 디자인 보조.

저작권 판단의 기준요소

인공지능 산출물의 저작권법상 '저작물성' 인정 여부는 현재 가장 중요한 논의 중 하나이다. 이는 생성형 AI 기술이 발전하면서 다양한 분야에서 AI가 만들어낸 결과물이 늘어나고 있기 때문이다. 우리나라 저작권법에서는 저작물을 '인간의 사상 또는 감정을 표현한 창작물'로 정의하고, 저작자는 '저작물을 창작한 자'로 규정한다. 따라서 저작물로 인정되려면 ① 인간의 사상 또는 감정을 담고 있어야 하고, ② 창작성이라는 두 가지 요건을 충족해야 한다. 현행법은 인간의 창작행위에 초점을 맞추고 있어, AI 산출물에 저작권법을 적용하는 데 한계가 있다.

> 저작권법 제2조의 제1호, 제2호
> 제2조(정의) 이 법에서 사용하는 용어의 뜻은 다음과 같다.
>
> 1. "저작물"은 인간의 사상 또는 감정을 표현한 창작물을 말한다.
> 2. "저작자"는 저작물을 창작한 자를 말한다.

저작권 판단 기준은 창작성 판단, 실질적 유사성 판단, 그리고 저작자 특정으로 나눌 수 있다. 창작성 판단에서는 인간의 창작적 기여도, 선택과 배열의 독창성, 표현의 개성 여부를 평가한다. 실질적 유사성 판단은 기존 저작물과의 유사성, 우연한 일치 가능성, 실질적인 차이점을 분석해 독창성과 독립성을 확인한다. 마지막으로 저작자 특정 단계에서는 창작 과정에서 기여자의 역할을 구분하고, 권리 귀속 관계와 공동저작물 성립 여부를 판단해 권리 배분 문제를 해결한다.

주요 쟁점별 판단기준

주요 쟁점별 판단기준은 프롬프트의 창작성, 매개변수 조정의 창작성, 후편집 작업의 창작성으로 나눌 수 있다. 프롬프트의 창작성은 입력된 명령어가 단순한 수준인지, 아니면 창작적 지시나 구체적 표현을 포함하고 있는지에 따라 평가한다. 단순한 명령어는 창작성 인정이 어렵지만, 상세하고 창의적인 지시가 포함된 경우 창작 요소로 볼 여지가 있다. 매개변수 조정의 창작성은 단순히 기술적 수치를 조정하는 것인지, 아니면 예술적 판단과 결과 예측 능력이 개입되었는지를 따진다. 예술적 판단이 반영되거나 독창성이 가미된 경우, 창작성 인정 가능성이 높아진다.

후편집 작업의 창작성은 AI 산출물에 실질적인 변형을 가하거나 창작적 요소를 추가하여 독자적 특징을 부여했는지에 따라 판단한다. 이와 함께 AI 관련 소송에서는 몇 가지 핵심 쟁점이 논의된다. 첫째, AI 산출물과 원작 간 실질적 유사성을 증명하는 것이 어렵다는 문제다. AI는 방대한 데이터를 학습해 산출물을 생성하기 때문에 특정 저작물과의 직접적 연관성을 찾기 어렵다. 둘째, 저작물을 AI 학습용 데이터로 사용하는 행위가 저작권 침해에 해당하는지 여부가 쟁점이다. 단순 학습 자체는 공정 이용 법리에 의해 정당화될 가능성이 크다. 마지막으로, AI 학습 데이터에 포함된 수많은 저작물의 저작권 배분 문제도 중요한 현실적 과제로 대두된다.

TDM과 저작권법

"TDM"(텍스트와 데이터 마이닝)은 대량의 데이터에서 유용한 정보를 추출하고 새로운 지식을 생성하는 기술로, 인공지능(AI) 연구, 시장 분석, 학술 연구 등 다양한 분야에서 활용되고 있다. 우리나라 저작권법 제35조의5와 미국 연방저작권법 제107조에 공정이용(fair use) 조항이 존재하지만, TDM이 공정이용으로 면책될 수 있을지에 대한 판례는 아직 나오지 않아 법적 불확실성이 존재한다. 이러한 불확실성은 기술 혁신과 창작자 보호라는 두 가지 가치를 조화롭게 실현할 수 있는 방향으로 입법적 해결이 요구된다. 단순히 TDM을 위해 저작물을 이용했다는 이유로 저작권 침해 책임을 묻는 것은 바람직하지 않으며, 이를 규율할 명확한 기준 마련이 필요하다.

> 저작권법 제35조의 5 제35조의5(저작물의 공정한 이용)
> ① 제23조부터 제35조의4까지, 제101조의3부터 제101조의5까지의 경우 외에 저작물의 일반적인 이용 방법과 충돌하지 아니하고 저작자의 정당한 이익을 부당하게 해치지 아니하는 경우에는 저작물을 이용할 수 있다.
> <개정 2016. 3. 22., 2019. 11. 26., 2023. 8. 8.>
> ② 저작물 이용 행위가 제1항에 해당하는지를 판단할 때에는 다음 각 호의 사항등을 고려하여야 한다. <개정 2016. 3. 22.>
>
>   1. 이용의 목적 및 성격
>   2. 저작물의 종류 및 용도
>   3. 이용된 부분이 저작물 전체에서 차지하는 비중과 그 중요성
>   4. 저작물의 이용이 그 저작물의 현재 시장 또는 가치나 잠재적인 시장 또는 가치에 미치는 영향 [본조신설 2011. 12. 2.]
>
> [제35조의3에서 이동 <2019. 11. 26.>]

AI 학습 과정에서 저작물의 이용이 저작권 침해로 간주되는지, 공정이용으로 인정될 수 있는지에 대한 명확한 판례와 규정이 없는 현재의 상태는 AI 및 데이터 산업에 법적 불안감을 초래할 수 있다. 이러한 불확실성은 산업계에서 위축 효과를 일으킬 가능성이 있으며, 기술 혁신을 저해할 우려가 있다. AI가 학습 과정에서 저작물을 활용하더라도 이는 원저작권자의 시장이익을 침해하지 않는 범위 내에서 자유롭게 이루어질 수 있도록 허용할 필요가 있다. 따라서 저작물에 표현된 사상이나 감정을 직접 향유하지 않는 한, 상업적 이용까지 허용하는 TDM 면책 규정을 도입하는 것이 바람직하다. 이러한 규정은 AI 시스템이 저작권의 제약 없이 콘텐츠를 활용하고 학습함으로써 더욱 혁신적인 결과를 도출할 수 있는 기반을 마련하게 될 것이다.

④ AI 저작권 보호를 위한 기술적 대응과 규제 방안

기술적 보호조치의 개념과 필요성

기술적 보호조치란 AI 창작물의 저작권을 보호하기 위해 사용되는 기술적 수단을 의미하며, AI 시대에 새로운 보호조치가 필요한 이유는 다음과 같다. 첫째, 디지털 복제의 용이성이다. AI 창작물은 완벽한 디지털 복제가 가능하기 때문에 권리 침해의 위험이 매우 크다. 둘째, 출처 추적의 어려움이다. AI 생성물은 원본과 복제본을 구분하기 어렵고, 창작 과정에서 어떤 데이터가 사용되었는지 추적하는 것이 쉽지 않다. 셋째, 대량 생산의 특성이다. AI는 짧은 시간 내에 방대한 양의 창작물을 생성할 수 있어 모든 산출물에 대해 개별적으로 권리를 보호하기가 어렵다.

AI 창작물의 저작권 보호를 위해 기존 방식으로는 한계가 있으므로, 새로운 기술적 보호조치가 요구된다. 예를 들어, 디지털 워터마크와 같은 기술은 창작물의 출처를 명확히 하고, 블록체인 기반의 데이터 기록 기술은 생성 과정과 권리 소유권을 투명하게 추적할 수 있다. 또한, AI의 대량 생산 특성을 고려해 자동화된 저작권 등록 시스템을 도입하거나 AI 생성물을 위한 별도의 보호 체계를 마련할 필요성이 제기된다. 이러한 새로운 조치는 AI 창작물의 공정한 이용과 권리 침해 방지를 동시에 달성하며, 디지털 시대에 저작권 보호의 실효성을 강화하는 데 기여할 것이다.

주요 기술적 보호조치

디지털 환경에서 창작물의 권리를 보호하기 위해 다양한 기술적 보호조치가 활용되고 있다. 그중 워터마킹 기술은 DRM(Digital Rights Management) 기술의 하나로, 콘텐츠에 사용자의 ID나 고유 정보를 포함한 워터마크(Watermark)를 삽입해 불법 복제를 막고 지적재산권 및 저작권을 보호하는 역할을 한다. 이를 통해 소유권을 주장하거나 불법 사용에 대한 근거를 제시할 수 있다. 다시 말해, 디지털 콘텐츠에 보이지 않게 정보를 삽입하여 불법 복제와 저작권 침해를 방지하는 데 중요한 역할을 한다. 삽입된 워터마크에는 은닉된 정보가 포함되어 있어 콘텐츠의 출처를 추적하거나 불법 사용 여부를 확인할 수 있다.

블록체인 기반 기술은 창작물의 등록 및 인증, 거래 내역 추적 등을 가능하게 하며, 스마트 계약을 통해 자동화된 저작권 관리도 지원한다. 이는 데이터 위조를 방지하고 투명한 기록 관리를 보장함으로써 창작물의 신뢰성을 높인다. AI 탐지 기술은 생성된 콘텐츠가 AI에 의해 제작된 것인지 판별하거나, 표절 여부와 유사도를 분석하는 데 활용된다. 이는 AI 생성물의 증가로 인한 저작권 문제 해결에 특히 유용하다. 예를 들어, 워터마킹 기술은 이미지, 동영상, 음원 등 다양한 디지털 콘텐츠에 적용될 수 있다. 영화나 음악 스트리밍 서비스에서 워터마크를 삽입하면 유출된 콘텐츠의 원본 소스를 추적해 불법 복제자를 식별할 수 있다.

블록체인 기술의 활용 사례로는 NFT(대체 불가능 토큰)를 통해 디지털 예술 작품의 고유성을 인증하고 거래 기록을 블록체인에 저장함으로써 위조를 방지하는 방식이 있다. 스마트 계약을 통해 창작물이 사용될 때마다 창작자에게 자동으로 로열티를 지급할 수도 있다.

AI 탐지 기술은 교육기관이나 출판사에서 표절 검사 및 유사성 분석에 활용되며, 창작물의 무단 사용 방지에 기여하고 있다. 일본은 만화와 애니메이션의 불법 복제를 해결하기 위해 AI 기반 자동 감지 시스템 도입을 추진 중이다. 일본의 게임, 애니메이션, 만화 산업은 2023년 기준 약 4.7조 엔 규모로 성장했으나, 불법 복제로 인한 피해가 증가하고 있다. 2024년 기준 1,322개의 불법 사이트가 확인되었으며, 매월 100개의 새로운 사이트가 생성되고 있다.

이에 따라 일본 문화청은 3억 엔 규모의 시범 사업을 통해 이미지와 텍스트를 동시에 분석하는 AI 기반 시스템을 개발 중이다. 이 시스템은 다국어 처리 기술을 활용해 해외 불법 사이트에도 대응하며, 창작자 권익 보호와 산업 성장을 지원할 것으로 기대된다.

AI 시대의 기술적 보호조치

유형	장점	단점	활용방식	주요기능
워터마킹 기술	간편성	제거 가능	이미지, 영상	· 디지털 워터마크 삽입 · 은닉 정보 포함 · 추적 가능성 확보
블록체인 기반 기술	편리성	비용 높음	저작권 등록	· 창작물 등록 및 인증 · 거래내역 추적 · 스마트 계약 활용
AI탐지 기술	자동화	탐지 오류 가능	생성물 식별	· AI 생성물 식별 · 표절 여부 검사 · 유사도 분석

 AI 생성 음악의 저작권 침해, 어디까지 보호할 수 있을까?

박명순과 김현경(2023)의 연구는 AI를 활용한 음악 생성 과정에서의 저작권 침해 문제를 심층적으로 분석하며, 기술적·법적 개선방안을 제안한다. AI 기술의 발전은 음악 창작의 혁신을 가져왔지만, 기존 저작권 체계와의 충돌 또한 피할 수 없게 되었다. 연구는 한 음악 제작 회사가 AI를 이용해 새로운 음원을 생성하면서 발생한 법적 분쟁을 중심으로 진행된다. 해당 회사는 저작권 보호 기간이 만료된 클래식 음악과 함께 현대 작곡가들의 저작물을 AI 학습 데이터로 활용했다. 이후 AI는 학습 데이터에서 생성된 새로운 음원을 제작했는데, 이 중 일부가 특정 작곡가의 기존 음악과 유사하다는 지적을 받았다.

작곡가 B는 자신의 음악이 사전 동의 없이 AI 학습 데이터로 사용되었고, 생성된 음원이 자신의 저작물과 실질적으로 유사하다며 제작사를 상대로 저작권 침해 소송을 제기했다. 법원은 AI 학습 데이터의 사용이 명확한 동의를 거치지 않은 점을 들어 저작권 침해 가능성을 인정했다. 하지만 AI 생성물이 기존 음악의 창작적 표현과 실질적으로 유사한지에 대해서는 명확한 기준이 부재함을 지적하며, AI 결과물 자체에 대한 침해 판단은 유보했다. 이는 AI 학습 데이터와 생성물 간의 연관성을 입증하기 어려운 기술적 한계와도 관련이 있다.

연구에 따르면, 저작권 침해 여부를 판단하기 위해서는 AI 학습 데이터의 적법성, AI 생성물의 독창성, 그리고 사용자 개입의 창의적 기여도를 종합적으로 고려해야 한다. 먼저, 학습 데이터가 저작권 보호 대상일 경우 데이터 사용에 대한 명확한 동의와 라이선스 계약이 필요하다. AI 생성물의 경우 기존 저작물과 실질적 유사성을 판단하는 기준이 필요한데, 이 과정에서 프롬프트의 구체성과 후편집 과정에서의 인간 기여도 평가의 핵심 요소가 될 수 있다. 기술적으로는 AI 학습 데이터의 출처를 투명하게 기록하고, 생성물의 유사성을 자동 분석할 수 있는 탐지 시스템이 필요하다.

결론적으로, AI 생성 음악은 기술과 창작의 경계를 확장하며 새로운 가치를 창출하지만, 저작권 체계의 공백이 분쟁을 초래할 가능성이 크다. 따라서 법적·기술적 기준을 명확히 하고, 데이터 투명성을 확보하며, AI와 인간 창작의 기여도를 객관적으로 평가할 수 있는 시스템이 필요하다. 이 사례는 AI 음악 창작 기술을 활용하는 기업과 작곡가들에게 중요한 교훈을 제공하며, AI 시대의 저작권 문제를 해결하기 위한 실질적인 접근법을 제시한다.

AI 창작물의 저작권 문제

AI 창작물의 저작권 문제는 창작 활동과 기술 혁신 간의 균형을 요구하는 복잡한 도전 과제다. 본 장에서는 AI 창작물의 법적 지위, 학습 데이터의 저작권, 생성물의 판단 기준, 기술적 보호조치의 필요성을 중심으로 논의했다. AI는 창작 과정에서 혁신적 가능성을 열어주지만, 저작권법은 여전히 인간 창작 중심의 프레임워크에 머물러 있다. AI 창작물의 독창성을 평가하기 위한 명확한 기준, 학습 데이터의 적법성 확보, 기술적 보호조치를 통한 저작권 침해 방지 시스템은 필수적이다.

결론적으로, AI 시대의 저작권 문제를 해결하려면 기존 법률과 새로운 기술적 도구의 조화로운 적용이 필요하다. 국제적 차원에서의 협력을 통해 법적 기준을 통일하고, AI 생성물에 대한 권리 배분과 보호 체계를 명확히 해야 한다. 이를 통해 창작자와 기술 개발자가 상호 이익을 추구하며, AI 기술의 지속 가능한 발전과 창작 활동의 보호를 동시에 실현할 수 있을 것이다. AI 시대의 저작권 문제는 단순히 법적 논쟁을 넘어, 창작과 기술 혁신의 조화를 이루기 위한 새로운 기준을 마련하는 중요한 기회로 삼아야 한다.

6장 요약 | AI 시대, 저작권을 보호하는 전략

1. AI 창작물의 법적 지위

AI 창작물은 데이터 기반의 자동화된 콘텐츠 생성 시스템을 통해 만들어지는 새로운 형태의 창작물이다. 비결정적 창작 과정과 다양한 산출물 생성이라는 특징을 가지며, 인간의 창작적 기여도와 AI 독립적 창작물의 저작권 인정 여부가 주요 쟁점이 되고 있다. 특히 창작성 판단 기준과 AI 개발자, 데이터 제공자, 사용자 간의 권리 배분 문제가 중요하게 다루어진다.

2. AI 학습 데이터와 저작권

AI 학습을 위한 데이터 수집과 활용 과정에서 발생하는 저작권 문제는 매우 복잡하다. 무단 크롤링을 통한 데이터 수집은 복제권과 2차적 저작물 작성권 침해 우려가 있으며, 비영리 연구 목적의 공정 이용과 상업적 활용의 경계가 모호하다. 이에 대응하여 블록체인 기반의 데이터 출처 관리와 명확한 가이드라인 제정이 요구된다.

3. AI 생성물의 저작권 판단 기준

AI 생성물의 저작물성 판단에는 사용자 프롬프트의 구체성과 독창성, 후편집 과정에서의 인간 기여도가 중요한 요소가 된다. 또한 기존 저작물과의 실질적 유사성 분석이 필요하나, AI 모델의 학습 과정 추적이 어렵고 우연한 일치 가능성도 고려해야 하는 등 복잡한 문제가 존재한다.

6장 요약 **AI 시대, 저작권을 보호하는 전략**

4. 기술적 보호조치의 도입

  AI 생성물의 보호를 위해 디지털 워터마크와 블록체인 등 다양한 기술적 보호조치가 도입되고 있다. 이를 통해 생성물의 출처 확인, 권리 관리, 불법 복제 방지가 가능해지며, 스마트 계약을 활용한 자동 로열티 지급 시스템도 구축되고 있다.

  본 장에서는 AI 창작물과 학습 데이터, 생성물의 저작권 문제를 체계적으로 분석하고, 기술적 보호조치를 통한 법적 안정성 확보 방안을 제시하였다. AI 시대의 저작권 문제 해결은 창작자의 권리를 보호하면서도 기술 발전과 공정 이용을 균형 있게 조화시키는 데 달려 있다. 이를 위해 국제적 협력과 새로운 법적·기술적 프레임워크의 구축이 필수적이다.

참고 문헌

송학현, 김윤호, 류광렬(2004). 영상 콘텐츠 지적재산권 보호 워터마킹 기술. 한국해양정보통신학회 2004 춘계종합학술대회, 제8권 제1호.

저작권위원회(2024.01.10.), '국내 생성 AI 영화 저작권 첫 인정 세계 2번째 사례' 일부 보도 사실관계 설명. https://www.copyright.or.kr/notify/press-release/view.do?brdctsno=52575

전우정, 노태엽(2024). 인공지능 산출물과 학습데이터에 관한 저작권 문제 고찰. 저스티스, (203).

정원훈 외(2024), 현 코인경제, 대박일까? 대변혁일까?, 대양미디어.

창원국제민주영화제(2023), AI수로부인, https://cidff.imweb.me/542

한국저작권위원회, 저작권 이슈 브리프, Weekly Report 2025.1-3, pp.19-23.

U.S. Copyright Office. (2024). Copyright and artificial intelligence, part 1: Digital replicas report. Washington, DC: U.S. Copyright Office. Retrieved from https://www.copyright.gov/AI

U.S. Copyright Office. (2025). Copyright and artificial intelligence, part 2: Copyrightability report. Washington, DC: U.S. Copyright Office. Retrieved from https://www.copyright.gov/AI

Vaswani, et. al(2017). Attention is all you need. Advances in Neural Information Processing Systems.

北京互联网法院, 2023 京 0491 民初 11279 号 民事判决书, https://tinyurl.com/224kd5np

프롬프트: "(ultra photorealistic : 1.3), extremely high quality highdetail RAW color photo, in locations, japan idol, highly detailed symmetrical attractive face, angular simmetrical face, perfectskin, skin pores, dreamy black eyes, reddish-brown plaits hairs, uniform long legs, thighhighs, soft focus, (film grain, vivid colors, film emulation, kodak gold portra 100, 35mm, canon50 f1.2), Lens Flare, Golden Hour, HD, Cinematic, Beautiful Dynamic Lighting" 등. 출처 : 北京互联网法院, 2023 京 0491 民初 11279 号 民事判决书.

7장
블록체인 기술과 저작권 보호

7장 블록체인 기술과 저작권 보호

 블록체인으로 디지털 저작권을 보호할 수 있을까?

2022년 3월, 미국 할리우드의 대형 제작사 미라맥스(Miramax)와 영화감독 쿠엔틴 타란티노(Quentin Tarantino) 사이에 NFT 저작권 분쟁이 발생했다. 타란티노가 자신의 대표작 '펄프 픽션'의 미공개 각본을 NFT로 발행하겠다고 발표하자, 미라맥스는 영화의 저작권자로서 이를 저지하기 위한 소송을 제기한 것이다. 이 사건은 블록체인 기술과 기존 저작권 체계가 충돌하는 첫 번째 주요 법적 분쟁으로 기록되었다.

타란티노 측은 1993년 미라맥스와 체결한 계약에서 각본에 대한 권리를 보유하고 있다고 주장했다. 그는 '펄프 픽션'의 수기 원고 중 7장을 선별해 NFT로 발행하려 했는데, 여기에는 삭제된 장면들과 타란티노의 자필 메모가 포함되어 있었다. NFT 구매자는 이 희귀한 콘텐츠에 독점적으로 접근할 수 있는 권리를 얻게 되며, 2차 판매 시 타란티노에게 로열티가 자동으로 지급되도록 설계되었다.

반면 미라맥스는 영화와 관련된 모든 매체에서의 권리가 자사에 있다고 반박했다. NFT가 새로운 형태의 미디어이므로 이 역시 자사의 권리 범위에 포함된다는 논리였다. 특히 NFT 마케팅에 영화의 이미지와 장면이 사용될 수 있다는 점에서, 이는 단순히 각본에 대한 권리를 넘어선다고 주장했다. 한편, 2022년 9월 양측은 공동성명을 통해 '이 문제를 뒤로 하고 NFT 등을 포함한 미래 프로젝트에서 서로 협력할 것임을 기대하는 데 합의했다'라고 밝히며, 본 소송은 합의로 마무리되었다고 한다.

이 소송에서는 블록체인 기술이 제기하는 새로운 법적 쟁점들이 다루어졌다. 첫째, NFT의 법적 성격을 어떻게 규정할 것인가? NFT는 디지털 자산에 대한 소유권을 증명하는 수단인가, 아니면 새로운 형태의 저작물 이용인가? 둘째, 기존 저작권 계약에서 예상하지 못했던 블록체인 기술의 활용을 어떻게 해석할 것인가? 셋째, NFT가 제공하는 기술적 특성(예: 자동 로열티 지급)이 저작권법에 어떤 영향을 미치는가?

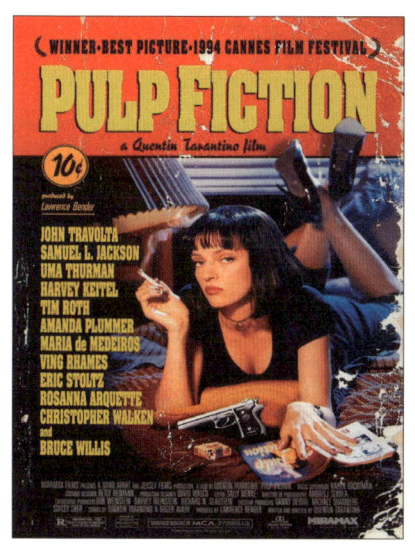

본 장에서는 이러한 사례를 출발점으로 하여, 블록체인 기술이 저작권 체계에 미치는 영향과 그 활용 가능성을 심도 있게 살펴보고자 한다. 특히 NFT를 통한 디지털 저작물의 소유권 증명, 스마트 계약을 활용한 저작권 관리, 그리고 블록체인 기반의 저작권 보호 메커니즘을 상세히 분석할 것이다. 이를 통해 디지털 시대에 창작자의 권리를 효과적으로 보호하면서도 새로운 기술의 혁신을 촉진할 수 있는 균형 잡힌 접근방식을 모색하고자 한다.

[그림 7-] 펄프픽션 포스터 출처 : 위키피디아

① NFT가 저작권 보호에 미치는 영향

NFT의 기술적 정의와 작동 원리

대체불가능토큰(Non-fungible token, 이하 "NFT")는 블록체인을 기반으로 개발 및 유통되는 토큰으로, 각 토큰이 서로 다른 고유한 가치를 지니고 있어 다른 NFT와의 1:1 교환이 성립하지 않는다는 의미에서 '대체불가능토큰'이라 불린다. NFT는 주로 이더리움 블록체인을 기반으로 하며, 스마트 계약을 통해 토큰의 생성, 거래, 소유권 이전 등이 이루어지는데, ① 스마트 계약(Smart Contract: 블록체인에서 작동하는 프로그램), ② 속성정보(Metadata: NFT로 나타내고자 하는 자산 정보), ③ 디지털 저작물 데이터(Metadata에 링크 형태로 포함)등으로 구성 된다. 누구든지 NFT 보유자를 쉽게 확인가능하며 NFT를 통해 저작물 데이터를 특정할 수 있다는 측면에서 '디지털 정품 인증서'로 불린다. 민팅(Minting)은 NFT를 발행하는 것을 의미하는데, 이러한 발행의 과정을 통해 대체 불가능한 정보를 토큰에 부여한다.

NFT 발행 과정은 디지털 자산을 블록체인에 등록해 거래 가능한 형태로 만드는 절차로, 디지털 파일 준비, 민팅(minting), 거래소 등록 및 유통 단계를 거친다. 창작자는 작품 제작 후 암호화 지갑으로 수수료를 지불하고, 이더리움 블록체인을 통해 NFT를 발행한 뒤 거래소에 등록해 판매하며, 구매자는 이를 암호화폐로 소유한다. NFT는 고유한 ID를 통해 대체 불가능하며, 분할이 불가능하다는 점에서 대체 가능한 FT와 구별된다.

NFT의 기술적 구현은 주로 이더리움의 ERC-721과 ERC-1155 표준을 통해 이루어진다. ERC-721은 각각의 토큰이 고유한 특성을 가지도록 설계된 최초의 NFT 표준으로, 디지털 아트와 같은 단일 에디션 작품에 적합하다. 이 표준은 각 토큰에 고유한 ID를 부여하고, 소유권 추적과 이전을 가능하게 하는 기본적인 기능을 제공한다. 반면 ERC-1155는 대체 가능한 토큰과 대체 불가능한 토큰을 동시에 다룰 수 있는 표준으로, 게임 아이템이나 한정판 디지털 상품과 같은 다중 에디션 작품에 활용된다. 이 표준은 더 효율적인 배치 전송과 다중 자산 관리를 가능하게 한다.

대체 불가능한 토큰으로서의 특징

NFT의 핵심적인 특성은 크게 세 가지로 구분할 수 있다. 첫째, 고유성(Uniqueness)이다. 각 NFT는 블록체인상에서 고유한 식별자를 가지며, 이는 위조나 복제가 불가능하다. 이러한 고유성은 블록체인의 암호화 기술과 분산원장 시스템을 통해 보장된다. 둘째, 불변성(Immutability)이다. 블록체인에 기록된 NFT의 소유권과 거래내역은 영구적으로 보존되며 임의로 수정할 수 없다. 이는 디지털 자산의 진위성과 소유권을 명확히 하는데 핵심적인 역할을 한다. 셋째, 분할 불가능성(Indivisibility)이다. NFT는 일반적으로 분할하여 거래할 수 없으며, 하나의 완전한 단위로만 존재한다. 이는 디지털 자산의 희소성과 가치를 유지하는데 중요한 특성이다.

또한 NFT는 프로그래밍 가능성(Programmability)이라는 특징을 가진다. 스마트 계약을 통해 NFT의 거래 조건, 로열티 지급, 접근 권한 등을 프로그래밍할 수 있다. 예를 들어, 2차 거래 시 원작자에게 자동으로 일정 비율의 로열티가 지급되도록 설정하거나, 특정 조건이 충족될 때만 토큰의 이전이 가능하도록 제한할 수 있다. 이러한 특성은 디지털 자산의 관리와 거래를 자동화하고 투명하게 만드는데 기여한다.

디지털 예술, 음악, 문학 등 창작물에서의 NFT 활용 사례

디지털 예술 분야에서 NFT는 혁신적인 변화를 가져오고 있다. 가장 대표적인 사례는 2021년 3월, 미국 크리스티 경매에서 디지털 아티스트 '비플'의 작품 '매일: 첫

5,000일(Everydays: The First 5000 Days)'가 6,930만 달러에 팔렸다. 이는 비플이 2007년부터 13년간 매일 작업한 디지털 이미지 5,000여 점을 하나의 이미지 파일(JPG)로 콜라주하여 대체 불가능한 토큰(Non-Fungible Token, 이하 'NFT'라 한다)으로 발행한 것이다. 이는 생존한 아티스트 중에서 제프 쿤스, 데이비드 호크니를 잇는 비싼 작품의 작가로 등극하게 됐다. 또한, 픽셀 아트, 제너레이티브 아트, 3D 모델링 등 다양한 형태의 디지털 아트가 NFT로 발행되어 거래되고 있다.

[그림 7-] 비플의 '매일: 첫 5,000일(Everydays: The First 5000 Days)'
출처: https://www.beeple-crap.com/viewing

음악 산업에서도 NFT는 새로운 수익 모델을 제시하고 있다. 아티스트들은 음원, 뮤직비디오, 공연 티켓, 팬 굿즈 등을 NFT로 발행하여 팬들과 직접 소통하고 수익을 창출하고 있다. 특히, 스트리밍 서비스에서 받는 낮은 수익률을 보완하는 대안으로 주목받고 있다. 문학 분야에서는 전자책, 오디오북, 일러스트레이션 등을 NFT로 발행하는 시도가 이루어지고 있으며, 작가와 독자 간의 새로운 관계를 형성하는 계기가 되고 있다.

NFT 마켓플레이스의 구조와 거래 메커니즘

NFT 마켓플레이스는 OpenSea, Rarible, Foundation 등이 대표적이며, 이들 플랫폼은 창작자들이 자신의 작품을 NFT로 발행하고 거래할 수 있는 환경을 제공한다. 거래 과정은 크게 민팅(minting), 리스팅(listing), 판매(sale)의 단계로 이루어진다. 민팅은 디지털 파일을 블록체인에 기록하여 NFT로 변환하는 과정으로, 이 과정에서 가스비(Gas Fee)가 발생한다. 리스팅은 발행된 NFT를 마켓플레이스에 등록하는 것으로, 판매 가격과 조건을 설정할 수 있다.

NFT 마켓플레이스는 또한 다양한 거래 방식을 지원한다. 고정가 판매(Fixed Price Sale), 경매(Auction), 더치 옥션(Dutch Auction) 등이 대표적이다. 구매자는 암호화폐를 통해 결제하며, 거래가 성립되면 스마트 계약에 의해 자동으로 NFT의 소유권이 이전된다. 마켓플레이스는 거래 수수료를 수취하며, 이는 플랫폼의 주요 수익원이 된다. 또한, 2차 거래 시 원작자에게 자동으로 로열티가 지급되는 시스템을 구축하여 창작자의 지속적인 수익 창출을 지원한다.

NFT와 기존 저작권 체계와의 관계

NFT와 저작권의 관계는 창작자와 권리 보유자 간의 복잡한 법적 쟁점을 포함하며, 명확한 규정 없이는 분쟁의 소지가 크다. 창작자가 독점적 저작권을 보유한 경우 NFT 생성과 판매 권한은 비교적 명확하지만, 특정 용도로 권리가 양도되거나 라이선스된 경우에는 판단이 어려워진다. NFT 구매자는 디지털 자산의 소유권만 취득하며, 창작물의 저작권은 여전히 원저작자에게 남는다. 이는 실물 예술 작품의 거래와 유사하게 소유권과 저작권이 분리되어 있다는 점을 보여준다. 따라서 NFT 거래 시 저작권 범위와 이용 조건을 명확히 설정하는 것이 필수적이다.

이와 함께 NFT는 저작권 관리의 새로운 가능성을 열어준다. 스마트 계약 기술을 통해 저작권 라이선스의 범위와 기간을 명확히 정의하고, 이용 조건을 자동으로 실행할 수 있으며, 2차 판매 시에도 원작자에게 로열티가 자동 지급되도록 설계할 수 있다. 그러나 NFT는 블록체인상에서 토큰의 소유권만을 증명할 뿐, 해당 디지털 파일의 무단 복제나 유통을 기술적으로 완전히 차단할 수는 없다는 한계를 지닌다. 따라서 NFT는 기존 저작권 체계를 보완하는 수단으로 활용되면서도, 이를 뒷받침할 법적, 제도적 정비가 시급히 이루어져야 한다.

② 블록체인 기술과 저작권 보호

분산원장 기술의 기본 개념

블록체인은 분산원장기술(Distributed Ledger Technology, DLT)의 대표적인 형태로, 거래 정보를 기록한 원장을 네트워크 참여자들이 공동으로 관리하는 기술이다. 즉 정보의 위·변조 방지를 위해 암호화 방식을 이용한 정보기록 기술을 의미한다. 전통적인 중앙집중식 시스템과 달리, 모든 거래 기록이 참여자들에게 분산 저장되어 있어 데이터의 위변조가 사실상 불가능하다. 블록체인은 거래 정보를 블록 단위로 저장하고, 각 블록을 시간 순서대로 체인처럼 연결하여 관리한다.

블록체인은 공개키 암호화 방식을 사용하여 거래의 안전성과 신뢰성을 보장한다. 각 사용자는 개인키와 공개키 쌍을 가지며, 개인키는 거래에 서명하는데 사용되고 공개키는 거래를 검증하는데 사용된다. 개인키는 절대로 타인에게 공개되어서는 안 되는 비밀 정보이며, 공개키는 네트워크상에서 사용자의 주소로 활용된다.

디지털 서명은 거래의 진정성과 무결성을 보장하는 핵심 기술이다. 거래를 생성할 때 송신자는 개인키로 거래 내용에 서명하며, 수신자는 송신자의 공개키를 사용하여 서명의 유효성을 검증할 수 있다. 이러한 방식으로 거래의 위조나 변조를 방지하고, 거래 당사자의 신원을 확인할 수 있다.

블록체인의 구조는 크게 세 가지 요소로 구성된다. 첫째, 데이터 계층으로 거래 정보가 저장되는 블록들이 이에 해당한다. 둘째, 네트워크 계층으로 P2P(Peer-to-Peer) 네트워크를 통해 참여자들 간의 데이터 공유가 이루어진다. 셋째, 합의 계층으로 새로운 블록의 생성과 검증이 이루어진다. 이러한 구조를 통해 블록체인은 탈중앙화, 투명성, 불변성이라는 핵심적인 특성을 구현한다.

합의 알고리즘과 작동 방식

블록체인 시스템은 수많은 노드가 P2P 네트워크로 연결되어 사용자의 트랜잭션을 처리하는 시스템으로서, 트랜잭션에 대한 기록을 순차적으로 저장하는 일종의 분산장부시스템이라고 볼 수 있는데, 즉, 합의 알고리즘을 통해 새로운 블록의 유효성을 검증하고 이를 원장에 추가하는 데 동의한다. 대표적인 합의 알고리즘으로는 작업증명(Proof of Work, PoW), 지분증명(Proof of Stake, PoS), 중요도 증명(Proof of Importance, PoI), 위임 지분 증명(Delegated Proof of Stake, DPoS) 등이 있다. 작업증명은 사토시 나카모토의 논문 "Bitcoin: A Peer-to-Peer Electronic System"에 처음 소개된 메커니즘으로 비트코인이 채택한 방식으로, 참여자가 복잡한 수학 문제를 풀어 블록 생성 권한을 얻는다. 반면, 지분증명은 참여자가 보유한 암호화폐의 양에 따라 블록 생성 권한이 부여되며, 최근 이더리움이 이 방식을 채택했다. 위임 지분 증명은 암호화폐 소유자들이 각자의 지분에 비례하여 투표를 하고, 이후 자신의 대표자(마스터 노드)를 선정하도록 하는 합의 알고리즘으로 주요 DPoS 블록체인으로는 이오스가 있다. 중요도 증명은 네트워크 기여도를 기준으로 보상을 분배하여, 단순히 자산 보유량이 아닌 네트워크 활동에 따라 보상이 달라지는 방식이다.

합의 알고리즘은 블록체인 네트워크에서 거래의 신뢰성을 유지하기 위한 핵심 역할을 한다. 네트워크 참여자들은 거래 정보를 수집해 블록을 생성하며, 생성된 블록은 합의 알고리즘을 통해 검증된다. 검증이 완료된 블록은 기존 블록체인에 연결되며, 이 과정에서 이중지불이나 데이터 위변조 시도는 효과적으로 방지된다. 작업증명(PoW) 방식에서는 10분 단위로 발생하는 거래를 묶어 블록으로 생성하고, 여러 노드가 이를 연산 작업으로 검증한다. 최소 6개 이상의 노드가 검증을 완료하면 해당 블록은 공식적으로 블록체인에 포함된다. 위임 지분 증명(Delegated Proof of Stake, DPoS)은 선출된 대표자들이 블록을 생성하고, 보상으로 신규 암호화폐를 수령한다. 대표자들은 자신을 선출한 자들에 대해 선출에 대한 보상으로 채굴한 암호화폐를 돌려주는 정책을 추가적으로 실시할 수도 있다.

작업증명(PoW)은 컴퓨터의 연산력을 활용해 블록을 검증하며, 성능이 좋은 장비를 사용할수록 채굴 속도가 빨라진다. 하지만 많은 전력 소비와 비용이 소요된다는 단점이 있다. 지분증명(PoS)은 보유한 암호화폐의 양에 따라 보상이 결정되며, 네트워크 점유율이 높아질수록 보안성이 강화되는 특징이 있다. 중요도 증명(PoI)은 보유 지분 외에도 네트워크에 얼마나 기여했는지를 고려해 보상을 분배한다. 이를 통해 단순 자산 보유자보다 네트워크 활동에 적극적으로 참여한 사용자에게 더 많은 보상이 주어진다. 위임 지분 증명(Delegated Proof of Stake, DPoS)은 PoS가 직접 민주주의라면, DPoS는 간접민주주의라고 할 수 있는데, 선출된 대표자들이 블록을 생성하고, 보상으로 신규 암호화폐를 수령한 다. 대표자들은 자신을 선출한 자들에 대해 선출에 대한 보상으로 채굴한 암호화폐를 돌려주는 정책을 추가적으로 실시할 수도 있다.

퍼블릭/프라이빗 블록체인의 차이점

참여대상으로 블록체인을 구분하며, 퍼블릭 블록체인과 프라이빗 블록체인으로 분류할 수 있다. 먼저 퍼블릭 블록체인은 누구나 자유롭게 참여할 수 있는 개방형 네트워크로, 비트코인과 이더리움이 대표적인 예시다. 운영과 참여의 주체가 불분명하기 때문에 인센티브 제도로 코인을 발행하며, 탈중앙화와 높은 투명성을 특징으로 한다. 참여자가 많을수록 보안성이 강화되지만, 모든 노드가 데이터를 검증하고 동기화해야 하므로 거래 처리 속도가 느리고 에너지 소비가 많다는 단점이 있다. 이러한 특성으로 인해 확장성에도 제한이 있을 수 있으며, 퍼블릭 블록체인에는 주로 PoW, PoS, DPoS 합의 알고리즘이 사용된다.

프라이빗 블록체인은 허가받은 참여자만 접근할 수 있는 폐쇄형 네트워크로, 주로 기업이나 기관에서 내부 시스템으로 활용된다. 하이퍼레저 패브릭이 대표적인 예시로, 소수의 신뢰할 수 있는 참여자들만 데이터를 검증하기 때문에 거래 처리 속도가 빠르고 에너지 효율성이 높다. 또한, 참여자 관리가 용이해 기밀성이 강화되는 장점이 있다. 그러나 중앙화된 구조로 인해 보안성이 낮아질 가능성이 있으며, 투명성이 상대적으로 떨어진다는 단점이 있다. 프라이빗 블록체인에서는 PBFT 및 Ripple 합의 알고리즘이 적합하다.

저작권 관리를 위한 블록체인 활용 가능성

블록체인은 저작권 관리에서 새로운 패러다임을 제시한다. 이 기술은 저작물의 등록 및 인증 과정을 혁신적으로 단순화할 수 있다. 블록체인의 분산원장 기술을 활용하면 창작물이 생성된 시점과 창작자의 정보를 불변적으로 기록할 수 있어 저작권의 귀속과 발생을 명확히 할 수 있다. 이는 저작물의 창작 사실을 증명하는 강력한 증거가 되며, 국제 저작권 등록 시스템 형성에도 새로운 가능성을 열어준다.

블록체인은 또한 저작권 거래의 투명성과 효율성을 대폭 높인다. 스마트 계약을 통해 라이선스 계약과 저작권료 정산을 자동화함으로써 거래 과정을 간소화하고, 거래 내역의 불변성을 보장한다. 이를 통해 저작권 침해를 사전에 예방하고, 침해가 발생하더라도 빠르게 대응할 수 있는 환경을 조성한다. 특히, 저작권은 유효하지만, 저작자를 알 수 없는 저작물인 고아 저작물(orphan works) 문제와 같은 기존 저작권 관리 체계의 한계를 극복하는 데 중요한 역할을 할 수 있다.

그러나 이러한 기술적 가능성을 실현하기 위해서는 법적, 제도적 기반의 정비가 필수적이다. 기존의 저작권 관리 시스템과의 연계성을 확보하는 동시에, 블록체인 기술이 가지는 투명성과 불변성의 이점을 극대화할 수 있는 구체적인 정책적 대응이 요구된다. 나아가, 창작자와 소비자 간의 직거래 모델을 촉진하는 블록체인 기반의 플랫폼 개발이 향후 저작권 관리의 핵심 과제로 부상하고 있다.

③ 스마트 계약과 저작권 보호

디지털 자산의 법적 정의와 범위

디지털자산이란 교환매체, 회계단위, 가치저장 등의 기능을 가진 디지털가치의 표현을 의미하는데, 예컨대 비트코인이나 이더리움 등 가상화폐, USD코인 등 스테이블코인, 대체불가능토큰(NFT) 등을 포함하는 개념이다. 법적으로 디지털 자산은 크게 가상자산, 디지털 토큰, 데이터, 디지털 콘텐츠 등으로 분류된다. 특히 블록체인 기술의 발전으로 NFT와 같은 새로운 형태의 디지털 자산이 등장하면서, 그 범위와 정의는 지속적으로 확장되고 있다.

디지털 자산의 법적 성격은 각국의 법제도에 따라 다르게 해석된다. 일부 국가에서는 디지털 자산을 '물건'으로 인정하여 물권법의 적용 대상으로 보는 반면, 다른 국가에서는 '권리'로 보아 채권법의 영역에서 다루고 있다. 이러한 법적 정의의 차이는 디지털 자산의 거래와 보호에 있어 중요한 영향을 미친다. 각국 법제도 중 유럽연합(EU)이 제정한 세계 최초의 디지털 자산 기본법인 '암호자산 시장에 관한 법률(MiCA Regulation)'은 디지털 자산의 발행, 공모, 거래, 및 서비스 제공에 대한 체계적인 규제를 담고 있다. 이 법률은 암호자산의 정의와 분류, 서비스 제공자의 의무와 책임, 자산참조토큰 및 전자지급수단토큰과 같은 특정 자산 유형의 규제를 포함하며, 자금세탁방지와 소비자 보호를 강화하기 위한 조치를 명확히 규정하고 있다. MiCA는 EU 전역에서 통합된 법적 틀을 제공함으로써 디지털 자산 시장의 투명성을 높이고, 투자자 신뢰를 증대시키는 데 기여하고 있다.

블록체인상의 소유권 증명 메커니즘

블록체인 기술은 분산원장을 통해 디지털 자산의 소유권을 증명하는 혁신적인 메커니즘을 제공한다. 공개키 암호화 방식과 디지털 서명을 기반으로, 각 거래는 네트워크 참여자들의 합의를 통해 검증된다. 소유권의 이전은 스마트 계약을 통해 자동화될 수 있으며, 모든 거래 내역은 영구적으로 기록되어 추적 가능하다. 블록체인의 이러한 소유권 증명은 기존의 중앙화된 등기 시스템과 달리 제3자의 개입 없이도 높은 신뢰성을 확보할 수 있다. 그러나 기술적 증명만으로는 충분하지 않으며, 법적 소유권의 인정과 스마트 계약의 법적 효력을 둘러싼 논의는 각국의 법제도적 수용에 따라 해결될 과제로 남아 있다.

블록체인을 통한 거래는 개인키를 이용해 디지털 서명을 생성하고 이를 네트워크에 제출함으로써 이루어진다. 개인키와 공개키는 '지갑(wallet)'이라 불리는 데이터베이스에 저장되며, 공개키는 네트워크 주소를 할당하고 개인키는 디지털 서명을 통해 거래를 성립시키는 역할을 한다. 디지털 토큰은 이러한 블록체인 네트워크의 핵심 단위로, 대체 가능하거나 교환 가능한 형태로 사용되며, 거래 시장에서 수수료가 부과된다. 블록체인의 거래는 분산원장 시스템 덕분에 기존의 중앙집중형 시스템이 지닌 본질적 취약성을 극복하며, 거래 기록의 안전성과 위·변조 방지 능력을 제공한다. 만약 일부 노드에서 데이터 변형이 발생하더라도, 다른 노드들의 합의를 통해 이를 수정할 수 있어 기존의 보안 시스템보다 더욱 안전한 거래를 보장한다. 이러한 블록체인은 공공형과 민간형으로 운영될 수 있으며, 공공형은 비트코인과 같은 가상화폐나 부동산 등기와 같은 공공 서비스에 적합한 모델로 활용되고 있다.

디지털 자산 거래의 법적 효력

세계 각국은 디지털 자산의 법적 지위 정비와 규제 체계 마련을 위해 활발히 노력하고 있다. EU는 2023년 4월 20일, 암호자산 시장 규칙(MICAR)을 확정하여 EU 역내에서 적용 가능한 규제 체계를 마련하였다. 미국은 연방 중심의 규제 체계 마련을 위해 지속적으로 논의하고 있으며, 일본은 2017년 자금결제법에 "가상통화"를 규정하면서 디지털 자산 규제를 시작하였다. 이후 일본은 디지털 자산을 증권적 속성을 지닌 자산과 그렇지 않은 자산으로 분류하는 체계를 도입하였고, 2019년 법 개정을 통해 자금결제법에서 암호자산을, 금융상품거래법에서는 전자기록이전권리를 각각 규정하였다.

디지털 자산 거래의 법적 효력은 해당 자산의 법적 성격과 거래 방식에 따라 달라진다. 전통적인 계약법 관점에서 디지털 자산 거래도 청약과 승낙이라는 계약의 기본 요소를 충족해야 하며, 스마트 계약을 통한 자동화된 거래는 계약 성립 시점과 이행 방식에 대해 새로운 법적 해석을 요구한다. 이에 따라 디지털 자산 거래의 특수성을 반영한 법제도적 정비도 이루어지고 있다. 예를 들어, 가상자산 거래에는 자금세탁방지 의무가 적용되며, NFT 거래에서는 저작권법과의 관계가 중요한 쟁점으로 부각되고 있다. 아울러 스마트 계약의 취소나 무효와 관련된 법적 처리 방안도 지속적으로 논의되고 있다. 이와 같이 각국은 디지털 자산의 특성을 반영한 규제 체계를 수립함으로써 디지털 자산 거래의 안전성과 신뢰성을 높이기 위한 노력을 이어가고 있다.

국제적 디지털 자산 거래에서의 관할권 문제

 디지털 자산의 국제적 거래는 관할권과 준거법 결정에 있어 복잡한 문제를 야기한다. 블록체인의 탈중앙화된 특성으로 인해, 거래 당사자들이 서로 다른 국가에 위치하고 있으며 거래가 이루어지는 플랫폼의 물리적 위치도 불분명한 경우가 많다. 이는 분쟁 발생 시 어느 국가의 법원이 관할권을 가지며, 어느 나라의 법을 적용할 것인지에 대한 문제를 제기한다.

 국제사법의 일반 원칙에 따르면, 당사자들이 준거법과 관할법원을 선택할 수 있다. 그러나 디지털 자산 거래의 경우, 스마트 계약의 자동실행성과 블록체인의 불변성으로 인해 이러한 원칙의 적용이 어려울 수 있다. 따라서 국제적인 규범 정립이나 분쟁해결 메커니즘의 개발이 필요한 상황이다.

 ## 저작권 침해 방지를 위한 블록체인 활용법

스마트 계약의 개념과 특징

 스마트 계약(Smart Contract)은 블록체인 기술을 기반으로 자동으로 실행되는 프로그램화된 계약을 의미한다. 이 개념은 1994년 닉 자보(Nick Szabo)에 의해 처음 제안되었으며, 계약상의 급부와 반대급부를 프로그램 로직으로 확정하고 이를 컴퓨터 코드로 변환해 실행하는 아이디어에서 출발했다. 블록체인 기술의 발전은 스마트 계약의 실현 가능성을 열어, 계약 당사자의 개입 없이도 계약 조건이 자동으로 이행될 수 있는 혁신적인 구조를 제공하게 되었다.

 스마트 계약의 핵심 특징은 자동실행성, 투명성, 불변성으로 요약할 수 있다. 자동실행성은 사전에 정의된 조건이 충족되면 계약이 자동으로 실행되는 것을 뜻하며, 중개자를 배제함으로써 거래 효율성을 크게 향상시킨다. 투명성은 모든 거래 내역이 블록체인에 기록되어 누구나 이를 검증할 수 있는 점을 강조한다. 불변성은 한번 배포된 계약 코드를 임의로 수정할 수 없다는 특성을 의미하며, 이는 계약의 신뢰성을 보장하는 중요한 요소이다. 이러한 특성들은 특히 전자 자산(digital asset) 거래에서 두드러지며, 거래 조건이 충족되면 당사자의 개입 없이 자동으로 거래가 이루어지게 한다.

스마트 계약은 "계약 조건을 실행하는 컴퓨터화된 거래 프로토콜"로 정의되며, 블록체인상에서 분산 합의(decentralized agreement)를 통해 실행된다. 다만, 스마트 계약 자체가 법적 합의를 내포하는 것으로 간주되지는 않으며, 기존의 법적 합의와 병행해 계약 조건을 컴퓨터 코드로 구체화한 형태로 이해된다. 이러한 특성 덕분에 스마트 계약은 저작권 관리, 금융 거래, 공급망 관리 등 다양한 분야에서 혁신적인 변화를 이끌어낼 잠재력을 지니고 있다.

저작권 라이선싱에서의 스마트 계약 활용

스마트 계약은 저작권 라이선싱 분야에서 권리 관계를 명확히 하고 거래를 자동화하는 데 효과적으로 활용될 수 있다. 라이선스의 조건, 사용 범위, 기간, 대가 등을 스마트 계약에 명시하면, 계약 체결과 이행이 자동으로 이루어질 수 있다. 예를 들어, 음악 저작물의 스트리밍 서비스 이용 계약이나 디지털 아트워크의 라이선스 계약을 스마트 계약으로 구현하여, 중개자를 거치지 않고도 신속하고 정확한 거래가 가능하다.

스마트 계약을 활용한 라이선싱은 여러 가지 장점을 제공한다. 첫째, 계약 체결과 이행 과정에서의 효율성이 크게 향상된다. 둘째, 라이선스 조건의 위반을 기술적으로 방지할 수 있어 권리 보호가 강화된다. 셋째, 권리 관계를 실시간으로 추적하고 관리할 수 있는 투명성을 제공한다. 넷째, 중개자 개입을 줄임으로써 거래 비용을 절감할 수 있다. 이러한 이점들은 저작권 거래에서 신뢰와 효율성을 높이는 데 기여한다.

그러나 스마트 계약 기반 라이선싱에는 한계도 존재한다. 모든 계약 조건을 프로그래밍 언어로 표현하는 데는 기술적 어려움이 따르며, 특히 계약의 수정이나 해지가 복잡하다는 단점이 있다. 이는 스마트 계약의 자동 실행 특성이 오히려 유연성을 제한하는 결과를 초래할 수 있다. 따라서 스마트 계약의 장점을 극대화하기 위해서는 기술적 보완과 함께 법적·제도적 지원이 필요하다.

스마트 계약의 법적 효력과 한계

스마트 계약의 법적 효력은 각국의 법제도에 따라 다르게 해석된다. 일반적으로 계약의 기본 요소인 청약과 승낙, 당사자 간 의사 합치가 존재한다면 법적 구속력을 인정받을 수 있다. 그러나 스마트 계약은 전통적인 계약과 달리, 계약 조건이 프로그래밍 코드로 작성되어 블록체인에서 자동 실행된다는 특수성을 가진다. 이로 인해 계약의 해석, 오류 및 버그로 인한 이행 문제, 그리고 수정 및 해지의 어려움과 같은 법적 쟁점이 제기된다. 특히, 스마트 계약은 중개자의 개입 없이 계약을 자동으로 집행할 수 있다는 점에서 효율성을 제공하지만, 그 과정에서 기술적 문제로 인한 불확실성이 발생할 가능성도 존재한다.

스마트 계약은 계약의 집행을 자동화하는 소프트웨어로 정의되며, 법적 성질 측면에서 전통적인 계약과 구별된다. 예를 들어, 기존 계약은 구두, 서면, 전자적 방식 등 다양한 형태로 체결될 수 있지만, 스마트 계약은 오로지 전자적 방식으로만 체결된다. 또한, 계약 조건은 코드로 표현되므로 코드의 정확성과 해석이 계약의 성패를 좌우한다. 한편, 스마트 계약은 승낙과 동시에 급부 이행이 이루어지는 특성을 가지며, 민법의 현상광고계약과 유사하게 요물성을 가진다. 그러나 계약으로서 스마트 계약의 법적 성질을 완전히 인정하기에는 어려움이 있으며, 이는 코드 작성 시 청약과 승낙의 의사 표현이 자동화된다는 특성과 관련된다. 이러한 특성으로 인해 스마트 계약은 계약의 새로운 형태로 간주되며, 기존 법적 체계와의 조화를 모색하는 것이 중요하다.

스마트 계약은 계약 조건의 자동 실행을 통해 간소화와 비용 절감의 이점을 제공한다. 예를 들어, 지급 조건, 담보, 익명성, 집행 등의 자동화를 통해 중개비용과 시간 소모를 줄일 수 있다. 그러나 스마트 계약은 여전히 보안성과 관련된 문제를 포함하고 있다. 대표적으로, 이더리움 기반 탈중앙화 자율조직(DAO)의 해킹 사건은 스마트 계약의 코드 취약성과 블록체인 응용 프로그램의 보안 위험을 잘 보여준다. 또한, 스마트 계약의 복잡성은 가스 비용 증가 및 네트워크 유지비용과 같은 경제적 부담을 초래할 수 있다. 따라서 스마트 계약이 더 널리 사용되기 위해서는 코드의 보안성 강화와 효율성 개선, 그리고 법적 및 기술적 지원 체계 구축이 필요하다.

저작권 침해 방지를 위한 스마트 계약 활용 방안

스마트 계약은 저작권 침해를 예방하고 대응하는데 다양하게 활용될 수 있다. 첫째, 저작물의 이용 허락 범위를 기술적으로 제한할 수 있다. 예를 들어, 특정 지역이나 기간에만 저작물을 이용할 수 있도록 제한하거나, 허가된 용도로만 사용되도록 통제할 수 있다.

둘째, 저작권 침해 발생 시 자동으로 대응 조치를 취할 수 있다. 무단 이용이 감지

되면 접근을 차단하거나 경고를 발송하는 등의 조치를 프로그래밍할 수 있다. 셋째, 침해 증거의 수집과 보존이 용이하다. 블록체인에 기록된 거래 내역은 위변조가 불가능하므로, 침해 사실의 입증에 활용될 수 있다.

그러나 이러한 활용에도 한계가 존재한다. 블록체인 외부에서 이루어지는 침해 행위를 기술적으로 방지하기는 어려우며, 국가간 법제도의 차이로 인해 효과적인 권리 보호가 제한될 수 있다. 따라서 기술적 조치와 법적 보호의 균형있는 접근이 필요하다.

NFT 아트 환경에서의 저작권 쟁점과 플랫폼 책임

김병일(2023)의 연구는 NFT 아트 거래에서 발생하는 저작권 관련 문제들을 체계적으로 분석하고, 이에 대한 법적·제도적 해결방안을 제시한다. 디지털 기술의 발전으로 NFT가 디지털 아트 시장의 새로운 패러다임을 형성하고 있지만, 이는 동시에 기존 저작권법 체계와의 정합성 문제를 야기하고 있다.

법적 분석에 따르면, NFT 민팅 과정은 크게 두 가지 저작권 침해 위험을 내포한다. 첫째, 디지털 복제와 전송 과정에서의 저작재산권 침해다. 둘째, 메타데이터 생성과 링크 연결 과정에서의 법적 문제다. 특히 원본 저작물이 오프체인(Off-chain)에 저장되고 NFT에는 메타데이터만 포함되는 특성은 기존 저작권법의 적용을 더욱 복잡하게 만든다.

플랫폼의 책임 범위도 중요한 쟁점이다. 현행 법은 온라인서비스제공자(OSP)의 책임 제한 규정을 두고 있지만, NFT 플랫폼의 탈중앙화된 특성과 중앙집중적 저장 서비스의 이중적 성격은 이러한 규정의 적용을 모호하게 한다. 특히 'notice and takedown' 원칙의 실효성이 문제된다.

연구는 또한 NFT 거래에서 권리소진원칙의 적용 가능성을 검토한다. 전통적인 유형물 거래와 달리, NFT는 메타데이터만을 거래하는 특수성이 있어 기존 원칙의 직접적용이 어렵다. 다만, NFT의 유일성과 희소성을 고려할 때, 수정된 형태의 권리소진원칙 도입 필요성이 제기된다.

결론적으로, NFT 아트 환경에서의 저작권 보호를 위해서는 세 가지 방향의 개선이 필요하다. 첫째, NFT 발행 과정에서의 권리 확인 절차 강화, 둘째, 플랫폼의 책임 범위 명확화, 셋째, NFT 거래의 특성을 반영한 새로운 법적 프레임워크 구축이다. 이 사례는 디지털 기술 발전에 따른 저작권법의 변화 필요성을 잘 보여주며, 향후 NFT 생태계의 건전한 발전을 위한 중요한 시사점을 제공한다.

블록체인 기술과 저작권의 미래

블록체인 기술과 저작권의 융합은 디지털 시대의 창작물 보호와 유통에 새로운 패러다임을 제시한다. 본 장에서는 NFT의 개념과 특성, 블록체인의 기술적 메커니즘, 디지털 자산의 소유권, 스마트 계약의 활용 가능성을 중심으로 논의했다. 블록체인은 저작권 관리에 혁신적인 가능성을 제공하지만, 기존 법체계와의 조화와 기술적 한계 극복이라는 과제가 남아있다. 디지털 창작물의 진정성 입증, 권리 관계의 명확한 기록, 자동화된 로열티 지급 시스템의 구축은 블록체인 기술이 제공할 수 있는 핵심적인 해결책이다.

결론적으로, 블록체인 기술의 효과적인 도입을 위해서는 법제도의 정비와 기술적 표준화가 필수적이다. 국제적 차원에서의 협력을 통해 블록체인 기반 저작권 관리 시스템의 상호운용성을 확보하고, 디지털 자산의 거래와 보호에 대한 명확한 규범을 수립해야 한다. 이를 통해 창작자의 권리를 보호하면서도 디지털 콘텐츠의 활발한 유통을 촉진할 수 있을 것이다. 블록체인 기술은 단순한 기술적 혁신을 넘어, 디지털 시대의 저작권 보호와 관리를 위한 새로운 인프라를 구축하는 핵심 동력이 되어야 한다. 이는 창작자, 이용자, 플랫폼 사업자 모두에게 이익이 되는 지속 가능한 디지털 콘텐츠 생태계를 만드는 토대가 될 것이다.

7장 요약 블록체인 기술과 저작권 보호

1. NFT의 개념과 특성

NFT는 대체 불가능한 토큰으로서 고유성, 불변성, 분할 불가능성을 특징으로 하며, 이더리움 기반의 표준 프로토콜을 통해 구현된다. 마켓플레이스에서는 민팅, 리스팅, 판매 과정을 통해 거래되며, 스마트 계약을 통해 2차 거래 시 자동으로 로열티가 지급된다. 다만 NFT 소유권과 저작권은 별개의 권리로 분리되어 있어, 명확한 라이선스 범위 설정이 필요하다.

2. 블록체인 기술의 이해

블록체인은 탈중앙화된 분산원장 기술로서 투명성과 불변성을 보장하며, 작업증명이나 지분증명 등의 합의 알고리즘을 통해 네트워크 참여자들의 신뢰를 형성한다. 저작권 관리에서는 창작물 등록과 소유권 증명, 거래 내역의 투명한 기록이 가능하며, 스마트 계약을 통해 이용 허락과 로열티 정산을 자동화할 수 있다.

3. 디지털 자산의 소유권

디지털 자산은 가상자산, 디지털 토큰, 콘텐츠 등을 포함하며, 블록체인과 공개키 암호화 방식을 통해 소유권을 관리한다. 국제적 거래에서는 국가간 법제도 차이로 인한 관할권 문제가 발생할 수 있으며, 디지털 유산의 경우 암호키 관리와 승계, 상속권 인정 범위 등이 중요한 쟁점이 된다.

7장 요약 **블록체인 기술과 저작권 보호**

4. 스마트 계약과 저작권

　스마트 계약은 프로그래밍된 계약 조건이 자동으로 실행되는 특징을 가지며, 중개자 없는 직접 거래를 가능하게 한다. 저작권 보호를 위해 이용 조건의 자동화된 실행과 권리 관계의 실시간 추적이 가능하며, 침해 발생 시 자동화된 모니터링과 즉각적 제재가 이루어질 수 있다.

　본 장에서는 블록체인 기술이 저작권 관리에 제공하는 새로운 가능성과 한계를 체계적으로 분석하였다. NFT와 스마트 계약을 통한 디지털 자산의 관리는 창작물의 권리 보호와 거래의 투명성을 높이는 혁신적인 도구가 될 수 있다. 그러나 기존 법체계와의 조화, 기술적 한계 극복, 국제적 표준화 등의 과제 해결이 필요하다.

참고 문헌

권오훈. (2020). 블록체인 합의 알고리즘과 암호화폐의 법적 쟁점. 일감법학, 45.

김도경(2023). NFT 활용에 따른 저작권 쟁점에 관한 연구-NFT 관련 저작권의 보호, 집행 방안을 중심으로. 외법논집, 47(4), pp.153-161.

김병일(2022). NFT아트현황과 디지털 저작권 시대의 시사점, 문화정보 이슈리포트, 2022-1호(31호)

김원오(2020). 블록체인 기술과 저작권 제도 간의 접점, 산업재산권, 63, pp.45-86.

박경신(2021). NFT 아트를 둘러싼 저작권 쟁점들에 대한 검토-미술저작물을 중심으로. 계간 저작권, 34(3).

원대성(2023). 한국의 디지털자산법 제정방안에 관한 연구 : 유럽의 암호자산시장 규정(MiCA)을 중심으로, 연세대학교 박사논문, 서울.

유승언 외(2018), 블록체인에 기반한 합의 알고리즘, 한국컴퓨터정보학회 동계학술대회 논문집 제26권 제1호, pp.17-18.

윤영진(2023). NFT 관련 저작권 쟁점에 관한 연구. 계간 저작권, 36(3).

이대화, 김형식(2018). 블록체인 연구 동향 분석: 합의 알고리즘을 중심으로. Review of KIISC, 28(3).

정완(2022). 디지털자산의 법적 규제에 관한 고찰. 법학논집, 27(2).

조재광, 최광준(2023). 디지털 가상세계에서의 NFT 저작권 쟁점에 관한 검토. 강원법학, 72.

최현태(2021). 스마트계약의 계약법적 쟁점과 과제. 법과 정책연구, 21(1).

한국저작권보호원(2022), 『NFT 거래시 유의해야 할 저작권 안내서』,

한서희(2023). 디지털자산의 자본시장법상 규제에 관한 연구, 서울대학교 박사논문, 서울.

한정희(2018), 블록체인 부동산등기의 원리와 응용 연구. 부동산학보, 73.

현소진(2022). NFT 의 발행 및 저작권적 쟁점의 논의. 경영법률, 32(2).

8장

메타버스 시대의 저작권 이슈

8장 메타버스 시대의 저작권 이슈

 **메타버스와 상표권의 충돌:
에르메스 버킨백의 디지털 변신과 법적 분쟁"**

2023년 6월, 프랑스의 명품 브랜드 에르메스(Hermès)가 자사의 인기 상품인 '버킨(Birkin)' 백의 디지털 이미지에 다양한 색상과 소재를 덧입혀서 디지털 콘텐츠를 제작하여 메타버스에서 사용할 수 있는 '메타버킨스(MetaBirkins)'라는 제호의 NFT 컬렉션을 발행한 아티스트인 메이슨 로스차일드(Mason Rothschild)를 상대로 제기한 소송을 제기하였다. 로스차일드는 에르메스의 상징적인 가방 브랜드 '버킨(Birkin)'을 모티브로 한 "메타버킨(MetaBirkins)"이라는 NFT 컬렉션을 출시하며 뜨거운 논란의 중심에 섰다. '메타버킨'은 실제 가죽 가방 대신 화려한 털로 덮인 가상 가방 이미지를 활용한 디지털 자산으로, 고급스러우면서도 독창적인 디자인으로 화제가 되었다. 하지만 에르메스는 로스차일드의 NFT가 자사의 상표를 침해했으며, 소비자들에게 혼란을 초래했다고 주장하며 미국 뉴욕 남부지방법원에 소송을 제기했다.

에르메스의 법률팀은 "메타버킨"이라는 이름과 디자인이 자사의 상표 가치를 훼손했으며, 브랜드의 이미지를 악용해 부당한 이익을 추구했다고 주장했다. 반면, 로스차일드는 자신의 작품이 표현의 자유에 속하는 예술적 표현의 일환이며, 상표권 침해로 볼 수 없다고 항변했다. 그는 자신의 NFT가 디지털 시대의 창작물로 인정받아야 한다고 강력히 주장하며, 블록체인 기술을 활용한 NFT의 독창성과 가치를 강조했다.

하지만 법원은 로스차일드의 작품이 일부 예술적 요소를 포함하더라도, 의도적으로 에르메스의 상표를 모방하여 소비자 혼란을 초래한 점을 중대하게 여겼다. 특히 로스차일드가 상업적 이익을 목적으로 에르메스의 상표를 활용했다는 점에서, 이는 단순한 예술적 창작이 아니라 상표법 위반이라는 판결을 내렸다.

2023년 2월 2일, 법원은 에르메스가 제기한 세 가지 상표권 위반 혐의에서 모두 로스차일드의 책임을 인정하며, 그에게 13만 3천 달러의 손해배상을 명령했다. 또한 법원은 로스차일드가 에르메스의 상표를 더 이상 사용할 수 없도록 영구적 금지

명령을 내렸다. 이와 함께, 로스차일드가 운영하던 'metabirkins.com' 도메인의 소유권도 에르메스에 이전하도록 명령했다.

본 사례는 메타버스 환경에서 발생할 수 있는 저작권 문제의 핵심을 잘 보여준다. 에르메스와 메타버킨스의 분쟁은 현실 세계의 상품이 가상공간에서 재해석될 때 발생하는 법적 쟁점을 드러낸다. 이를 통해 메타버스의 특성, 가상세계에서의 저작권 보호, 디지털 아바타와 아이템의 법적 지위, 그리고 메타버스 콘텐츠의 저작권 문제를 심도 있게 살펴보고자 한다.

1 메타버스와 저작권의 개념 및 특성

[그림 8-] 메타버킨 이미지 출처 : metabirkin 인스타그램

메타버스의 정의와 발전 과정

메타버스(Metaverse)는 초월을 뜻하는 '메타(Meta)'와 세계를 의미하는 '유니버스(Universe)'의 합성어로, 현실과 가상이 융합된 초현실적 공간을 의미한다. 이 개념은 1992년 닐 스티븐슨의 소설 스노우 크래시(Snow Crash)에서 처음 등장했으며, 3차원 가상세계에서 아바타를 통해 사회, 경제, 문화 활동을 하는 시스템을 지칭한다.

1990년대 후반 'Second Life'와 같은 가상세계 플랫폼을 통해 첫 진화를 이루었고, 2010년대 VR·AR 기술 발전으로 'Pokemon GO' 같은 AR 게임이 등장하며 두 번째 진화를 맞이했다. .

2020년 코로나19 팬데믹은 비대면 환경에서의 소통과 경제활동을 활성화시키며 메타버스를 새로운 플랫폼으로 주목받게 한 계기가 되었다. 특히 페이스북이 사명을 '메타(Meta)'로 변경하면서 글로벌 기업들의 메타버스 시장 진출이 가속화되었다.

메타버스의 주요 특성

김상균(2021)은 메타버스의 핵심 특성을 SPICE 모델로 설명하며, 이를 통해 메타버스의 본질을 다섯 가지 요소로 정의했다. SPICE 모델은 연속성(Seamlessness), 실재감(Presence), 상호운용성(Interoperability), 동시성(Concurrence), 경제흐름(Economy)으로 구성된다..

첫째, 연속성(Seamlessness)은 메타버스 내에서 사용자 경험이 단절되지 않고 하나로 연결되는 것을 의미한다. 예를 들어, 사용자는 동일한 아바타로 게임을 하다가 별도의 로그인이나 플랫폼 변경 없이 쇼핑을 하거나 업무를 논의할 수 있다.

둘째, 실재감(Presence)은 물리적 접촉이 없는 가상 환경에서도 사용자들이 사회적, 공간적 실재감을 느끼는 것을 말한다. 가상현실은 이러한 실재감을 강화하는 대표적인 기술로, 사용자가 마치 실제 공간에 있는 것처럼 느끼게 한다.

셋째, 상호운용성(Interoperability)은 현실 세계와 다양한 메타버스 플랫폼 간에 데이터와 정보가 연동되는 것을 의미한다. 메타버스에서의 경험과 결과가 현실 세계로 이어지고, 현실에서의 라이프로깅 데이터가 메타버스 경험을 풍부하게 만드는 상황을 포함한다. 넷째, 동시성(Concurrence)은 여러 사용자가 메타버스에 동시에 접속하여 서로 다른 경험을 실시간으로 공유하고 상호작용할 수 있는 환경을 뜻한다. 이는 혼자 즐기는 기존의 가상현실 게임과는 차별화되는 메타버스의 특징이다. 마지막으로, 경제흐름(Economy)은 메타버스 내에서 사용자가 자유롭게 재화와 서비스를 거래할 수 있는 경제 시스템을 의미한다. 진화된 메타버스는 단순히 플랫폼 제공자와 소비자 간 거래에 그치지 않고, 서로 다른 메타버스와 현실 세계의 경제 흐름까지 연동해야 한다. SPICE 모델은 이러한 다섯 가지 요소를 통해 메타버스의 본질과 가능성을 구체적으로 이해하고 설계하는 데 중요한 틀을 제공한다.

메타버스 플랫폼의 유형과 사례 분석

메타버스 플랫폼은 미국의 비영리기술단체인 미국 미래가속화연구재단(Acceleration Studies Foundation, ASF)에 의하면, 증강현실(Augmented Reality), 라이프로깅(Lifelogging), 거울세계(Mirror Worlds), 가상세계(Virtual Worlds)의 4가지 유형으로 구분된다. 각 유형은 독특한 특성과 활용 사례를 보여주고 있다. 또한 최근에는 이들 간의 경계가 점차 모호해지면서 융합형 플랫폼이 등장하고 있다.

첫째, 증강현실 플랫폼은 현실 세계에 디지털 정보를 덧입혀 보여주는 형태라 할 수 있다. 이는 스마트폰이나 AR 글래스를 통해 구현된다. 대표적인 사례로는 포켓몬 GO가 있는데, 위치 기반 서비스와 AR 기술을 결합하여 전 세계적인 성공을 거두었다. 최근에는 구글의 AR 내비게이션, 스냅챗의 AR 필터 등이 일상생활에서 널리 활용되고 있다. 특히 애플의 비전프로와 같은 MR(Mixed Reality) 기기의 등장으로 증강현실 플랫폼은 새로운 도약기를 맞이하고 있다.

둘째, 라이프로깅은 개인의 일상생활을 디지털로 기록하고 공유하는 플랫폼을 의미한다. 인스타그램, 페이스북과 같은 SNS가 대표적이다. 최근에는 운동, 식사, 수면 등 건강 관련 데이터를 기록하는 디지털 헬스케어 플랫폼도 증가하고 있다. 애플워치, 핏빗 등의 웨어러블 디바이스와 연동되어 개인의 라이프로그를 자동으로 기록하고 분석하는 서비스가 확대되고 있다.

셋째, 거울세계는 현실 세계를 디지털로 복제한 플랫폼으로, 구글 어스가 대표적이다. 최근에는 디지털 트윈 기술의 발전으로 도시, 건물, 공장 등을 가상공간에 구현하는 사례가 증가하고 있다. 네이버의 제페토는 현실 세계의 랜드마크를 가상공간에 구현하여 사용자들에게 새로운 경험을 제공하고 있으며, 마이크로소프트의 메쉬(Mesh)는 홀로렌즈를 통해 현실 세계의 객체를 3D 홀로그램으로 구현하고 있다.

넷째, 가상세계는 현실과 독립된 3차원 가상공간을 제공하는 플랫폼이다. 로블록스(Roblox)는 사용자가 직접 게임을 제작하고 공유할 수 있는 플랫폼으로, 특히 Z세대 사이에서 큰 인기를 얻고 있다. 디센트럴랜드(Decentraland)는 블록체인 기술을 기반으로 한 가상세계 플랫폼으로, 사용자들이 가상 부동산을 거래하고 다양한 경제활동을 할 수 있다.

메타버스는 가상 세계, 미러 월드, 증강 현실, 라이프로깅의 네 가지 시나리오 요소를 모두 포함하며, 각 기술이 서로 광범위하게 겹친다. 예를 들어, 미러 월드와 가상 세계는 디지털 환경 모델을 통해 몰입감을 정교화하고, 미러 월드와 증강 현실은 센서와 네트워크 장치를 통해 물리적 세계를 모니터링하며 상호작용한다. 또한, 증강 현실은 사용자 인터페이스를 통해 개인의 환경에 대한 몰입감을 제공하며, 라이프로깅은 데이터 기록과 공유를 통해 사용자 경험을 확장한다.

증강 현실과 라이프로깅은 웨어러블 디바이스와 네트워크 용량을 활용해 개인의 물리적·사회적 환경에 대한 인식을 향상시키며, 라이프로깅과 가상 세계는 일관된 디지털 ID를 통해 현실과 가상의 원활한 상호작용을 가능하게 한다. 이러한 디지털 ID는 여러 플랫폼에서 신뢰성과 투명성을 강화해 메타버스의 발전을 이끄는 중요한 기반이 된다. 각 시나리오는 고유한 강점을 가지면서도 상호 연결되어 메타버스라는 통합적인 환경을 만들어 나가고 있다.

예를 들어 메타(구 페이스북)의 호라이즌 월드(Horizon Worlds)는 VR 기술을 활용한 소셜 플랫폼으로, 가상세계의 특성과 라이프로깅의 요소를 결합했다. 에픽게임즈의 포트나이트(Fortnite)는 게임을 넘어 콘서트, 영화 시사회 등 다양한 문화행사를 hosted하는 복합 문화 플랫폼으로 진화하고 있다.

메타버스는 다양한 산업에서 혁신적으로 활용되고 있다. 엔터테인먼트 산업에서는 블랙핑크, BTS 등 K-pop 아티스트들의 가상 콘서트와 팬미팅이 메타버스 플랫폼에서 성공적으로 개최되고 있다. 교육 산업에서는 메타버스 플랫폼을 활용한 원격교육이 활성화되고 있다. 특히 의과대학의 수술 실습과 공과대학의 실험실습 등에서 효과적으로 활용되고 있다. 유통 및 패션 산업에서는 구찌, 나이키 등 글로벌 브랜드들이 메타버스 플랫폼에 가상 스토어를 오픈하고 디지털 패션 아이템을 판매하고 있다. 부동산 산업에서는 가상 부동산 거래가 활성화되고 메타버스 플랫폼 내 랜드마크 부지에 대한 투자도 증가하고 있다.

또한 메타버스는 시공간 제약을 없애며 협업과 소통을 글로벌화하고, 현실과 가상의 경계를 허물어 새로운 문화와 예술을 창출하고 있다. 교육, 의료 등 산업 혁신을 촉진하며 기업들은 이를 활용한 다양한 비즈니스 활동을 전개하고 있다. 동시에 개인정보 보호, 디지털 자산 소유권 등 법적, 윤리적 과제가 대두되고 있다. 사회적 격차와 중독 문제에 대한 대응도 중요한 과제로 떠오르고 있다.

② 가상공간에서 창작물의 저작권은 어떻게 인정될까?

가상공간에서 생성되는 창작물의 저작권 주체

가상공간에서 생성되는 창작물은 전통적인 저작물과 마찬가지로, '인간의 사상이나 감정을 표현한 창작물'이라는 저작권법의 기본 요건을 충족할 경우 저작권 보호의 대상이 된다. 이러한 가상공간의 창작물은 크게 플랫폼 사업자가 제공하는 기본 요소와 사용자가 생성하는 창작물(User Generated Content, UGC)로 나뉜다.

박태신과 박진홍(2023)은 메타버스에서의 사용자 생성 콘텐츠(UGC)에 관한 법적 쟁점을 연구하며, 특히 지적재산권 문제를 중심으로 논의했다. UGC란 사용자가 직접 작성하거나 제작한 콘텐츠를 의미하며, 메타버스에서는 건물, 아바타, 게임 등의 제작을 통해 사용자 창작물이 핵심 요소로 자리 잡고 있다. 이에 따라, ① UGC의 지적재산 귀속 여부, ② 콘텐츠 변경 허용 범위, ③ 아이템의 제3자 양도 가능 여부, ④ 영리적 목적의 이용 허용 여부가 주요 쟁점으로 제시된다. 플랫폼이 사용자들의 창작 의욕을 고취하고 공정한 이용 환경을 조성하려면, 이와 관련된 명확한 규칙과 합의가 반드시 필요하다.

특히, 저작권이 있는 콘텐츠의 변경 문제는 팬 창작 활동(예: 동인지, 코스프레)에서 이미 논란이 되어왔다. 이러한 팬 창작 활동은 팬덤 문화 형성과 확장에 기여하면서도 법적 불확실성을 초래하여, 사용자들에게 위축 효과를 가져올 수 있다. 따라서 이를 해결하기 위한 명확한 규칙 마련이 요구된다. 또한, UGC의 지적재산 문제는 플랫폼과 사용자 간의 관계뿐만 아니라 사용자 간의 거래에서도 다양한 형태로 나타나며, 이에 대한 종합적이고 지속적인 검토가 필요하다.

한편, 플랫폼 사업자가 제공하는 기본적인 가상환경, 아바타 템플릿, 건축물 등의 저작권은 해당 사업자에게 귀속된다. 이는 프로그램 저작물로서 보호받을 수 있으며, 데이터베이스로서도 보호가 가능하다. 반면, 사용자가 플랫폼에서 제공하는 도구를 활용하여 생성한 창작물은 창작성이 인정되는 범위 내에서 해당 사용자가 저작권을 가지게 된다. 그러나 대부분의 메타버스 플랫폼은 이용약관을 통해 사용자 창작물에 대한 라이선스 권한을 확보하고 있는 경우가 많다. 따라서 메타버스 환경에서의 창작물 보호와 공정한 이용을 위해서는 플랫폼과 사용자 간, 그리고 사용자들 간의 법적·제도적 합의가 필수적이다.

AI 기반 생성 콘텐츠의 저작권 문제

변현진, 조용순(2023)은 AI를 활용한 예술 창작이 창의성의 범위를 확장하고 예술과 기술의 경계를 재정의하고 있다고 강조한다. 그러나 이러한 혁신은 독창성, 저작권, AI 학습 데이터 사용에 관한 새로운 법적·철학적 논의를 요구한다. 생성형 AI 창작물과 관련된 주요 쟁점은 크게 세 가지로 요약된다. 첫째, AI 창작물의 저작물성에 관한 문제로, 저작권법상 '인간의 창작물' 요건 충족 여부가 핵심 논점이다. AI가 자율적으로 생성한 결과물은 현행법상 보호받기 어려우며, 인간의 창작적 개입 정도가 저작권 보호 가능성을 결정짓는다. 둘째, 저작권 귀속 문제에서는 인간과 AI가 협업한 창작물의 권리 귀속 기준이 모호하다. 약한 AI를 활용한 경우, 공동 창작물로 간주되거나 업무상 저작물로 분류될 가능성이 있다. 마지막으로, 학습 데이터 사용 과정에서 발생하는 권리 침해 우려가 있다. 데이터 수집 및 사용이 복제권, 전송권, 2차적 저작물 작성권 등을 침해할 가능성이 논의되고 있다.

메타버스 환경에서는 이러한 쟁점이 더욱 복잡하게 드러난다. 주요 논점으로는 AI 모델 개발자와 사용자 간의 권리 관계, 학습 데이터의 적법한 사용 및 공정 사용 범위, AI 생성물의 2차적 저작물 성립 여부, 그리고 AI 생성물의 독창성 판단 기준 등이 포함된다. 특히, AI 모델이 기존 저작물을 학습하고 이를 바탕으로 생성물을 제작하는 과정에서 권리 침해 가능성이 더욱 두드러진다. 이와 관련하여 텍스트와 데이터 마이닝(Text and Data Mining, TDM) 과정에서 데이터 수집이 SNS나 온라인 플랫폼에서 이루어지는 경우 법적 논란이 지속되고 있다.

결론적으로, 생성형 AI와 메타버스 환경에서의 저작권 문제는 기존 법체계만으로 해결하기 어려운 복잡한 도전 과제이다. 창작의 자유와 권리 보호 간의 균형을 이루기 위해서는 법적, 기술적, 산업적 차원의 종합적 접근이 필요하다. 이를 통해 창작자와 관련 산업의 권리를 보호하면서 창작 활동의 발전을 도모해야 할 것이다.

가상세계 내 저작물 이용 허락과 라이선스

메타버스 환경에서는 다양한 저작물이 복합적으로 이용되므로 체계적인 라이선스 관리가 필수적이다. 특히 플랫폼 내 라이선스 체계는 플랫폼 사업자와 사용자 간 권리 관계를 규정하고, 사용자 간 저작물 거래를 위한 라이선스를 제공하며, 외부 저작물의 적법한 이용 허가를 다룬다. 블록체인 기술을 활용한 스마트 계약은 이러한 저작물 이용 허락의 새로운 패러다임을 제시하고 있다.

메타버스의 수익 창출 모델은 디지털 아이템 판매, 광고 및 협찬, 가상 공연 및 이벤트, NFT 거래 등 다양한 방식으로 발전하고 있다. 이는 플랫폼 사용자와 크리에이터들에게 새로운 기회를 제공하며, 메타버스 내 경제활동의 핵심 동력이 되고 있다. 그러나 수익 배분의 공정성과 투명성 확보는 중요한 과제로, 이를 위해 블록체인 기반 수익 분배 시스템과 스마트 계약을 통한 자동 정산 등 기술적 방안이 제시되고 있다.

메타버스 환경에서의 저작권 보호와 이용은 기존 저작권 체계로는 완전히 포섭하기 어려운 새로운 도전과제를 제시하고 있다. 공정한 수익 분배 기준 마련, 분쟁 해결 메커니즘 구축, 국제적 정산 체계 확립, 조세 제도 정비 등 법적/제도적 과제 해결을 위한 다각적 노력이 필요하며, 기술발전과 시장 변화를 반영한 유연한 법제도적 대응이 요구된다.

게임 아이템과 디지털 아바타의 법적 보호

디지털 휴먼/아바타의 정의와 유형

디지털 휴먼과 아바타는 가상공간에서 인간을 대리하는 디지털 캐릭터로, 특성과 용도에 따라 구분된다. 디지털 휴먼은 실제 인간의 모습과 행동을 정교하게 구현한 가상의 인물을 말하며, 아바타는 사용자를 대리하는 보다 넓은 의미의 캐릭터를 의미한다. 두 개념 모두 메타버스와 디지털 콘텐츠 생태계에서 중요한 역할을 한다.

디지털 휴먼은 세 가지 유형으로 나뉜다. 첫째, 기술적으로 창작된 완전 가상의 디지털 휴먼으로 LG전자의 '래아'와 삼성전자의 '샘'이 대표적이다. 둘째, 실존 인물을 기반으로 제작된 디지털 트윈 형태의 디지털 휴먼이 있으며, 셋째, 여러 인물의 특징을 조합해 새로운 형태로 구현된 합성 디지털 휴먼이 있다.

아바타는 사용자 경험을 확장하는 다양한 형태로 발전하고 있다. 대표적으로 2D/3D 캐릭터형 아바타(제페토, 로블록스), 얼굴 인식 기술을 활용한 사용자 맞춤형 아바타, 그리고 크립토펑크와 BAYC와 같은 NFT 기반 소유권 보장형 아바타가 있다. 이러한 디지털 휴먼과 아바타는 개인화된 디지털 경험을 제공하며, 메타버스와 디지털 플랫폼의 핵심 요소로 자리 잡고 있다.

퍼블리시티권과 아바타 보호

5장에서 전술한 바와 같이 퍼블리시티권은 개인의 성명, 초상, 음성 등 동일성(identity)을 상업적으로 활용할 수 있는 권리를 의미한다. 디지털 아바타와 관련하여 퍼블리시티권의 보호 범위와 한계가 중요한 쟁점이 되고 있다.

퍼블리시티권은 개인의 동일성을 상업적으로 활용할 권리로, 보호 대상에는 얼굴, 음성, 이미지 등 개인을 식별할 수 있는 표지뿐 아니라 캐릭터, 특정 동작이나 행동, 고유한 말투나 표현방식도 포함된다. 이는 디지털 환경에서 개인의 동일성 표지가 상업적으로 활용되는 경우, 권리자의 이익을 보호하기 위해 중요한 개념이다.

한편, 디지털 아바타에 대한 보호도 점점 중요해지고 있다. 실존 인물을 기반으로 한 아바타는 실제 인물의 퍼블리시티권과 연관되어 권리 처리가 필요하며, 가상 인플루언서의 경우에도 독창적인 디지털 정체성이 보호되어야 한다. 또한, 사후 디지털 휴먼의 경우, 사망한 인물의 동일성 표지가 디지털로 재현되었을 때 권리와 관리의 문제를 적절히 다루는 방안이 요구된다.

유명인의 디지털 트윈 제작과 권리 처리

유명인의 디지털 트윈 제작 시에는 초상권, 퍼블리시티권, 저작인접권 등 복합적인 권리 처리가 필요하다. 퍼블리시티권과 디지털 콘텐츠 활용에서 사전 및 사후 관리 사항은 매우 중요하다. 사전 권리 처리 사항으로는 초상 사용에 대한 허락, 음성 및 동작 데이터 활용 동의, 상업적 이용 범위 설정, 그리고 수익 배분 구조 합의가 포함된다. 이는 디지털 콘텐츠 제작 초기 단계에서 명확한 합의를 통해 권리 분쟁을 예방하기 위한 필수적인 절차이다.

지속적 관리 사항으로는 이용 범위를 모니터링하고 권리 침해에 대응하며, 이미지 및 명성을 관리하고 계약 갱신이나 조정을 통해 권리자의 이익을 보호하는 것이 필요하다. 또한, 사후 관리 문제로는 유족의 권리 승계, 디지털 트윈이나 디지털 휴먼의 지속 사용 여부 결정, 그리고 저작인접권의 보호기간을 준수하는 방안이 중요한 쟁점으로 다뤄진다. 이러한 체계적 관리는 개인의 권리와 디지털 콘텐츠의 활용이 조화롭게 이루어지도록 지원한다.

아바타 관련 분쟁 사례 분석

퍼블리시티권 및 저작권 관련 국내외 사례와 플랫폼 분쟁은 메타버스와 디지털 환경에서 주목할 만한 법적 이슈를 제시한다. 국내 사례로는 가상인플루언서 '로지'와 관련된 분쟁이 있다. 이는 특정 연예인과의 외모 유사성 문제로 퍼블리시티권 침해 여부가 검토되었으며, 합의를 통해 해결된 사례로, 가상인물의 외모와 실존 인물 간 권리 충돌 문제를 보여준다.

해외 사례로는 'Epic Games v. 개별 댄스 동작 창작자' 분쟁이 대표적이다. 이는 포트나이트 게임 내에서 창작된 댄스 동작을 무단으로 사용한 사례로, 안무의 저작권 보호 범위와 공정 이용 해당 여부가 주요 쟁점이었다.

플랫폼 관련 분쟁에서는 제페토 내 유명인과 닮은 아바타 제작 문제, 로블록스에서의 저작권 침해 아바타 아이템, 그리고 메타버스 플랫폼 간 아바타 이동성 관련 분쟁이 포함된다. 이는 플랫폼이 제공하는 창작 도구와 사용자 제작 콘텐츠 간의 권리 충돌 및 상호운용성 문제를 반영하며, 기술적·법적 조율이 필요한 사례들이다.

법적 보호의 한계와 과제

디지털 아바타와 관련한 법적 보호의 한계와 개선 방안은 메타버스 시대에 필수적인 과제로 대두되고 있다. 현행 법체계의 한계로는 디지털 아바타 보호를 위한 명확한 법적 근거가 없으며, 퍼블리시티권의 법적 성격에 대한 논란과 국제적 보호 체계의 미비가 주요 문제로 지적된다. 이러한 한계는 급변하는 디지털 환경에서 권리 침해와 분쟁을 효과적으로 대응하지 못하게 한다.

따라서 새로운 보호 체계 구축의 필요성이 절실하다. 디지털 아바타의 특성을 반영한 법제도 정비와 함께, 플랫폼의 자율규제를 강화하고 국제적 보호 기준을 마련해야 한다. 이를 보완하기 위해 기술적 보호 조치로 블록체인 기반 권리 관리, AI를 활용한 침해 탐지, 디지털 워터마킹 기술을 도입함으로써 보다 실질적인 보호 체계를 구축할 수 있다. 이러한 접근은 디지털 아바타와 퍼블리시티권을 보다 체계적으로 보호하고, 관련 산업의 신뢰성을 높이는 데 기여할 것이다.

향후 발전 방향

디지털 아바타 보호와 산업 발전을 위한 방향성은 법제도적, 기술적, 산업적 측면에서 종합적인 접근이 필요하다. 법제도적 측면에서는 디지털 아바타 보호를 위한 특별법 제정을 검토하고, 국제적 보호 체계를 구축하며 플랫폼의 책임을 강화하는 방안이 중요하다. 이를 통해 디지털 아바타와 관련된 권리 분쟁을 효과적으로 해결하고, 국제적 협력을 통한 보호의 실효성을 높일 수 있다.

기술적 측면에서는 권리 보호 기술을 고도화하고, 본인 인증 체계를 강화하며, 침해 방지 기술을 발전시키는 것이 핵심이다. 예를 들어, 블록체인과 AI 기술을 활용해 아바타의 권리 관리와 침해 탐지를 효율적으로 수행할 수 있다.

산업적 측면에서는 표준 계약 모델을 개발하여 권리 관계를 명확히 하고, 공정한 수익 분배 체계를 구축하며, 아바타 산업 전반에 걸친 가이드라인을 제정하는 것이 필요하다. 이러한 노력은 디지털 아바타 산업의 신뢰성을 제고하고, 관련 생태계의 지속 가능성을 확보하는 데 기여할 것이다.

메타버스 콘텐츠의 저작권 보호와 법적 쟁점

UGC(User Generated Content)의 저작권 이슈

메타버스 플랫폼에서 UGC는 핵심적인 콘텐츠 생태계를 구성하며, 이와 관련된 저작권 문제는 다음과 같은 특수성을 가진다. UGC(User Generated Content)의 저작권 및 법적 이슈는 디지털 콘텐츠 생태계에서 중요한 논점으로 다뤄진다. UGC의 저작물성 판단에서는 창작성 요건을 충족하는지 여부와 플랫폼 제공 도구를 활용한 창작물의 독창성 인정 범위가 핵심이다. 또한, UGC가 공동저작물 또는 결합저작물로 간주될 수 있는지 여부도 중요한 쟁점으로 논의된다.

플랫폼과 이용자의 권리관계에서는 플랫폼 이용약관에 따라 권리가 귀속되는 방식, UGC에 대한 수익 분배 구조의 법적 성격, 그리고 플랫폼 종료 시 UGC의 처리 방안이 주요 이슈다. 이는 플랫폼이 제공하는 환경 내에서 이용자와의 권리 분쟁을 방지하기 위해 명확한 규정이 필요함을 보여준다.

또한, UGC 거래의 법적 성격은 저작권의 양도와 이용허락을 구분하는 문제, 거래 대상의 특정성과 범위 설정, 계약의 해석과 효력에 관한 논의가 중심이 된다. 이러한 법적 쟁점은 UGC의 상업적 이용과 권리 보호를 균형 있게 다루기 위한 법적, 제도적 개선 방향을 모색하는 데 필수적이다.

메타버스 내 가상 자산의 소유권

가상 자산은 메타버스 경제의 핵심 요소로, 그 소유권의 법적 성격과 보호 방안이 중요한 쟁점이 되고 있다. 메타버스 내 가상 자산과 관련된 법적 이슈는 다양한 유형의 자산과 소유권의 성격, 거래의 법적 문제를 포괄한다. 가상 자산의 유형에는 가상 부동산, 디지털 아이템, 가상 화폐, 디지털 예술품 등이 포함되며, 이는 메타버스 경제의 핵심 구성 요소로 작용한다. 이러한 자산들은 각각 고유의 특성을 지니며, 상업적 활용과 투자 측면에서 중요한 가치를 가진다.

소유권의 법적 성격은 가상 자산이 물권적 보호를 받을 수 있는지, 채권적 권리로서 규정되는지, 또는 디지털 자산으로서 재산권적 보호를 받을 수 있는지에 대한 논의가 중심이다. 이는 가상 자산이 법적으로 명확히 정의되지 않은 상황에서 소유권 분쟁을 해결하기 위한 중요한 기준을 제공한다.

가상 자산 거래의 법적 문제로는 거래의 유효성, 하자 담보 책임, 거래 취소와 원상회복, 그리고 상속 및 양도 문제 등이 있다. 특히, 거래가 디지털 환경에서 이루어지기 때문에 이러한 법적 이슈는 더욱 복잡성을 띠며, 가상 자산의 안전한 거래와 소유권 보호를 위해 명확한 법적 근거와 제도적 보완이 요구된다.

국경을 초월한 메타버스 저작권 보호의 과제

메타버스의 초국경적 특성으로 인해 저작권 보호에 있어 새로운 도전과제가 제기되고 있다. 메타버스 환경에서의 저작권 보호와 국제적 과제는 초국경적인 특성과 기술 발전으로 인해 복잡한 논점을 제기한다. 준거법 결정 문제는 저작권 침해가 발생한 위치를 어떻게 판단할 것인지, 계약의 준거법을 어떻게 설정할 것인지, 그리고 국제사법적 해결 방안을 마련하는 것이 핵심이다. 이는 메타버스의 경계 없는 특성으로 인해 전통적인 법적 기준이 적용되기 어려운 상황을 반영한다.

국제적 집행의 문제로는 국가별 저작권 보호 수준의 차이가 존재하며, 이로 인해 침해 구제의 실효성이 낮아질 가능성이 있다. 따라서 국제 협력 체계를 구축하여 국가 간 법적 차이를 완화하고 일관된 보호를 제공하는 것이 중요하다.

기술적 보호조치로는 DRM(Digital Rights Management)와 같은 기술을 활용해 콘텐츠 권리를 보호하고, 블록체인 기반의 권리 관리 시스템을 통해 투명성과 신뢰성을 높이며, 국제 표준화를 통해 상호운용성을 보장할 필요가 있다.

마지막으로, 새로운 보호 체계의 모색에서는 기존 국제 저작권 조약의 개정을 통해 디지털 환경에 맞는 법적 근거를 마련하고, 메타버스 특화 국제 규범을 개발하며, 자율 규제 방안을 도입해 유연하고 효과적인 보호 체계를 구축하는 것이 필요하다. 이는 메타버스의 지속 가능한 발전과 창작자의 권리 보호를 위한 필수적인 대응 방안이다.

메타버스 저작권 보호를 위한 제언

메타버스 저작권 보호와 발전을 위한 주요 대응 방안은 법제도적, 기술적, 산업적, 국제협력 측면에서 통합적인 접근이 필요하다. 법제도적 측면에서는 메타버스의 특성을 반영한 저작권법 개정, 국제적 보호 체계 구축, 그리고 분쟁 해결 메커니즘을 정비하여 디지털 콘텐츠 생태계를 법적으로 지원하는 것이 중요하다. 이를 통해 권리 침해를 예방하고 분쟁을 효과적으로 해결할 수 있다.

기술적 측면에서는 권리 보호 기술 개발과 표준화된 메타데이터 체계의 구축, 블록체인을 활용한 투명한 권리 관리 방안이 핵심이다. 이러한 기술적 대응은 디지털 자산의 추적 가능성을 높이고, 창작자의 권리를 실질적으로 보호하는 데 기여한다.

산업적 측면에서는 공정한 수익 분배 모델을 도입하고, 크리에이터 보호 정책을 강화하며, 플랫폼의 책임을 명확히 하는 것이 필요하다. 이는 메타버스 경제의 지속 가능성을 확보하고 창작자의 권익을 증진시키는 데 중요한 역할을 한다.

마지막으로, 국제협력 측면에서는 국제기구를 통한 다자간 협력, 양자간 협력 체계 구축, 그리고 민간 협력 네트워크를 활성화하여 국가 간 저작권 보호 수준의 격차를 줄이고 글로벌 차원의 대응력을 강화해야 한다. 이러한 통합적인 노력은 메타버스 생태계의 신뢰성과 안정성을 높이는 데 기여할 것이다.

메타버스 환경에서의 저작권 보호는 기존의 저작권 체계로는 완전히 포섭하기 어려운 새로운 도전과제를 제시하고 있다. 따라서 기술발전과 시장 변화를 반영한 유연한 법제도적 대응이 요구되며, 동시에 창작자의 권리보호와 이용자의 접근성이 조화를 이루는 방향으로 제도가 발전해야 할 것이다.

메타버스 환경에서의 저작권 가이드라인

최진원(2024)의 연구는 메타버스 서비스에서 발생하는 저작권 관련 문제들을 체계적으로 분석하고, 이를 해결하기 위한 가이드라인의 방향성을 제시한다. 메타버스는 디지털 경제의 중심축으로 빠르게 성장하고 있지만, 기존 저작권법은 이를 충분히 반영하지 못하고 있어 새로운 제도적 접근이 요구되고 있다.

법적 분석에 따르면, 메타버스 환경에서는 크게 세 가지 주요 저작권 문제가 발생한다. 첫째, 공정이용의 범위와 기준에 대한 모호성이다. 미국 저작권법 제107조와 유사한 우리나라의 공정이용 일반조항(제35조의5)이 있지만, 변형적 이용 여부와 영리성, 시장 대체 가능성의 판단은 여전히 논란의 여지가 크다. 둘째, 플랫폼 약관을 통한 이용자 콘텐츠(UGC) 권리 처리 문제다. 주요 플랫폼들은 약관을 통해 이용자 콘텐츠의 광범위한 이용권을 확보하고 있으나, 이는 불공정 약관으로 간주될 가능성이 있다. 셋째, 건축물이나 풍경 등의 디지털 재현에서 발생하는 권리 문제다. 저작권법 제35조 제2항이 일부 자유이용을 허용하고 있지만, 상업적 이용이나 변형적 재현에 대해서는 추가적인 지침이 필요하다.

플랫폼의 책임 범위도 중요한 쟁점으로 다루어진다. 메타버스에서 플랫폼은 디지털 콘텐츠의 창작과 유통의 중심에 있지만, 현재의 법적 구조는 이들의 책임을 명확히 규정하지 못하고 있다. 특히 크리에이터와 이용자 간의 권리 분쟁에서 플랫폼이 어떠한 역할을 해야 하는지에 대한 논의가 부족하다. 예를 들어, 로블록스와 제페토의 약관은 이용자가 생성한 콘텐츠에 대해 플랫폼이 포괄적인 권리를 주장하도록 하고 있으나, 이는 이용자에게 불리할 수 있다.

연구는 또한 메타버스 내 저작권 문제 해결을 위한 가이드라인의 시급성을 강조한다. 이를 위해 첫째, 공정이용의 적용 기준과 변형적 이용의 정의를 명확히 하고, 둘째, 플랫폼 약관의 공정성을 강화하며, 셋째, 디지털 콘텐츠의 창작과 유통 과정에서의 투명성을 확보할 필요가 있다. 특히, 한국저작권위원회 상담 사례를 기반으로 플랫폼 사업자와 크리에이터 간의 주요 쟁점을 정리하여 가이드라인의 우선 과제로 제시하고 있다.

결론적으로, 메타버스 환경에서의 저작권 보호와 창작 생태계의 균형을 위해서는 법적, 제도적 개선이 필수적이다. 이 사례는 메타버스의 기술적, 경제적 특성을 반영한 저작권 가이드라인 제정의 필요성을 잘 보여주며, 지속 가능한 디지털 생태계 구축을 위한 중요한 방향성을 제시한다.

메타버스와 저작권의 미래

메타버스와 저작권의 상호작용은 디지털 공간에서의 창작물 보호와 활용에 새로운 도전과제를 제시한다. 본 장에서는 메타버스 플랫폼의 UGC 저작권 문제, 가상공간에서의 저작물 재현, 디지털 아바타의 법적 보호, NFT 연계 거래의 법적 쟁점을 중심으로 논의했다. 메타버스는 창작과 공유의 혁신적 가능성을 제공하지만, 기존 저작권법 체계와의 정합성과 국제적 집행력 확보라는 과제가 남아있다. 플랫폼 책임의 명확화, 권리처리의 표준화, 자동화된 수익배분 시스템의 구축은 메타버스 환경에서 반드시 해결해야 할 핵심 과제이다.

결론적으로, 메타버스에서의 효과적인 저작권 보호를 위해서는 법제도의 정비와 실무적 가이드라인 수립이 필수적이다. 국제적 협력을 통해 메타버스 저작권 관리의 상호운용성을 확보하고, 가상공간에서의 저작물 이용과 보호에 대한 명확한 규범을 정립해야 한다. 이를 통해 창작자의 권리를 보장하면서도 메타버스 콘텐츠의 혁신적 발전을 촉진할 수 있을 것이다. 메타버스는 단순한 기술적 진보를 넘어, 디지털 시대의 저작권 보호와 관리를 위한 새로운 패러다임을 구축하는 핵심 동력이 되어야 한다. 이는 창작자, 이용자, 플랫폼 사업자가 상생하는 지속 가능한 메타버스 생태계를 만드는 토대가 될 것이다.

8장 요약 : 메타버스 시대의 저작권 이슈

1. 메타버스의 개념과 특성
메타버스는 증강현실, 라이프로깅, 거울세계, 가상세계의 4가지 유형으로 분류되며, 지속성과 동시성, 경제시스템과의 연결성을 특징으로 한다. 이용자 제작 콘텐츠(UGC)의 권리 귀속과 이용허락 범위, 플랫폼의 간접침해 책임과 관리 의무가 주요 저작권 쟁점으로 대두되고 있다.

2. 가상세계에서의 저작권
가상세계에서는 공간 구현과 실시간 스트리밍을 통한 복제와 전송, 아바타와 공간의 커스터마이징을 통한 2차적 저작물 작성이 이루어진다. 이러한 이용 행위에 대해 변형성과 영리성, 시장 대체 가능성 등을 고려한 공정이용 판단이 필요하며, 기술적 제약을 고려한 출처 표시 방안도 중요하다.

3. 디지털 아바타의 법적 보호
디지털 아바타는 창작성을 갖춘 경우 저작권적 보호를 받으며, 유명인의 이미지를 활용할 경우 퍼블리시티권이 문제된다. 캐릭터 무단 도용이나 안무 저작권 침해 등의 분쟁이 발생하고 있으며, 이에 대응하여 체계적인 라이선스 제도와 자동 식별 시스템 구축이 요구된다.

8장 요약 **메타버스 시대의 저작권 이슈**

4. 메타버스 콘텐츠의 저작권

 메타버스 콘텐츠의 국제적 보호를 위해 이용 행위와 효과 발생 장소를 고려한 준거법 결정이 필요하며, 국가간 협력과 기술적 보호조치를 통한 실효성 확보가 중요하다. 실무적으로는 사전 허락 방식과 포괄적 이용허락을 통한 권리처리, 자동화된 정산과 투명한 수익 분배 체계 구축이 요구된다.

 본 장에서는 메타버스 환경에서 발생하는 저작권 문제를 플랫폼, 이용자, 창작자 관점에서 분석하였다. 가상공간에서의 저작물 이용, 디지털 아바타 보호, NFT 연계 거래 등 새로운 쟁점들에 대한 법적·기술적 해결방안을 제시하였다. 향후 국제적 협력과 실무적 가이드라인 수립을 통해 창작 활성화와 권리 보호의 균형을 이루어야 할 것이다.

참고 문헌

김상균(2021). 인터넷·스마트폰보다 강력한 폭풍, 메타버스, 놓치면 후회할 디지털 빅뱅에 올라타라.

변현진, 조용순(2023). 메타버스 가상공간 및 생성형 AI 를 활용한 창작 관련 지식재산권 쟁점 연구-미디어아트와 시각디자인 중심으로. 상품문화디자인학연구(KIPAD 논문집), 74, pp.363-377.

정윤아, 우탁, 2022, 메타버스의 미래, 정보과학회지

최상필. (2023). 메타버스의 구축과 운영에서의 저작권적 문제와 공진화. 산업재산권, (76), pp.395-429.

최진원. (2024). 메타버스 저작권 가이드라인 제정을 위한 시론적 연구. 계간 저작권, 37(1), pp.175-220.

황경호, 미디어 산업의 새로운 변화 가능성 메타버스, Media Issue & Trend, https://casetext.com/case/hermes-intl-v-rothschild-11

제4부

디지털 콘텐츠 보호를 위한 실전 가이드

9장

기업과 개인을 위한 저작권 보호 전략

9장 기업과 개인을 위한 저작권 보호 전략

  게임 개발의 창작성 판단:
매치-3-게임의 저작권 분쟁 사례

[그림 9-] 팜히어로사가 스크린샷 출처: https://www.king.com/ko/game/farmheroes

 2019년, 대법원은 '팜히어로사가'와 '포레스트 매니아' 간의 저작권 침해 분쟁에서 게임의 창작성 판단에 대한 중요한 기준을 제시했다. 이 사건은 게임의 구성요소들이 창작적으로 선택·배열될 경우 저작권 보호 대상이 될 수 있음을 인정한 획기적 판결이다(대법원 2019. 6. 27. 선고 2017다212095 판결).

 '팜히어로사가'는 매치-3-게임의 기본 메커니즘을 바탕으로, 히어로 모드, 전투 레벨, 알 모으기 등 다양한 게임 요소를 독창적으로 구성했다. 특히 기본 보너스 규칙, 추가 보너스 규칙을 시작으로 각종 특수 규칙들을 단계적으로 도입하며 게임의 난이도와 재미를 조절했다. 개발사는 오랜 게임 개발 경험과 노하우를 바탕으로 이러한 요소들을 유기적으로 결합하여 차별화된 게임성을 구현했다.

이에 대해 '포레스트 매니아'는 농작물 대신 숲속 동물을, 토끼 대신 늑대를, 양동이 대신 그루터기를 사용하는 등 테마와 캐릭터를 변경했으나, 게임의 핵심 메커니즘과 규칙의 도입 순서를 그대로 모방했다. 법원은 이러한 요소들의 선택과 배열이 원작의 창작성을 그대로 차용한 것이라고 판단했다.

대법원은 게임물의 창작성 판단에 있어 두 가지 중요한 기준을 제시했다. 첫째, 개별 구성요소의 창작성이다. 캐릭터 디자인, UI 구성, 시각효과 등 각 요소의 독창성을 평가해야 한다. 둘째, 요소들의 선택·배열에 따른 전체적 창작성이다. 게임의 기술적 구현 과정에서 나타나는 요소들의 유기적 조합이 독창적 개성을 가질 수 있다는 것이다.

이 판결은 9장에서 다루는 엔터테인먼트 콘텐츠 제작기술의 법적 보호 문제와 직접적으로 연결된다. 첫째, '영화와 음악의 저작권' 측면에서 복합저작물의 창작성 판단 기준을 제시한다. 둘째, '게임 그래픽의 법적 보호' 영역에서 UI/UX 디자인과 캐릭터의 저작권 문제를 다룬다. 셋째, 'CG기술과 저작권' 부분에서 기술 구현 과정의 창작성을 인정한다. 마지막으로 '2차적 저작물의 보호권' 관점에서 게임 모방의 한계를 설정한다.

결국 이 판례는 디지털 기술 발전에 따른 엔터테인먼트 콘텐츠의 법적 보호 문제를 종합적으로 보여주는 사례로서, 창작성 판단의 새로운 지평을 열었다고 평가할 수 있다.

본 사건에 대한 대법원의 판단은 게임물의 창작성이 단순히 개별 요소의 독창성뿐만 아니라, 이들의 선택과 배열을 통한 전체적 구성에서도 인정될 수 있다는 중요한 원칙을 확립했다. 이는 9장에서 다루는 영화와 음악의 복합적 저작물성, 게임 그래픽의 법적 보호체계, CG기술의 창작성 인정 범위, 그리고 2차적 저작물의 실질적 유사성 판단 기준과 직접적으로 연결된다. 이를 통해 디지털 기술 발전에 따른 엔터테인먼트 콘텐츠의 법적 보호 범위와 한계를 심도 있게 검토하고자 한다.

1 저작권 침해를 방지하는 실천법

영화의 복합적 저작물성과 권리관계

영화는 영상, 음향, 대본, 음악 등 다양한 창작 요소가 결합된 복합 저작물로, 여러 창작자들의 권리가 중첩되어 있다. 영화의 저작권은 통상적으로 영화 제작자에게 귀속된다고 추정되지만, 각 창작 요소의 개별 저작권은 감독, 각본가, 작곡가 등 창작자들에게 귀속된다. 특히 영화음악은 작곡가와 작사가의 저작권, 실연자의 저작인접권 등 별도의 권리가 인정되며, 이러한 다층적 권리 구조는 영화 제작 및 활용 과정에서 복잡한 권리 처리를 요구한다.

영화의 2차적 이용은 리메이크, VOD 서비스, 해외 수출 등 다양한 형태로 이루어지며, 이를 위해 명확한 권리 처리가 필요하다. 특히 OTT 플랫폼의 성장으로 영화 저작권 이용허락의 범위가 확대되고 있으며, 이러한 변화는 저작권자의 권리를 보호하는 동시에 공정한 수익 배분을 보장해야 하는 새로운 쟁점을 불러일으키고 있다. 이에 따라 제작자와 각 창작자 간의 계약 구조를 재정비하고, 모든 참여자의 권리가 균형 있게 보장될 수 있는 제도적 장치가 요구된다.

이한진, 김민희, 윤주원(2024) 연구에 따르면, 생성형 AI가 제작한 영화와 같은 영상 콘텐츠의 저작권 귀속 문제는 여전히 논란의 중심에 있으며, 인간 창작자를 전제로 한 기존 저작권법으로는 AI 생성 콘텐츠의 법적 지위를 명확히 정의하기 어렵다고 한다. 또한 연구에서는, AI 알고리즘의 윤리적 편향성, 허위 정보 생성 문제, 그리고 인간의 창의성과 감성을 대체하기 어려운 기술적 한계를 지적하고 있다. 이러한 문제를 해결하기 위해서는 기존의 저작권 체계를 보완하고, 윤리적 가이드라인과 기술적 발전을 통해 새로운 창작 환경에 적합한 규범과 정책을 마련해야 한다고 제언한다.

AI 음악 생성과 저작권 쟁점

AI 기술의 발전으로 인공지능이 작곡한 음악이 급증하면서 저작권 문제가 대두되고 있다. AI 음악 생성 시스템은 기존 음악을 학습데이터로 활용해 새로운 곡을 만들어내는데, 이 과정에서 저작권 침해 가능성이 제기되며, 생성된 음악의 저작권 귀속 주체에 대한 논란도 지속되고 있다. 특히 현행법상 AI 창작물에 대한 저작권 보호 여부가 명확하지 않아 입법적 해결이 요구되며, AI 음악의 상업적 이용 시 법적 책임과 수익 배분 문제 또한 중요한 과제로 떠오르고 있다. AI 학습데이터로 활용된 원곡 작곡가들의 권리 보호와 AI 개발자 및 이용자 간의 권리 관계 설정은 앞으로 해결해야 할 핵심 과제다.

이다영(2024)의 연구에 따르면, AI 작곡과 관련된 주요 쟁점은 창작 이전과 이후로 나뉜다. 창작 이전 단계에서는 데이터 학습 과정에서 음악 저작권 침해 여부와 학습 데이터 공개 및 저작권자 보상 방식에 대한 논의가 필요하며, 음악 콘텐츠와 인공지능 산업 모두가 위축되지 않도록 균형 잡힌 정책적 지원이 요구된다. 창작 이후 단계에서는 AI 저작물의 창작자 인정 여부와 저작권 귀속 문제가 논의되며, 인간 창작자만을 인정하는 국내법과 달리 프랑스 SACEM 사례처럼 AI를 저작권자로 인정하는 논의가 해외에서 시작되고 있다. 하지만 현재 국내에서는 AI를 법적 창작자로 인정하기 어려운 상황으로, 법적 창작자 인정 시 세계 저작권법에 미칠 영향을 신중히 고려해야 한다. 나아가 AI 창작 기여도에 따른 저작권 분배 및 보호 방식의 설정과 이를 음악 산업 전반에 공유·적용할 기준 마련이 필요하다.

샘플링과 리믹스의 법적 문제

디지털 음악 제작 환경에서 기존 음원의 일부를 활용하는 샘플링이 보편화되었다. 임효성(2018)은 샘플링을 악기의 음을 디지털화하여 새로운 음악 창작에 활용하는 기법으로 정의하며, 이는 기존 음원의 일부를 추출해 새로운 맥락으로 재구성하는 방식이라고 설명한다. 그러나 샘플링은 저작권법상 복제권과 2차적 저작물 작성권을 침해할 소지가 있어 원저작자의 허락이 필요하다. 공정이용 법리에 따라 비상업적이거나 창작의 범위가 제한적인 경우 허용될 수 있지만, 공정이용의 판단 기준이 명확하지 않아 법적 분쟁의 여지가 크다. 특히 상업적 목적으로 샘플링을 사용할 경우, 원저작자와의 명확한 계약 체결이 필수적이다.

리믹스는 기존 곡을 재해석하여 새로운 버전을 창작하는 것으로, 임효성(2018)의 연구에서도 샘플링과 마찬가지로 저작권법상 2차적 저작물로 간주된다고 언급된다. 리믹스는 원저작물과의 유사성이 높아 상업적 목적으로 활용하려면 원저작자의 허락이 반드시 필요하며, 수익 배분 계약도 체결해야 한다. 최근에는 AI 기술을 활용한 자동 리믹스 서비스가 등장하면서, 원저작자의 권리 보호와 AI 제작물의 저작권 귀속 문제라는 새로운 법적 쟁점이 발생하고 있다.

샘플링과 리믹스 모두 기존 저작물을 기반으로 창작된다는 공통점을 가지며, 이러한 기법들이 창작자와 원저작자 간의 권리 충돌을 야기할 수 있다. 디지털 기술과 AI 발전으로 이러한 기법들이 보편화되면서 저작권 보호와 창작 활동의 자유를 동시에 보장할 수 있는 법적·제도적 장치가 필요하다. 글로벌 음악 시장에서 발생하는 다양한 저작권 분쟁을 해결하기 위해 국제적인 협력과 표준화된 가이드라인 마련도 필수적이다.

NFT 음악저작권 거래 이슈

김기창, 김선영(2024)의 연구에 따르면, 음악 NFT는 음악 작품의 소유자를 식별하는 인증서이자 디지털 음악 자산으로, 음악 작품의 청각적 구성 요소를 포함한 고유한 특성을 가지고 있다. 음악 NFT는 단순한 오디오 파일뿐만 아니라 뮤직비디오, 앨범 아트, 콘서트 티켓 배포권 등 다양한 디지털 자산을 포함할 수 있으며, 창작자의 의도에 따라 NFT의 확장성은 무한히 커질 수 있다. 이를 통해 NFT는 디지털 자산의 고유성과 희소성을 보장하며, 새로운 음악 저작권 거래 방식으로 주목받고 있다.

NFT 기술을 활용한 음악 저작권 거래는 디지털 자산의 일부 또는 전체를 토큰화하여 거래할 수 있도록 해 음악 저작권의 유통 방식을 혁신하고 있다. NFT는 소유권의 디지털화와 거래의 투명성을 보장하며, 기존 음악 산업에서 복잡했던 권리 관리와 유통 구조를 간소화할 가능성을 제공한다. 특히, 2차 거래 시 로열티 지급과 같은 기능은 창작자에게 지속적인 수익을 보장하는 중요한 장점으로 평가받고 있다.

그러나 NFT를 활용한 음악 저작권 거래에는 법적 과제가 존재한다. NFT 구매자가 취득하는 권리의 범위가 명확하지 않으며, 2차 거래에서 로열티 지급의 법적 효력이나 플랫폼 운영자의 책임 등이 주요 쟁점으로 지적된다. 또한, 불법 복제물을 NFT로 발행하거나 사기성 거래가 이루어질 가능성도 배제할 수 없다. 이러한 문제를 해결하기 위해 NFT 거래의 법적 성격과 효력을 명확히 규정하는 제도적 보완이 필요하며, 국제적인 표준화와 더불어 각국의 법적 체계에 맞는 규제와 가이드라인이 마련되어야 한다.

디지털 기술의 발전으로 영화와 음악 분야의 저작권 환경이 빠르게 변화하고 있다. AI 창작, NFT 거래 등 새로운 현상에 대응하는 법제도 정비가 시급하다. 창작자의 권리 보호와 기술 혁신의 균형을 맞추는 것이 중요하며, 공정한 수익 분배 체계 구축도 필요하다. 향후 메타버스 등 새로운 플랫폼 환경에서의 저작권 보호도 주요 과제가 될 것으로 전망된다.

② 내 콘텐츠를 지키는 방법
   : 워터마크, 블록체인, 라이선스 활용

과거에는 게임 저작권 보호가 캐릭터 디자인이나 맵 디자인처럼 게임 내 개별적인 시각적 표현 요소에만 한정되었다. 장르, 규칙, 진행방식, 시나리오, 배경 등은 단순한 아이디어로 간주되어 저작권의 보호 대상이 아니었기 때문에, 게임의 창작성을 폭넓게 인정하기 어려웠다. 게임 저작권 침해 여부는 이러한 개별 요소들의 실질적 유사성만을 기준으로 판단했기 때문에, 전체적인 맥락이나 게임물의 독창성을 고려하지 않는 제한이 있었다.

2019가합585730 사건(뮤 온라인 vs 블랙엔젤)은 이러한 관점을 전환하는 데 중요한 판례로 평가된다. 판결문에 보면, "뮤 온라인의 캐릭터, 스킬 이펙트, 탈것 등 개발자의 제작 의도에 따라 기술적으로 구현된 핵심적인 구성요소들의 선택 배열 및 유기적인 조합에 따른 창작적인 표현 형식을 그대로 포함하고 있으므로, 양 게임물은 실질적으로 유사하다."라고 판시되어 있다. 즉 게임의 개별 요소들뿐만 아니라, 구성요소의 선택과 배열, 유기적인 조합 및 결합을 포함한 게임물 전체의 창작성을 보호 대상으로 인정했다는 의미다. 해당 사건에서는 원고의 게임과 피고의 게임이 유사한 장르와 진행방식을 가졌지만, 법원은 단순히 장르적 유사성에 그치지 않고 게임물 전체에서 드러나는 창작적 조합과 표현 방식을 중점적으로 검토했다. 이에 따라, 법원은 피고의 게임이 원고의 게임을 모방했다고 판단하며, 게임 저작권 침해를 인정했다.

2019가합585730 판례는 게임 저작권 보호의 기준을 확장함으로써 게임물 전체의 창작적 독창성을 보호하는 중요한 전환점이 되었다. 이 판결은 단순한 개별 요소의 유사성을 넘어, 게임을 구성하는 요소들의 조화와 창작적 결합에서 창작자의 개성을 인정한 점에서 큰 의의가 있다. 이러한 판례는 게임 개발자들에게 창작 활동의 중요성을 강조하며, 게임 산업 전반에 걸쳐 창의적이고 독창적인 작품 개발을 장려하는 긍정적인 영향을 미쳤다. 또한, 법적 보호 범위가 확대되면서 게임 제작자들의 권리가 보다 폭넓게 보장되는 기반을 마련했다.

게임 디자인의 법적 보호와 확장된 저작권의 역할

 게임 캐릭터는 저작권법에서 미술저작물 및 영상저작물로 보호받으며, 독창적인 외관, 성격, 행동 특성이 결합된 종합적인 창작물로 인정된다. 특히 3D 캐릭터는 모델링, 텍스처, 리깅, 애니메이션 등 다양한 요소가 결합되어 복합적인 저작물성을 가진다. 또한, 아바타 커스터마이제이션 시스템도 독자적인 창작성이 인정될 경우 저작권 보호 대상에 포함된다. 이 외에도 캐릭터 디자인은 디자인보호법에 따라 등록디자인으로 보호되며, 상품화 가능성이 있는 경우 상표법상 보호를 받을 수 있다. 특히, 유명 게임 캐릭터는 부정경쟁방지법에 의한 보호도 가능하여, 상업적 가치와 독창성을 가진 게임 캐릭터의 법적 지위가 더욱 강화되고 있다.

 게임의 UI(User Interface)는 화면 구성 요소의 배치, 아이콘, 메뉴 등에서 독창적인 시각적 표현이 존재할 경우 응용미술저작물로 보호받을 수 있다. 다만, 단순히 기능적인 요소나 관행적으로 사용되는 디자인은 저작권 보호 대상에서 제외된다. UX(User Experience) 디자인은 사용자 경험을 위한 기능적 방식 그 자체는 보호받을 수 없지만, 구체적이고 독창적인 시각적 구현물은 저작권 보호가 가능하다. UI/UX 디자인은 게임의 사용성을 높이는 핵심 요소로, 창의적인 디자인이 법적 보호를 받음으로써 게임 개발자의 권리와 창작 동기를 보장하는 역할을 한다.

 게임 캐릭터와 UI/UX 디자인의 법적 보호는 게임 산업 전반에 걸쳐 창작물의 가치를 높이는 데 기여하고 있다. 캐릭터의 종합적 창작성과 독창적 시각 표현, UI/UX의 기능적 구현을 넘어선 디자인 요소까지 보호함으로써, 게임 개발자들은 법적으로 안정된 창작 환경에서 더 높은 품질의 게임을 제작할 수 있다. 이로 인해 게임은 단순한 오락적 제품에서 창의적이고 독창적인 저작물로 자리 잡았으며, 산업 전반에 긍정적인 영향을 미치고 있다. 나아가 이러한 법적 보호는 게임 개발의 혁신을 촉진하고, 국제 시장에서도 경쟁력을 확보하는 데 중요한 역할을 한다.

영화의 복합적 저작물성과 권리관계

 게임엔진은 컴퓨터프로그램저작물로 보호되며, 주로 라이선스 계약을 통해 이용된다. 유니티(Unity)와 언리얼(Unreal) 같은 상용 게임엔진은 수익 규모와 이용 목적에 따라 라이선스 조건이 차등 적용되며, 사용료, 수익 배분, 소스코드 접근 권한 등이 계약의 주요 요소로 포함된다. 게임엔진을 사용해 제작된 콘텐츠의 저작권은 개발사에 귀속되지만, 엔진 자체의 저작권은 엔진 개발사가 보유한다. 또한, 오픈소스 게임엔진을 사용할 경우 GPL, MIT 등의 오픈소스 라이선스 조건을 준수해야 하며, 이를 위반할 경우 법적 분쟁이 발생할 수 있다.

UGC(User-Generated Content)는 이용자가 창작한 캐릭터, 아이템, 맵, 모드 등을 포함하며, 창작성을 가진 경우 독립적인 저작물로 보호받을 수 있다. 하지만 UGC는 게임사의 저작물을 활용한 2차적저작물인 경우가 많아, 원저작물과의 관계에서 법적 권리가 복잡하게 얽힐 수 있다. 게임사는 이용약관을 통해 UGC의 저작권 귀속 및 이용 조건을 명확히 규정하며, 이를 통해 저작권 분쟁을 예방하려 한다. 특히, UGC를 활용한 마켓플레이스 운영 시 저작권 침해 책임, 수익 배분, 품질 관리 등이 주요 쟁점으로 부각된다.

최근 블록체인 기술을 활용한 UGC 거래 플랫폼이 등장하면서, NFT 기반 디지털 자산 거래와 관련된 법적 문제도 주목받고 있다. NFT를 활용하면 UGC의 소유권과 거래 기록을 투명하게 관리할 수 있지만, 원저작물의 권리와 상충되는 경우 법적 분쟁이 발생할 가능성이 있다. 이러한 기술 발전은 게임 저작권의 개념을 확장하며, 창작자와 게임사 간의 새로운 협력 모델을 제시한다. 게임엔진과 UGC의 법적 보호와 라이선스 체계는 게임 산업의 창의성과 지속 가능성을 보장하는 핵심 역할을 하며, 이를 둘러싼 법적 쟁점과 해결책은 게임 산업의 발전 방향을 결정하는 중요한 요인이 되고 있다.

3 무료 이미지, 무료 음악 사용 시 고려해야 할 점

VFX의 권리와 보호

김태윤(2024)은 VFX(Visual Effects)를 실사 촬영이 어려운 상황에서 이미지 생성, 변경, 합성을 통해 사실적인 캐릭터와 환경을 구현하는 과정으로 정의하며, 이는 촬영기법과 소프트웨어를 활용해 완성된다고 설명한다. VFX는 CGI(Computer-Generated Images)와 특수효과(Special Effects)와 유사한 개념으로, CGI는 디지털로 생성된 모든 이미지를, 특수효과는 실제 소품이나 메이크업을 활용한 이미지를 뜻한다. VFX는 영화, 애니메이션, 게임, 방송, 광고 등 다양한 산업에서 핵심적인 역할을 하며, 시각적 완성도를 높이는 기술로 폭넓게 사용되고 있다. 이러한 기술은 현대 콘텐츠 산업에서 창의성을 극대화하는 데 중요한 도구로 자리 잡았다.

 VFX는 영상저작물의 중요한 구성 요소로서 독자적인 저작물성을 인정받으며, 제작 과정에서 생성되는 3D 모델, 텍스처, 파티클 효과 등은 저작권법상 미술저작물로 보호받는다. 또한, 여러 저작물이 결합된 합성저작물의 경우 개별 저작물과 최종 저작물의 저작권이 중첩적으로 존재하여 권리 관계가 복잡해진다. VFX 제작사와 영화 제작사 간의 저작권 귀속 및 이용 허락 범위는 계약 체결 시 필수적으로 논의되어야 하며, 이를 통해 저작권 분쟁을 예방할 수 있다. 더불어, VFX 제작 과정에 포함된 특수효과 기술은 특허법으로, 제작 노하우는 영업비밀로 보호될 수 있다. 이러한 법적 보호 체계는 VFX 제작사의 기술적 경쟁력을 유지하고 창의성과 기술 혁신을 촉진하는 데 중요한 역할을 한다.

디지털 휴먼 라이선스

 디지털 휴먼(Digital Human)은 인간처럼 보이고 행동하는 컴퓨터 생성 3차원(3D) 인공지능(AI) 캐릭터로, 볼류메트릭(Volumetric), CG(Computer Graphics), 뉴럴 렌더링(Neural Rendering) 등 다양한 기술의 융합으로 제작된다(서영호, 2023). 볼류메트릭 기술은 디지털 카메라로 360도 촬영하여 빠르게 3D 이미지를 생성하며, 마이크로소프트의 볼류메트릭 스튜디오는 106대의 카메라를 활용해 초당 60프레임으로 고품질 3D 모델링을 제공한다. CG 기반 제작은 전통적으로 렌더링(Rendering)에 많은 시간과 비용이 소요되었으나, 실시간 렌더링(Realtime Rendering)의 도입으로 제작 효율성이 크게 개선되었다. 뉴럴 렌더링 기술은 딥러닝을 통해 2D 이미지를 학습하여 고품질의 3D 이미지를 생성하며, 엔비디아의 인스턴트 NeRF(Instant NeRF)는 소수의 2D 이미지로 수 밀리초 만에 3D 모델을 구현해 복잡한 모델링 과정을 간소화한다.

 디지털 휴먼의 현실감 있는 움직임을 구현하기 위해 모션 캡처(Motion Capture) 기술이 필수적으로 사용된다. 마커(marker)를 이용한 추적 방식부터 센서를 활용한 마커리스(markerless) 방식, AI 기반 이미지 분석 방식까지 다양한 기술이 적용되며, 이 과정에서 감정 표현과 자연스러운 동작을 위해 페이셜 캡처(Facial Capture), 리깅(Rigging), 애니메이션 작업 등이 추가된다. 이러한 기술의 발전으로 자이언트스텝(Giantstep)이 개발한 디지털 휴먼 '빈센트(Vincent)'는 리얼타임 렌더링과 머신러닝을 활용해 실제 사람의 표정을 실시간으로 캡처하고 이를 3D 모델로 구현하는 데 성공했다. 현재 광고와 영화 같은 정교힌 디지털 휴먼 제작은 전문가의 영역으로 남아 있지만, 언리얼 엔진의 메타휴먼 크리에이터(MetaHuman Creator)와 같은 클라우드 기반 플랫폼 덕분에 일반인도 손쉽게 디지털 휴먼을 제작할 수 있는 환경이 마련되고 있다. 국내에서도 클레온, 딥브레인AI, 마인즈랩 등 다양한 디지털 휴먼 제작 플랫폼이 등장하며 상업적 활용의 범위를 더욱 넓히고 있다.

이와 함께 디지털 휴먼과 관련된 법적 및 윤리적 쟁점도 중요하게 다뤄지고 있다. 실존 인물을 기반으로 제작된 디지털 휴먼은 초상권과 퍼블리시티권 문제가 발생할 수 있으며, 완전한 가상 인물의 경우에도 창작자의 저작권 보호는 물론, AI 생성 디지털 휴먼의 저작권 귀속 여부가 여전히 논란의 대상이다. 또한, 모션캡처 데이터를 활용할 때 배우의 실연자로서의 권리와 디지털 데이터의 저작권이 혼재되는 문제가 있으며, 이러한 데이터는 라이선싱 및 재활용 과정에서 초상권과 퍼블리시티권 문제를 동반하기도 한다. 특히 사망한 인물을 디지털 휴먼으로 재현하여 활용할 경우, 유족의 권리와 윤리적 문제가 중요하게 다뤄져야 한다. 디지털 휴먼 기술의 발전은 콘텐츠 산업 전반에 걸쳐 새로운 가능성을 제시하는 동시에 기술적, 법적, 윤리적 과제를 함께 해결해야 할 필요성을 제기하고 있다.

영화의 복합적 저작물성과 권리관계

메타버스에서 CG 저작물은 3D 아바타, 가상 공간, 디지털 아이템 등 다양한 형태로 존재한다. 플랫폼 사업자, 크리에이터, 이용자 간의 복잡한 권리관계가 형성된다. 가상환경에서 생성되는 새로운 유형의 저작물에 대한 보호체계 정립이 필요하다.

크리에이터 이코노미 활성화를 위해 NFT 등 블록체인 기술을 활용한 저작권 거래, 수익 배분 시스템이 도입되고 있다. 국경을 초월한 메타버스 환경에서의 저작권 보호와 집행이 과제로 대두된다.

연계 기술의 발전에 따라 AR(증강현실), VR(가상현실) 콘텐츠의 저작권 보호도 중요성이 커지고 있다. 특히 실제 공간과 가상 요소가 결합된 AR 저작물의 법적 성격과 보호범위에 대한 논의가 필요하다.

④ 2차적 저작물의 보호 및 활용 전략

우리나라 저작권에 의하면, 2차적 저작물은 원저작물을 번역, 편곡, 변형, 각색 또는 영상 제작 등의 방법으로 새롭게 창작된 저작물(저작권법 제5조 1항)로, 독자적인 저작물로서 저작권법에 따라 보호받는다. 원저작자는 2차적 저작물을 작성하거나 이를 이용할 권리를 가지며, 제3자가 원저작자의 허락 없이 이를 작성해 이용할 경우 원저작자의 2차적 저작물 작성권을 침해하게 된다. 실제로 많은 저작권 분쟁은 소설, 희극 등 어문저작물을 각색하거나 변형하여 새로운 형태로 재작성한 경우와 관련이 있다. 따라서 2차적 저작물은 원저작물을 기반으로 하면서도 창작성을 인정받아 독립적으로 보호되며, 이러한 권리를 침해하지 않도록 주의가 필요하다.

2차적 저작물 작성권 침해 여부를 판단할 때, 아이디어와 표현을 구분하는 기준과 보호받는 표현 테스트가 유용하다. 특히 2차적 저작물은 원저작물과 표현 방식이 다를 수 있으므로, 표현의 차이를 충분히 고려해야 한다. 대법원은 건축물을 축소한 모형저작물의 저작권 침해 여부와 관련하여, 모형이 단순 축소나 사소한 변경에 그친 경우 창작성이 인정되지 않지만, 변형을 통해 원저작물과 구별되는 특징이나 개성이 드러난 경우 창작성을 인정받을 수 있다고 판시하였다(대법원 2018.5.15., 선고 2016다227625 판결). 또한, 두 저작물 간의 실질적 유사성을 판단할 때에는 원저작물의 창작적인 표현 부분과 새롭게 추가된 창작적 요소를 비교해야 한다. 이는 창작성이 보호받는 표현에 초점을 맞추어 침해 여부를 명확히 판단하기 위함이다(박순태, 2020).

팬아트와 패러디의 법적 지위와 공정이용

팬아트와 팬픽션은 원저작물을 기반으로 한 2차적 저작물로, 상업적 목적이 없고 순수한 팬 활동으로 인정되는 경우에는 묵시적 허락 또는 공정이용으로 허용될 수 있다. 그러나 상업적 이용, 원저작물의 가치 훼손, 저작인격권 침해가 발생하면 법적 책임이 따를 수 있다. 이에 따라 플랫폼 사업자는 팬 창작물 게시를 위한 가이드라인을 제공하고, 저작권 침해 신고 처리 시스템을 운영하고 있다. 또한, 최근에는 공식 팬아트 플랫폼을 통한 수익화 모델이 등장하며 팬 창작물의 법적·경제적 지위에 대한 논의가 활발히 이루어지고 있다.

패러디는 원저작물에 대한 비평과 풍자를 목적으로 하는 2차적 저작물로, 저작권법상 공정이용 요건을 충족하면 저작권자의 허락 없이도 이용이 가능하다. 공정이용 여부는 이용 목적과 성격, 원저작물의 성격, 이용된 부분의 양과 비중, 잠재적 시장가치에 미치는 영향을 기준으로 판단된다. 특히 디지털 환경에서는 밈(meme), 리믹스 등 새로운 형태의 패러디가 급증하고 있으며, 이에 따라 공정이용 판단기준의 현대화와 법적 정비의 필요성이 강조되고 있다.

AI 변형저작물의 권리와 법제도적 과제

AI를 활용한 저작물의 변형과 가공이 증가하면서 저작권 귀속 주체와 관련된 새로운 법적 쟁점이 부각되고 있다. AI가 생성한 변형저작물이 독창성을 갖는 경우 새로운 저작물로 보호받을 수 있으나, 단순한 스타일 모방이나 기계적 변형은 보호 대상에서 제외된다. 이와 함께 AI 학습 과정에서 사용된 원저작물의 권리 처리 문제와 AI 개발자, 이용자, 원저작물 창작자 간의 권리 관계를 명확히 정립하는 것이 필요하다.

디지털 환경에서 2차적 저작물의 창작과 유통이 활발해지면서 저작권법의 현대화도 요구되고 있다. 공정이용 범위를 명확히 하고, AI 창작물의 법적 지위를 정립하며, 플랫폼 책임을 강화하는 등 여러 과제가 대두된다. 이를 통해 창작자의 권리를 보호하는 동시에 창작 문화를 활성화하며, 기술 발전과 권리 보호 간의 균형점을 찾아야 한다.

 태권V는 표절일까?

문일환. (2023). 캐릭터 저작물의 표절 여부: 마징가와 태권 V를 중심으로. 부산대학교 법학연구, 64(4), pp. 265-291.

문일환(2023)의 연구는 엔터테인먼트 콘텐츠 제작 과정에서 캐릭터 저작물의 창작성 및 독자적 저작물성을 심층적으로 분석하며, 일본의 마징가와 한국의 태권 V 사례를 통해 캐릭터 저작권 침해 여부를 다루고 있다. 연구는 캐릭터의 창작 과정에서 발생하는 저작권 문제를 법적, 문화적, 기술적 관점에서 조명하며, 이러한 논의가 엔터테인먼트 콘텐츠 제작 기술에 미치는 영향을 구체적으로 탐구한다. 특히, 캐릭터가 저작권법상 보호를 받기 위해 요구되는 창작성과 독자적 저작물성 요건을 중심으로 사례를 비교 분석한다.

마징가와 태권 V는 각각 일본과 한국을 대표하는 로봇 캐릭터로, 대중문화에서 큰 영향력을 미치고 있다. 연구는 이 두 캐릭터를 외관과 기능 측면에서 비교하며, 유사성과 차별성을 분석한다. 외관적으로 두 캐릭터는 근육질의 강인한 체형과 단순한 디자인 요소를 공유하며, 가슴에 "V"자 모양의 상징물을 포함한 색상 배치에서 유사성을 보인다. 그러나 태권 V는 복부와 골반에 독특한 디자인을 추가하여 한국적 감성을 강조했으며, 마징가는 날개와 로켓 부스터와 같은 SF 설정을 통해 차별화를 이루었다. 이러한 디자인 차이는 각 캐릭터의 문화적 배경과 창작 의도를 반영하는 중요한 요소로 평가된다.

두 캐릭터의 기능적 차이도 연구의 주요 분석 대상이다. 마징가는 로켓 펀치, 제트 스크랜더 등 다채로운 무기와 공격 기술을 활용하며, SF적 세계관을 기반으로 한 기술적 특성을 강조한다. 반면, 태권 V는 태권도를 중심으로 한 공격 방식을 채택하여 한국적 전통과 문화를 반영했다. 이는 단순한 디자인 모방이 아닌, 독창적인 기능적 설정을 통해 태권 V가 독자적 저작물로 인정받는 중요한 근거가 되었다.

법원은 관련 판례를 통해 태권 V가 마징가로부터 일부 디자인 요소를 차용한 점을 인정하면서도, 한국적 배경과 독창적 설정을 통해 독립적 저작물로 볼 수 있다고 판결했다. 특히 저작권 침해 여부를 판단하기 위해 분해식 판단 방법과 전체적 판단 방법을 적용하여, 보호받는 창작적 표현과 그렇지 않은 일반적 요소를 구분하고 실질적 유사성을 평가했다. 이를 통해 태권 V와 마징가가 외관과 기능 면에서 뚜렷한 차이를 보이는 점이 법적으로 입증되었다. 연구는 이를 바탕으로 캐릭터 저작물이 단순히 외형적 유사성만으로 판단될 수 없으며, 창작 과정의 맥락과 독창적 설정이 법적 판단에서 중요한 역할을 한다고 강조한다.

결론적으로, 본 연구는 엔터테인먼트 콘텐츠 제작 기술에서 캐릭터 저작물의 법적, 상업적 중요성을 강조하며, 창작자와 법적 보호 시스템 간 균형 잡힌 접근이 필요하다고 제언한다. 특히 창작자가 국제적 시장에서 캐릭터 저작권을 보호받기 위해서는 독창성과 창작성의 중요성을 인지하고, 이를 바탕으로 차별화된 기술적 설계를 도입해야 한다. 연구는 캐릭터 저작권 분쟁을 예방하기 위한 법적 기준을 제시하며, 창작 생태계와 법적 보호의 조화를 이루기 위한 방향성을 제공한다. 이는 캐릭터 저작물의 독창성과 차별성이 콘텐츠 산업의 성공에 있어 핵심 요인임을 보여주는 중요한 사례라 할 수 있다.

 엔터테인먼트 콘텐츠 제작기술의 저작권 과제

디지털 기술의 발전은 엔터테인먼트 콘텐츠 제작 환경을 급격히 변화시키고 있다. 본 장에서는 영화, 음악, 게임, CG 등 다양한 분야에서 발생하는 저작권 쟁점을 분석했다. AI 음악 생성, 게임 UGC, 디지털 휴먼, 메타버스 CG 등 새로운 형태의 창작물은 기존 저작권법 체계에 도전과제를 제기한다. NFT 기반 거래의 확산, 크리에이터 경제의 성장은 권리 귀속과 수익 배분 구조의 재정립을 요구한다.

결론적으로, 엔터테인먼트 콘텐츠의 지속가능한 발전을 위해서는 창작자 권리 보호와 기술 혁신의 균형이 필요하다. AI 창작물의 법적 지위 정립, 플랫폼 책임 강화, 공정한 수익 배분 체계 구축이 핵심 과제이다. 또한 글로벌 시장에서의 효과적인 권리 보호를 위해 국제적 제도 조화가 중요하다. 엔터테인먼트 산업이 디지털 전환을 성공적으로 이루기 위해서는 기술 발전에 조응하는 유연한 저작권 체계를 구축해야 한다. 이는 창작자, 사업자, 이용자가 함께 성장하는 건전한 콘텐츠 생태계 조성의 토대가 될 것이다.

9장 요약   기업과 개인을 위한 저작권 보호 전략

1. 영화와 음악의 저작권

영화는 감독, 각본, 음악 등 다양한 창작자의 권리가 중첩되는 복합적 저작물로서, OTT 서비스의 확산에 따른 새로운 수익 배분 구조가 형성되고 있다. 음악 분야에서는 AI 음악 생성에 따른 학습데이터 이용과 권리 귀속 문제, NFT를 통한 음악 거래와 로열티 지급 체계가 주요 쟁점으로 대두되고 있다.

2. 게임 그래픽의 법적 보호

게임의 캐릭터와 아바타는 미술저작물로서 보호받으며, UI/UX 요소는 응용미술저작물로 인정될 수 있다. 게임엔진 이용에 따른 라이선스 관리와 수익 배분, 이용자 제작 콘텐츠(UGC)의 권리 귀속과 이용약관 규정이 중요한 관리 대상이 되고 있다.

3. CG기술과 저작권

VFX와 모션캡처 기술을 활용한 합성저작물의 보호, 실연자의 권리와 데이터 재활용 허락이 새로운 과제로 등장하고 있다. 디지털 휴먼의 초상권과 퍼블리시티권, 메타버스 환경에서의 CG 활용과 NFT 거래 체계도 중요한 법적 쟁점이 되고 있다.

4. 2차적 저작물의 보호권

팬 창작물에 대한 묵시적 허락과 공정이용 판단, 플랫폼의 가이드라인 제시와 수익화 모델 구축이 요구된다. 패러디의 공정이용 요건과 디지털 환경에서의 적용, AI 창작물의 권리 귀속과 원저작물과의 관계 정립도 중요한 과제로 부상하고 있다.

본 장에서는 엔터테인먼트 콘텐츠 제작 분야의 저작권 쟁점을 기술 발전과 연계하여 분석하였다. AI 기술, 메타버스 환경, NFT 거래 등 새로운 현상에 대응하는 법적 보호체계와 실무적 해결방안을 제시하였다. 향후 창작자 권리 보호와 기술 혁신의 균형을 위한 제도 정비가 필요할 것이다.

참고 문헌

김기창, 김선영(2024). 디지털 음원과 음악 NFT 유통시장 비교 분석-플랫폼 굿 거버넌스의 관점에서. 한국산학기술학회 논문지, 25(6), 266-276.

김태윤(2024), VFX 영화 영상 제작 사업체의 보안시스템 강화 연구, 석사학위논문, 동국대학교 국제정보보호대학원.

문일환. (2023). 캐릭터 저작물의 표절 여부- 마징가와 태권 V를 중심으로 -. 법학연구, 64(4), 265-291.

서영호(2023), 디지털 휴먼의 제작 기술과 현황, 방송과 미디어 제28권 3호

이다영. (2024). 작곡 AI 의 현재와 쟁점에 따른 국내 음악저작권 논의방향 연구. 대중음악, 241-274.

이한진, 김민희, & 윤주원. (2024). AI 기술의 영상제작 분야 영향력 확대에 관한 전망과 쟁점. 한국인터넷방송통신학회 논문지, 24(4), 107-112.

임효성(2018). 음악저작물에서의 샘플링 기법과 저작권 침해에 관한 소고 - 대중음악의 창작적 특성을 중심으로 -. 고려법학, 91, pp.313-346

10장
저작권 분쟁 사례와 해결 방법

10장 저작권 분쟁 사례와 해결 방법

 3D 모델링 저작권 침해 사건
  - 역사 드라마의 CG 배 모델링 분쟁(명량 사건)

서울고등법원은 2022년 12월, 역사 영화 제작사 A와 방송사 B 사이의 3D 모델링 저작권 침해 소송에서 중요한 판결을 내렸다(서울고등법원 2022. 12. 22 선고 2022나2022348 판결). 이 사건은 실감형 콘텐츠의 저작권 보호 범위와 손해배상 산정 기준을 제시한 대표적 판례로 평가받는다.

사건의 발단은 B공사가 제작한 역사 드라마에서 조선 수군의 배를 3D로 구현하는 과정에서 시작되었다. A사는 자사가 먼저 제작한 영화에서 사용된 안택선과 관선의 3D 모델링이 B공사의 드라마에서 무단으로 사용되었다고 주장하며 소송을 제기했다.

쟁점은 크게 세 가지였다. 첫째, 3D 모델링 작업물이 저작권법상 보호받을 수 있는 창작물인지 여부, 둘째, 역사적 고증에 기반한 3D 모델링의 실질적 유사성 판단 기준, 셋째, 방송 프로그램에서 일부 장면으로 사용된 3D 모델링의 손해배상액 산정 방식이었다.

법원은 원고의 3D 모델링이 "인간의 사상이나 감정을 창작적으로 표현한 저작물"에 해당한다고 판단했다. 특히 "외형상의 구조, 장식이나 돛대 등 구조물의 위치 등이 거의 같은 점"을 들어 피고의 3D 모델링이 원고의 것을 "일부 수정한 것"이라고 인정했다.

손해배상액 산정에서 법원은 ①방송 매출액, ②제작비 중 CG 비중, ③저작물 이용 형태, ④시장 가치 영향 등을 종합적으로 고려했다. 최종적으로 6,000만 원의 손해배상금(재산상 손해 5,000만 원, 위자료 1,000만 원)을 인정했다.

[그림 10-1] 안택선 3D 모델링 비교
출처: 판결문 증거자료

이 판결은 실감형 콘텐츠 시대에 중요한 시사점을 제공한다. 3D 모델링 같은 디지털 저작물의 보호 기준을 명확히 하고, 방송·영화 등 영상 콘텐츠에서 실감형 요소의 가치를 구체적으로 산정했다는 점에서 의의가 있다. 이러한 실감형 콘텐츠 관련 법적 쟁점들을 체계적으로 이해하기 위해, 본 장에서는 다음과 같은 순서로 논의를 전개하고자 한다.

먼저 실감형 콘텐츠의 기술적 토대가 되는 AR/VR/MR의 개념과 특성을 살펴보고, 이들 기술이 콘텐츠 산업에 미치는 영향을 분석한다. 이어서 도입사례에서 쟁점이 된 것처럼 3D 모델링을 포함한 실감형 콘텐츠의 저작물성 판단 기준과 권리 보호 범위를 검토한다. 또한 현실과 가상이 융합되는 혼합현실 환경에서 발생하는 초상권, 퍼블리시티권, 상표권 등 다양한 권리들의 충돌 문제를 다루고, 마지막으로 실감형 기술을 활용한 새로운 형태의 광고에서 제기되는 저작권 문제와 법적 규제 방안을 논의한다.

유명 기업이 겪은 저작권 분쟁 사례

AR, VR, MR, XR의 기술적 정의와 차이점

실감형 콘텐츠 기술은 현실과 가상을 융합하여 사용자에게 몰입감 있는 경험을 제공하는 기술을 총칭한다. 대표적인 실감형 기술로는 증강현실(Augmented Reality, AR), 가상현실(Virtual Reality, VR), 혼합현실(Mixed Reality, MR)이 있으며, 이들은 각각의 특성과 기술적 차별성을 가지고 있다. 또한 이를 포괄하여 확장현실(Extended Reality, XR)이라고 지칭하기도 한다.

기업 활력 제고를 위한 특별법 시행령(대통령령 제34682호 일부개정 2024. 07. 09.)의 별표1 디지털 전환 사업재편 인정 기술(제3조의3제2호 관련) 3호에 보면, 증강현실(AR,AugmentedReality) 기술에 대해 현실세계와 가상현실을 결합하여 새로운 경험을 제공하는 기술로, 특징과 용도에 따라 현실과 가상정보를 융합하여 상호작용하게 하는 기술을 말하며, 가상현실(VR, Virtual Reality)기술에 대해서는 3차원 컴퓨터 그래픽 등으로 완전가상공간을 구현하는 기술을 말하며, 혼합현실(MR, MixedReality) 기술에 대해서는 증강현실기술과 가상현실기술을 융합한 기술이다.

좀 더 자세히 설명해보면, 증강현실(AR)은 현실 세계에 가상의 디지털 정보나 콘텐츠를 덧입혀 보여주는 기술이다. 사용자는 스마트폰이나 AR 글래스와 같은 디스플레이 장치를 통해 현실 세계와 가상의 정보가 실시간으로 결합된 환경을 경험할 수 있다. AR의 핵심 기술 요소로는 위치 추적, 이미지 인식, 3D 렌더링 등이 있으며, 대표적인 예로는 포켓몬GO 게임이나 IKEA Place 앱과 같은 서비스가 있다.

가상현실(VR)은 컴퓨터로 생성된 3차원의 가상 환경에 사용자를 완전히 몰입시키는 기술이다. VR 헤드셋을 착용한 사용자는 현실 세계와 완전히 차단된 채 가상 세계를 경험하게 된다. VR 기술은 360도 영상, 입체 음향, 모션 트래킹 등의 요소 기술을 활용하여 실제와 같은 몰입감을 제공한다. 메타(구 페이스북)의 오큘러스 퀘스트나 소니의 플레이스테이션 VR과 같은 기기들이 대표적인 VR 플랫폼이다.

혼합현실(MR)은 AR과 VR의 특성을 결합한 기술로, 현실 세계와 가상 세계의 자연스러운 상호작용을 가능하게 한다. MR에서는 가상의 객체가 현실 공간에 존재하는 것처럼 표현되며, 실제 물체와 가상 객체 간의 실시간 상호작용이 가능하다. 마이크로소프트의 홀로렌즈가 대표적인 MR 디바이스이며, 산업 현장에서의 교육이나 원격 협업 등에 활용되고 있다.

실감형 기술의 발전 과정과 현재 수준

실감형 기술의 발전은 1960년대부터 시작되어, 오늘날 다양한 분야에서 혁신적인 변화를 이끌고 있다. 1968년 이반 서덜랜드가 개발한 '소드 오브 다모클레스'는 최초의 헤드마운트디스플레이(HMD)로 평가되며, 실감형 기술의 출발점으로 여겨진다. 이후 1990년대에 본격적인 VR 기술 개발이 이루어졌으나 기술적 한계로 인해 대중화에는 이르지 못했다. 그러나 2010년대에 이르러 모바일 기술의 발전과 함께 스마트폰 보급이 AR 기술의 대중화를 견인했고, 2016년 포켓몬GO의 성공은 AR 기술의 잠재력을 입증했다. 동시에 오큘러스 리프트를 시작으로 한 VR 헤드셋의 상용화는 VR 시장의 급성장을 이끌었다.

최근 실감형 기술은 디스플레이, 그래픽 처리, 모션 인식 등 다양한 기술적 발전을 바탕으로 확장현실(eXtended Reality: XR)의 형태로 진화하고 있다. XR 기술은 가상현실(VR), 증강현실(AR), 홀로그램 등 다양한 기술을 아우르며, 공연예술에서도 비대면형 관객과 대면형 관객 모두에게 새로운 몰입 경험과 상호작용의 즐거움을 제공하고 있다. 정진이, 조해진의 연구(2022)에 따르면, 마돈나의 AR 공연은 3D 모델로 구현된 가상의 마돈나와 실제 마돈나가 합동 무대를 선보인 사례로, 관객은 스마트폰 화면을 통해 AR 장면을 경험할 수 있었다.

또한, 린지 스털링은 VR 기술을 활용해 가상공간에서 모션캡처 기술로 재현된 아바타를 통해 비대면 관객 전용 공연을 펼쳤다. 이러한 사례들은 실감형 기술이 전통적인 공연 형식에 새로운 가치를 부여하고 있음을 보여준다. 이와 더불어, 실감형 기술은 공연예술 전반에 걸쳐 새로운 시도를 촉진하고 있다. 미디어아트 공연 'Multi-face Convergence'를 예로 들어, 가상현실과 미디어파사드를 활용해 HMD 없이도 다수의 관객이 혼합현실을 감상할 수 있는 인터랙티브 스트로크 기술을 소개하고 있다. 또한, 무용단 놈스의 디지털 공연은 Ultragrid 소프트웨어와 Arena 기술을 활용해 각기 다른 장소에서 실시간 협업가능성을 실험했다. 비록 일부 사례가 상용화 단계에 이르지 못했지만, 이러한 혁신적인 시도들은 공연 콘텐츠와 공연예술 분야 모두에서 실감형 기술의 중요성과 필요성을 다시 한번 확인시켜주는 계기가 되고 있다.

메타버스 플랫폼에서의 실감형 기술 활용 사례

메타버스는 현실과 가상이 융합된 확장된 디지털 공간으로, 실감형 기술은 이를 구현하는 핵심 요소로 자리 잡고 있다. 대표적인 메타버스 플랫폼들은 각자의 특성에 맞춰 실감형 기술을 적용해 사용자 경험을 극대화하고 있다. 로블록스(Roblox)는 사용자가 직접 게임을 제작하고 공유할 수 있는 환경을 제공하며, VR 모드를 통해 몰입감을 높였다. 제페토(ZEPETO)는 AR 기술을 활용해 아바타를 생성하고, 실제 환경에서 아바타를 촬영할 수 있도록 지원하며, 포트나이트(Fortnite)는 단순한 게임을 넘어 가상 콘서트와 같은 새로운 문화적 경험을 제공하고 있다. 이러한 실감형 기술의 적용은 메타버스 내에서 보다 현실감 있는 상호작용을 가능하게 하며, 가상의 공간에서도 현실과 유사한 경험을 할 수 있도록 돕는다.

기업들도 메타버스 플랫폼을 활용하여 실감형 서비스를 선보이고 있다. 현대자동차는 가상 전시장을 통해 고객들이 가상 공간에서 신차를 체험할 수 있도록 하였으며, 구찌(Gucci)와 같은 글로벌 패션 브랜드들은 AR 기술을 이용한 가상 피팅 서비스를 제공하고 있다. 또한, 교육 분야에서도 AR과 VR 기술을 활용한 몰입형 학습 콘텐츠가 개발되어 원격 학습에서도 실감형 체험이 가능하도록 하고 있다. 특히, VR 기반 실험실을 구축하여 학생들이 실제 실험을 수행하는 듯한 환경을 제공하거나, 역사 교육에서 가상 공간을 통해 특정 시대를 체험할 수 있도록 하는 등 다양한 교육적 활용이 이루어지고 있다.

공연 산업에서도 메타버스와 실감형 기술이 결합되면서 새로운 트렌드가 형성되고 있다. 코로나19 팬데믹 이후, 가상현실(VR) 기술을 활용한 비대면 콘서트가 인기를 끌었으며, 대표적으로 방탄소년단(BTS)의 "Map of the Soul ON:E" 콘서트는 VR 기술을 활용해 팬들에게 현장감을 극대화한 경험을 제공했다(Park, 2020). 이 콘서트는 107개국 75만 6000명이 동시 접속하며 성황을 이루었으며, 이후 진행된 온라인 콘서트에서는 약 99만 명의 관객이 참여해 500억 원 이상의 매출을 기록했다.

또한, SM 엔터테인먼트의 "비욘드 라이브(Beyond LIVE)" 플랫폼은 VR과 AR 기술을 접목해 글로벌 팬들이 보다 생생한 콘서트 경험을 할 수 있도록 지원하고 있다. 메타버스 환경에서 실감형 기술이 효과적으로 활용되기 위해서는 몰입감(Immersion)과 실재감(Presence)이 중요한 요소로 작용하며, 이를 극대화하기 위해 HMD(Head Mounted Display)와 360도 카메라 등의 기술이 적극적으로 활용되고 있다. 앞으로도 실감형 기술은 메타버스의 발전과 함께 더욱 진화할 것이며, 교육, 엔터테인먼트, 의료 등 다양한 산업에서 혁신적인 변화를 이끌어낼 것으로 전망된다(김원경, 정유미, 사영준, 오현정, 2022).

주요 기업들의 실감형 기술 개발 동향

글로벌 IT 기업들은 실감형(XR) 기술 개발에 적극적인 투자를 진행하며, 각 기업별로 차별화된 전략을 펼치고 있다. 메타(Meta)는 2014년 VR 기기 제조사인 오큘러스(Oculus)를 인수한 이후, 지속적인 연구 개발을 통해 2023년 10월 최신 모델인 Meta Quest 3를 출시했다. 또한, AR 시장 확대를 위해 레이번(Ray-Ban)과 협력하여 스마트 글래스를 선보였다. 애플(Apple)은 2023년 WWDC(세계 개발자 회의)에서 MR 기기 Apple Vision Pro를 공개한 후, 2024년 초 본격적인 판매를 시작하며 MR 시장에 진입했다. 마이크로소프트(Microsoft)는 2016년 첫

AR 기기인 HoloLens를 공개한 후 2019년 7월 HoloLens 2를 출시하며 기업용 혼합현실(MR) 시장을 선도하고 있으며, 메쉬(Mesh) 플랫폼을 통해 협업 환경에서도 실감형 경험을 지원하고 있다. 구글(Google)은 2017년 AR 개발 플랫폼인 AR Core를 발표하며 모바일 AR 생태계를 구축하고 있으며, 최근에는 클라우드 기반 실감형 서비스 개발을 지원하는 방향으로 나아가고 있다.

각국의 제조사들도 실감형 기술 발전에 주목하며 시장에 뛰어들었다. 일본의 소니(Sony)는 2016년 PlayStation VR을 최초로 출시한 이후 2023년 2월 업그레이드 모델인 PlayStation VR2를 공개해 OLED 디스플레이를 탑재한 고해상도 VR 경험을 제공하고 있다. 중국의 바이트댄스(ByteDance)는 2021년 VR 스타트업 Pico를 인수하고, 2022년 10월 독립형 VR 헤드셋 Pico 4를 출시하며 오큘러스의 강력한 경쟁자로 떠올랐다. 대만의 HTC는 2015년 게임 플랫폼인 Steam과 협력해 첫 유선 VR 기기 HTC Vive를 개발했으며, 이후 무선형 제품인 VIVE XR Elite(2023년 3월)을 출시하며 자체 메타버스 플랫폼 Viverse를 공개했다. 한편, 미국의 매직리프(Magic Leap)는 2018년 Magic Leap 1을 공개한 후, 2022년 7월 두 번째 모델인 Magic Leap 2를 출시하면서 기업 및 교육용 AR 시장으로 방향을 전환했다.

국내에서도 실감형 기술 개발이 활발히 진행되고 있다. 삼성전자는 2015년부터 Gear VR을 출시하며 VR 시장에 진출한 이후, 현재 AR 글래스 개발에도 집중하고 있다. LG전자는 VR과 AR 기술을 접목한 스마트홈 서비스를 개발 중이며, SK텔레콤과 KT는 5G 네트워크 기반 실감형 미디어 서비스를 확대하며 실감형 콘텐츠 제작 및 XR 기술 연구를 지속하고 있다.

실감형 기술의 발전은 메타버스(Metaverse)의 성장과 맞물려 더욱 가속화될 것으로 보인다. 이는 교육, 엔터테인먼트, 헬스케어, 산업 등 다양한 분야에서 새로운 콘텐츠와 서비스 창출을 가능하게 하며, 향후 인공지능(AI), 5G/6G 네트워크, 엣지 컴퓨팅 등의 기술과 결합해 더욱 진화할 전망이다. 그러나 개인정보 보호, 저작권, 가상 재산권 등과 관련된 법적·윤리적 과제도 함께 제기되고 있어 이에 대한 정책적 대응이 필요한 시점이다. 앞으로 실감형 기술은 산업 구조와 일상생활에 큰 변화를 가져올 것이며, 이에 대한 체계적인 연구와 대비가 요구된다(XR 디바이스산업의 글로벌 동향 및 정책 시사점, 2023.11).

② 크리에이터와 스타트업의 법적 이슈 분석
실감형 콘텐츠의 저작물성 판단 기준

메타버스를 접목한 새로운 플랫폼의 등장으로 VR(가상현실) 및 AR(증강현실)과 같은 실감형 콘텐츠의 저작권 보호 이슈가 점점 중요해지고 있다. 가상·증강현실 기술을 활용한 디지털 공간에서 발생하는 문제를 기존 법리로 해결하기 어려운 상황이므로, 2차적 저작물 작성의 자유를 보다 폭넓게 인정해야 한다는 목소리가 커지고 있다. 특히, 실감형 콘텐츠 구현 과정에서 필연적으로 저작물의 복제와 2차적 저작물 작성이 이루어질 수밖에 없으며, 이에 따라 2차적 저작물의 저작권은 창작적으로 기여한 부분에 한정된다는 법리 정립이 필요하다.

또한, 가상·증강현실과 관련하여 저작권법상 '전시권'과 '파노라마 자유' 개념이 직접적으로 연관되는데, 전시권(저작권법 제19조)의 경우 디지털 환경에서 간접 전시를 포함할지 여부가 논의될 필요가 있으며, 파노라마 자유(저작권법 제35조 2항)는 실감형 콘텐츠 산업 발전을 고려하여 유연한 해석이나 법 개정 가능성을 검토해야 한다. 아울러, 저작권법 제35조의 3은 VR·AR 환경에서 의도치 않게 발생하는 저작권 침해에 대한 면책 조항을 포함하고 있어 관련 산업 발전에 긍정적인 역할을 할 것으로 평가된다(한국저작권보호원, 2022 저작권 보호이슈 전망보고서).

> 저작권법 제19조, 제35조의 2, 제35조 3제19조(전시권) 저작자는 미술저작물등의 원본이나 그 복제물을 전시할 권리를 가진다.
>
> 제35조의2(저작물 이용과정에서의 일시적 복제) 컴퓨터에서 저작물을 이용하는 경우에는 원활하고 효율적인 정보처리를 위하여 필요하다고 인정되는 범위 안에서 그 저작물을 그 컴퓨터에 일시적으로 복제할 수 있다. 다만, 그 저작물의 이용이 저작권을 침해하는 경우에는 그러하지 아니하다. [본조신설 2011. 12. 2.]
>
> 제35조의3(부수적 복제 등) 사진촬영, 녹음 또는 녹화(이하 이 조에서 "촬영등"이라 한다)를 하는 과정에서 보이거나 들리는 저작물이 촬영등의

> 주된 대상에 부수적으로 포함되는 경우에는 이를 복제·배포·공연·전
> 시 또는 공중송신할 수 있다. 다만, 그 이용된 저작물의 종류 및 용도, 이
> 용의 목적 및 성격 등에 비추어 저작재산권자의 이익을 부당하게 해치는
> 경우에는 그러하지 아니하다.[본조신설 2019. 11. 26.]
>
> [종전 제35조의3은 제35조의5로 이동 <2019. 11. 26.>]

 실감형 콘텐츠가 저작권법의 보호를 받기 위해서는 인간의 사상이나 감정을 표현한 창작물이어야 하며, 독창성과 창작성의 요건을 충족해야 한다. 이에 따라 실감형 콘텐츠의 저작물성을 판단할 때 몇 가지 주요 고려사항이 존재한다. 첫째, 창작성의 정도로, 단순히 현실을 디지털화한 것이 아닌 제작자의 창의적 노력이 가미되어야 한다. 예를 들어, AR 필터의 경우 단순한 색상 보정이나 왜곡 효과만을 적용한 경우 창작성이 낮다고 볼 수 있으나, 독특한 시각적 효과나 사용자와의 인터랙션이 포함된 필터는 창작성이 인정될 가능성이 크다.
 둘째, 기술적 구현 방식과 표현의 구분으로, 프로그래밍 언어나 알고리즘 자체는 저작권 보호 대상이 아니지만, 이를 통해 구현된 시각적·청각적 표현물은 저작물로 인정될 수 있다. 예를 들어, VR 환경에서 사용되는 물리 엔진이나 렌더링 기술 자체는 보호 대상이 아니나, 이를 통해 제작된 가상 환경이나 캐릭터는 저작물로 보호될 수 있다.
 셋째, 실감형 콘텐츠의 각 구성요소별 저작물성 판단이 필요하다. 하나의 실감형 콘텐츠는 3D 모델, 텍스처, 사운드, 스크립트 등 다양한 요소로 이루어져 있으며, 각 요소별로 저작물성을 개별적으로 검토할 수 있다. 이러한 요소들이 결합될 경우 결합저작물 또는 편집저작물로서 보호받을 가능성이 있으며, 실감형 콘텐츠 산업이 발전함에 따라 이에 대한 법적 해석과 보호 방안을 보다 명확하게 마련할 필요가 있다.

3D 모델링, 홀로그램 등 실감형 저작물의 유형과 특성

 실감형 저작물은 기술적 특성과 표현 방식에 따라 다양한 유형으로 분류되며, 이에 따라 각각의 저작권적 쟁점이 존재한다. 대표적인 유형으로는 3D 모델링 저작물, 홀로그램 저작물, AR(Augmented Reality) 저작물이 있다. 3D 모델링 저작물은 3차원 공간에서 표현되는 디지털 객체로, 형상, 텍스처, 애니메이션 등을 포함한다. 특히, 3D 스캐닝을 통해 제작된 모델은 원본 객체의 저작권과의 관계

가 중요한 쟁점이 된다. 예술작품이나 건축물을 3D로 스캔하여 제작하는 경우, 원저작권자의 허락이 필요할 수 있다. 특히 문화유산이나 공공조형물과 관련해서는 '파노라마 자유(Freedom of Panorama)' 원칙이 적용되는지 여부가 논란의 여지가 있다. 파노라마 자유란 공공장소에 영구적으로 설치된 건축물이나 조각 등을 사진, 영상, 그림 등의 형태로 복제·배포하는 행위를 관할 지역의 법률에 따라 허용하는 것이다. 하지만 우리나라의 경우, 저작권법 제35조에서 "가로·공원·건축물의 외벽 등 공중에게 개방된 장소에 항시 전시된 미술·건축·사진 저작물"을 복제하여 이용할 수 있도록 허용하면서도, "판매 목적으로 복제하는 경우"는 금지하는 단서 조항을 두어 상업적 활용은 제한하고 있다.

> 저작권법 제35조(미술저작물등의 전시 또는 복제)
> ① 미술저작물등의 원본의 소유자나 그의 동의를 얻은 자는 그 저작물을 원본에 의하여 전시할 수 있다. 다만, 가로·공원·건축물의 외벽 그 밖에 공중에게 개방된 장소에 항시 전시하는 경우에는 그러하지 아니하다.
> ② 제1항 단서의 규정에 따른 개방된 장소에 항시 전시되어 있는 미술저작물 등은 어떠한 방법으로든지 이를 복제하여 이용할 수 있다. 다만, 다음 각 호의 어느 하나에 해당하는 경우에는 그러하지 아니하다.
>
>   1. 건축물을 건축물로 복제하는 경우
>   2. 조각 또는 회화를 조각 또는 회화로 복제하는 경우
>   3. 제1항 단서의 규정에 따른 개방된 장소 등에 항시 전시하기 위하여 복제하는 경우
>   4. 판매의 목적으로 복제하는 경우
>
> ③제1항의 규정에 따라 전시를 하는 자 또는 미술저작물등의 원본을 판매하고자 하는 자는 그 저작물의 해설이나 소개를 목적으로 하는 목록 형태의 책자에 이를 복제하여 배포할 수 있다.
> ④위탁에 의한 초상화 또는 이와 유사한 사진저작물의 경우에는 위탁자의 동의가 없는 때에는 이를 이용할 수 없다.

홀로그램 저작물은 3차원 입체 영상을 공간에 투영하는 기술을 활용한 형태로, 주로 공연이나 전시에서 사용된다. 이러한 홀로그램 공연은 다층적인 저작권 이슈를 포함한다. 예를 들어, 홀로그램을 활용한 음악 공연에서는 원 저작물인 음악

과 안무의 저작권 문제가 발생할 수 있으며, 실연자의 초상권 및 저작인접권(공연을 녹화한 영상이나 음원에 대한 권리)도 함께 고려해야 한다. 또한, 홀로그램 기술 자체의 저작권 보호 여부도 논의될 수 있다. 홀로그램이 단순히 기존 저작물을 새로운 기술로 표현하는 것에 그치는 경우 저작권 보호 대상이 되기 어렵지만, 독창적인 연출과 창작적 기여가 포함된 경우에는 별도의 저작물로 인정될 가능성이 있다.

AR(Augmented Reality) 저작물은 현실 공간에 디지털 정보를 덧입히는 방식으로, 위치 기반 정보, 마커 기반 콘텐츠, 실시간 필터 등을 포함한다. AR 콘텐츠의 저작권 쟁점은 현실 공간의 이미지나 건축물과의 관계에서 발생한다. 예를 들어, 특정 건축물 위에 AR 그래픽을 덧씌우는 경우, 해당 건축물이 저작권 보호 대상이라면 원저작자의 허락이 필요할 수 있다. 또한, 마커 기반 콘텐츠에서 기존 미술작품을 활용할 경우 저작권 및 2차적 저작물 작성권이 문제될 수 있다. 특히, 공공장소에서의 AR 콘텐츠 사용과 관련하여, 저작물의 공개적 이용과 사적 이용의 경계를 명확히 하는 법적 검토가 필요하다. 이처럼 실감형 저작물의 저작권 이슈는 기술과 창작 방식에 따라 다양하게 발생하며, 콘텐츠 제작 시 명확한 법적 기준과 계약 체결이 필수적이다.

실감형 콘텐츠 제작 시 발생하는 2차적 저작물 문제

2차적 저작물은 기존 저작물을 번역, 변형, 편곡, 각색, 영상제작 등을 통해 새로운 창작물이 생성된 경우를 의미하며, 저작권법 제5조 제1항에서 이를 규정하고 있다. 방송영상물의 경우 원 저작물인 대본을 영상화하는 과정에서 2차적 저작물로 분류될 가능성이 크며, 저작권법상 영상저작물의 제작자는 전체 기획과 책임을 지는 자로 정의된다(저작권법 제2조 제14호). 원 저작자가 영상화를 허락한 경우, 특약이 없는 한 영상제작자가 주요 이용 권리를 보유한다고 추정되며(저작권법 제99조 제1항), 2차적 저작물의 성립 요건은 기존 저작물과 실질적 유사성을 유지하면서도 새로운 창작성이 부가되어야 한다는 점이 대법원 판례에서도 강조되고 있다(대법원 2004.7.8. 선고 2004다18736 판결). 특히, 실감형 콘텐츠 제작 과정에서는 기존 저작물을 변형하거나 활용하는 경우가 많아 2차적 저작물 문제가 빈번히 발생하며, 기존 2D 콘텐츠를 3D로 변환하거나 VR 환경에서 활용할 경우 원저작권자의 허락이 필요하다.

> 저작권법 제5조, 제2조 14호, 제99조 제5조(2차적저작물)
> ① 원저작물을 번역·편곡·변형·각색·영상제작 그 밖의 방법으로 작성한 창작물(이하 "2차적저작물"이라 한다)은 독자적인 저작물로서 보호된다.
> 제2조(정의) 이 법에서 사용하는 용어의 뜻은 다음과 같다. <개정 2009. 4. 22., 2011. 6. 30., 2011. 12. 2., 2016. 3. 22., 2021. 5. 18., 2023. 8. 8.>
> 14. "영상제작자"는 영상저작물의 제작에 있어 그 전체를 기획하고 책임을 지는 자를 말한다.제99조(저작물의 영상화)
> ① 저작재산권자가 저작물의 영상화를 다른 사람에게 허락한 경우에 특약이 없는 때에는 다음 각 호의 권리를 포함하여 허락한 것으로 추정한다.
>
> 1. 영상저작물을 제작하기 위하여 저작물을 각색하는 것
> 2. 공개상영을 목적으로 한 영상저작물을 공개상영하는 것
> 3. 방송을 목적으로 한 영상저작물을 방송하는 것
> 4. 전송을 목적으로 한 영상저작물을 전송하는 것
> 5. 영상저작물을 그 본래의 목적으로 복제·배포하는 것
> 6. 영상저작물의 번역물을 그 영상저작물과 같은 방법으로 이용하는 것
>
> ② 저작재산권자는 그 저작물의 영상화를 허락한 경우에 특약이 없는 때에는 허락한 날부터 5년이 지난 때에 그 저작물을 다른 영상저작물로 영상화하는 것을 허락할 수 있다. <개정 2023. 8. 8.>

실감형 콘텐츠에서 기존 음악이나 영상을 활용할 때도 저작권 처리가 필요하며, 특히 VR 공연이나 전시의 경우 다양한 저작물이 복합적으로 활용되므로 각각의 저작권 처리가 요구된다. 또한, 사용자 참여형 콘텐츠에서는 사용자가 생성한 콘텐츠와 플랫폼이 제공하는 기본 에셋 간의 저작권 관계가 문제가 될 수 있으며, 이를 명확히 규정하기 위해 이용약관이나 라이선스 계약이 필요하다. 최근 2D 영상을 3D로 변환하는 기술이 발전하면서, 창작적 요소가 개입된 3D 변환물의 경우 2차적 저작물로 보호받을 가능성이 커졌다. 그러나 단순한 기술적 변환만 이루어진 경우에는 2차적 저작물로 인정받기 어려우며, 창작적 기여가 있을 때만 보호 대상이 된다.

특히, 3D 입체영상의 2차적 저작물 인정 여부는 제작 방식에 따라 다르게 판단될 수 있다. 3D 입체 카메라로 촬영하여 좌우 영상을 합성하는 방식은 새로운 창작성이 부여되었다고 보기 어렵지만, 컴퓨터 그래픽을 이용해 2D 영상을 3D 입체영상으로 변환하는 경우 창작적 요소가 개입될 가능성이 크다. 또한, 2D-3D 실시간 변환 기술이 발전하면서, 실시간 변환된 영상이 유형의 매체에 고정될 경우 저작권 침해 여부도 함께 검토해야 한다. 반면, 단순히 TV 내장 소프트웨어를 이용해 일시적으로 3D 변환을 수행하는 경우 이는 저작권법상 2차적 저작물로 볼 수 없으며, 동일성 유지권 침해도 발생하지 않는다. 따라서 3D 입체영상의 저작권 귀속 여부는 창작적 기여의 정도와 변환 방식에 따라 개별적으로 판단해야 하며, 특히 방송 및 외주제작 환경에서는 저작권 귀속에 관한 명확한 계약 체결이 필수적이다(이성길, 김광호, 김준기, 2014).

실감형 콘텐츠의 공정이용 범위와 한계

실감형 콘텐츠 분야에서도 저작권법상의 공정이용(Fair Use) 원칙이 적용되지만, 그 범위와 한계는 기술적 특성을 고려하여 개별적으로 판단해야 한다. 우리나라 저작권법 역시 미국의 입법례와 마찬가지로 공정이용 여부를 판단할 때 △이용의 목적 및 성격, △저작물의 종류 및 용도, △이용된 부분이 저작물 전체에서 차지하는 비중과 중요성, △이용이 저작물의 현재 시장 또는 잠재적 가치에 미치는 영향 등 네 가지 요소를 고려하도록 규정하고 있다(정상조, 2022). 따라서 실감형 콘텐츠가 공정이용에 해당하는지는 단순한 복제 여부가 아니라, 해당 콘텐츠의 사회적·경제적 영향을 종합적으로 분석하여 결정해야 한다.

특히, 교육 목적의 실감형 콘텐츠 제작은 공정이용으로 인정될 가능성이 높다. 예를 들어, 역사적 건축물이나 예술작품을 VR로 재현하여 교육 자료로 활용하는 경우가 이에 해당한다. 하지만 영리적 목적이 포함되거나 원저작물의 시장 수요를 대체할 수 있는 경우는 공정이용에서 제외될 수 있다. 이와 유사하게 기술 검증이나 연구 목적으로 실감형 콘텐츠를 이용하는 경우도 공정이용으로 인정될 가능성이 있다. 예를 들어, AR·VR 기술 개발을 위한 테스트나 학술 연구 목적으로 콘텐츠를 분석하는 행위 등이 이에 해당한다.

또한, 패러디나 비평 목적으로 실감형 콘텐츠를 제작하는 경우에도 공정이용이 적용될 수 있다. 다만, 이는 원저작물의 시장 가치를 훼손하지 않는 범위 내에서 허용된다. 실감형 콘텐츠의 공정이용 판단에서는 이용의 목적과 성격, 원저작물의 성격, 이용된 부분의 양과 중요성, 그리고 원저작물의 현재 또는 잠재적 시장에 미치는 영향을 종합적으로 고려해야 하며, 단순한 기술적 변환이 아니라 창작적 기여 여부가 중요한 기준이 된다.

성공적인 저작권 보호 전략과 교훈

현실 공간의 디지털화에 따른 초상권/퍼블리시티권 문제

혼합현실(MR) 환경에서는 현실 공간과 인물이 디지털화되는 과정에서 다양한 권리 침해 문제가 발생할 수 있다. 특히, 증강현실(AR)과 가상현실(VR) 기술이 발전하면서 초상권 침해 우려가 커지고 있다. 예를 들어, AR 글래스를 착용한 사용자가 거리에서 마주치는 사람들의 얼굴을 자동으로 인식하고 정보를 제공하는 경우, 이는 사전 동의 없이 개인의 초상을 활용하는 행위로 간주될 수 있다. 얼굴 인식 기술이 결합된 MR 서비스는 사생활 침해 문제를 심화시키며, 딥페이크 기술과 결합될 경우 초상의 왜곡 및 불법적인 활용 가능성도 높아진다(이준복, 2021).

퍼블리시티권 문제 역시 무시할 수 없다. 특정인의 이미지나 명성이 상업적으로 무단 활용되는 사례가 늘어나면서, 연예인이나 운동선수 등의 초상을 AR 필터, 홀로그램, 메타버스 아바타 등의 형태로 변형해 수익을 창출하는 행위가 논란이 되고 있다. 하지만 국내법에는 퍼블리시티권을 명확히 보호하는 법적 규정이 존재하지 않으며, 개별 판례에 따라 인정 여부가 달라질 수 있어 법적 불확실성이 크다. 다만, 부정경쟁방지법이 상품주체 혼동, 성과물 도용 등의 문제를 다루고 있는 만큼, 유명인의 외형을 무단으로 활용하여 경제적 이익을 추구하는 행위는 부정경쟁행위로 판단될 가능성이 있다.

이러한 환경에서 초상권과 퍼블리시티권을 보호하기 위해서는 보다 명확한 법적 기준이 마련될 필요가 있다. 기존의 저작권법과 부정경쟁방지법을 활용하여 디지털 공간에서의 권리 침해를 규율할 수 있지만, 기술 발전 속도를 고려할 때 개별적인 법적 보호 장치가 요구된다. 또한, 국경을 초월한 온라인 플랫폼에서 발생하는 권리 침해 문제를 해결하기 위해 국제적인 법적 협력이 필요하며, 기업들은 AI 윤리 가이드라인을 강화하여 자율적인 규제를 시행해야 할 것이다.

증강현실에서 실제 건물/상표의 무단 사용 문제

증강현실(AR) 서비스에서 실제 건물이나 상표를 활용하는 행위는 저작권, 상표권, 공정이용 원칙 등과 관련된 법적 쟁점을 포함한다. AR은 현실 세계의 물리적 대상과 가상의 디지털 콘텐츠가 결합되는 특성을 가지므로, 실제 건축물과 브랜드가 가상 환경에서 어떤 방식으로 사용되느냐에 따라 법적 책임이 달라질 수 있다. 특히, 건축저작권과 상표권 침해 문제가 중요한 쟁점으로 부각된다. 건축저작권의 경우, AR 앱이 특정 건축물을 스캔하거나 3D 모델로 변환하여 제공할 때 원저작권자의 허락이 필요한지 여부가 논란이 될 수 있다.

예를 들어, 관광용 AR 앱에서 유명 건축물의 3D 모델을 제작해 사용자에게 제공하는 경우, 이는 건축저작권자의 이용 허락이 필요할 가능성이 높다. 그러나 단순한 사진 촬영이나 스케치가 자유이용 범위에 포함되는 것처럼 해석될 여지도 있으며, 건축물의 공공적 성격을 고려할 때 '파노라마 자유(Freedom of Panorama)' 원칙이 적용될 수도 있다. 우리나라 저작권법 제35조에 따르면, "공중에게 개방된 장소에 항시 전시된 미술·건축·사진 저작물"은 복제하여 이용할 수 있지만, 상업적 목적의 복제는 금지되어 있어, AR 서비스가 영리적 목적을 갖는 경우 법적 분쟁이 발생할 가능성이 크다.

상표권 침해 문제는 AR 환경에서 상표나 로고가 활용되는 방식과 관련이 있다. AR 내비게이션 서비스에서 특정 브랜드의 매장을 표시하기 위해 해당 브랜드의 로고를 무단으로 사용하는 경우, 이는 상표권 침해에 해당할 수 있다. 상표권은 특정 브랜드를 식별하는 역할을 하지만, 단순한 위치 정보 제공을 넘어 상표를 상업적 목적으로 활용할 경우 법적 문제가 발생할 가능성이 크다. 예를 들어, 특정 패스트푸드 브랜드의 로고를 AR 환경에서 강조하여 소비자를 유도하는 경우, 이는 브랜드 이미지와 직접적인 관련이 있는 광고적 활용으로 간주될 수 있으며, 해당 브랜드의 상표권을 침해할 위험이 있다. 상표의 무단 사용이 소비자의 혼동을 유발하거나 브랜드의 가치를 훼손하는 방식으로 이루어질 경우 법적 책임이 더욱 커질 수 있다.

건축저작물의 경우, 어떤 건축물이 저작권 보호 대상이 되는지에 대한 논의가 다양하다. 일반적으로 건축저작물은 미술저작물과 유사한 보호를 받지만, 단순한 주거용 건물보다는 창작성이 높은 건축물이 보호 대상이 된다. 또한, 건축물의 실용적 기능과 미적 표현이 결합되어 있는 경우, 해당 디자인이 독립적인 예술적 가치를 가지는지 여부가 보호 기준이 될 수 있다. 그러나 건축물은 공공의 시야에 항상 노출되어 있다는 점에서 저작권자의 동일성 유지권이 제한될 수 있으며, 따라서 AR 서비스에서 건축물을 시각적 배경으로 사용하는 것이 공정이용 범위에 포함될 가능성도 존재한다. 이러한 맥락에서, 건축물을 AR 환경에서 활용할 때는 창작성과 이용 목적, 상업적 요소의 유무를 종합적으로 고려해야 하며, 법적 분쟁을 방지하기 위해 명확한 기준과 가이드라인이 필요하다.

가상공간에서의 아바타/가상인간(디지털 휴먼) 관련 권리

혼합현실 환경에서 아바타와 가상인간(디지털 휴먼)은 사용자의 정체성을 대리하는 중요한 수단으로 자리 잡고 있으며, 이에 따른 법적 권리와 보호 문제가 새롭게 제기되고 있다. 아바타는 외형과 동작 같은 표현 요소가 저작권 보호 대상이 될 수 있으며, 사용자의 정체성과 평판을 고려하면 인격권적 보호도 필요하다. 반면, 가상인간은 실존 인물을 기반으로 하는 경우 초상권과 퍼블리시티권과 직접적으로 연결되며, 완전히 창작된 가상인간은 저작권 보호 대상이 된다. 또한 가상인간은 단순한 그래픽 캐릭터를 넘어 독립적인 경제적 가치를 창출하는 존재로 발전하고 있다. 가상 인플루언서나 가상 유튜버는 디자인보호법 또는 저작권법에 의해 보호될 수 있으며, 영상저작물의 캐릭터처럼 독립된 창작물로 인정될 가능성이 크다. 따라서 기존 가상인간을 무단으로 복제하거나 실질적 유사성이 있는 캐릭터를 제작하는 행위는 저작권 침해에 해당할 수 있다. 특히, 인공지능을 활용한 가상인간이 새로운 창작물을 생성하는 경우, 해당 창작물의 법적 지위와 책임 소재에 대한 명확한 기준이 필요하다.

가상인간이 생성하는 콘텐츠의 법적 책임은 아직 정립되지 않은 상태다. 인공지능이 기존 자료를 학습해 창작한 결과물이 타인의 저작권을 침해할 가능성이 있으며, 이에 대한 책임이 개발자, 운영자, 플랫폼 제공자 중 누구에게 귀속될지에 대한 논의가 필요하다. 또한, 가상인간이 제공하는 콘텐츠의 권리 주체를 명확히 하고, 산업의 발전과 권리 보호 사이의 균형을 맞추기 위해 법적·윤리적 가이드라인을 정립하는 것이 필수적이다(강기봉, 2023).

메타버스 내 가상 재산권의 보호

메타버스는 새로운 형태의 가상 재산이 등장하는 공간으로, 이에 대한 체계적인 법적 보호가 요구된다. 대표적인 가상 재산인 메타버스 내 가상 부동산의 경우, 현재는 플랫폼의 이용약관에 따른 계약적 권리로만 보호되고 있으나, 현실 세계의 부동산권과 유사한 수준의 물권적 보호 체계 구축이 필요하다는 의견이 제기되고 있다. 또한, 가상 아이템이나 NFT와 같은 디지털 자산의 소유권 귀속 및 거래와 관련된 법적 문제, 플랫폼 서비스 종료 시 보상 문제 등에 대한 명확한 법적 기준 마련이 시급하다.

이와 함께, 메타버스 환경에서의 지식재산권 보호도 중요한 과제로 떠오르고 있다. 가상공간에서 창작된 콘텐츠나 디자인의 보호뿐만 아니라, 현실 세계의 상표나 저작물이 메타버스 내에서 무단으로 활용되는 문제가 발생하고 있다. 특히, 퍼블리시티권과 관련하여 유명인의 초상이나 성명을 무단으로 사용한 아바타 생성 및 경제적 활동에 대한 법적 규제가 필요하다. 또한, 메타버스 내에서 창작되는 아이템이나 콘텐츠의 저작권 보호와 현실 세계의 상표권 및 디자인권이 가상 환경에서도 효과적으로 보호될 수 있도록 법적 체계를 마련해야 한다(최중락, 2021).

메타버스에서의 법적 보호는 기존의 법체계만으로는 해결하기 어려운 새로운 도전 과제를 제시하고 있다. 현실과 가상이 융합되는 메타버스의 특성상, 전통적인 법적 개념과 원칙을 그대로 적용하기 어려운 경우가 많다. 따라서, 기술 발전 속도와 메타버스 환경의 특수성을 고려한 새로운 법적 기준과 보호 체계를 구축해야 하며, 이를 위해 산업계, 법조계, 학계 등 다양한 이해관계자들의 의견을 수렴하여 사회적 합의를 도출할 필요가 있다.

④ 법적 대응 및 저작권 보호를 위한 실무 가이드

실감형 광고의 정의와 유형

실감형 광고는 AR, VR, MR 등 첨단 기술을 활용해 소비자에게 몰입감 넘치는 광고 경험을 제공하는 새로운 형태의 광고 방식이다. 기존의 일방향적 광고와 달리, 실감형 광고는 소비자와의 상호작용을 통해 더욱 생생한 브랜드 경험을 선사할 수 있어 주목받고 있다. 단순히 광고를 시청하는 데 그치지 않고, 소비자가 직접 참여하고 체험할 수 있다는 점에서 높은 효과를 기대할 수 있다.

실감형 광고는 크게 세 가지 유형으로 나뉜다. AR(증강현실) 광고는 현실 공간에 가상의 광고 콘텐츠를 덧입히는 방식으로, 스마트폰 앱이나 AR 글래스를 활용해 구현된다. 예를 들어, 제품 패키지를 스캔하면 3D 캐릭터가 등장하거나, 거리의 AR 마커를 통해 광고 콘텐츠가 제공되는 방식이 이에 해당한다. VR(가상현실) 광고는 360도 영상이나 가상 쇼룸과 같은 콘텐츠를 VR 헤드셋을 통해 체험하는 형태로, 소비자는 현실과 완전히 분리된 가상 공간에서 브랜드의 메시지를 몰입감 있게 경험할 수 있다. 홀로그램 광고는 공간에 3차원 입체 영상을 투영하는 방식으로, 주로 옥외 광고나 매장 내 디스플레이에 활용되며, 이를 통해 소비자에게 강렬한 시각적 경험을 제공하고 브랜드의 인상을 더욱 효과적으로 각인시킬 수 있다.

이러한 실감형 광고의 대표적인 사례로 나이키 에어맥스 AR 캠페인을 들 수 있다. 나이키는 에어맥스의 특징인 '최대한 공기처럼 가볍고, 부드러우며, 마치 구름 위를 걷는 듯한 편안한 착용감'을 강조하기 위해 AR 기술을 활용한 독창적인 광고를 선보였다. 특히, 코로나19로 인해 소비자들이 직접 매장에서 제품을 체험하기 어려운 상황을 고려해 2020년 나이키 브라질은 AR을 활용한 색다른 캠페인을 진행했다. 소비자들은 나이키의 마이크로사이트를 통해 AR 렌즈에 접속할 수 있는 코드를 제공받았으며, 이 렌즈를 통해 하늘을 바라보면 구름으로 형상화된 나이키 에어맥스를 발견할 수 있었다. 또한, 이 구름을 스캔하면 신제품 정보를 확인하고 즉시 구매까지 가능하도록 제작해 소비자들의 참여도를 극대화했다(디자인 문화콘텐츠 산업인적자원개발위원회, 2023.12).

AR/VR 광고의 저작권 보호 범위

실감형 광고물의 저작권 보호 범위는 다음과 같은 주요 요소들을 포함한다:

첫째, 시각적 요소로, 3D 모델, 애니메이션, 텍스처 등 광고에 사용된 그래픽 콘텐츠가 이에 해당한다. 둘째, 청각적 요소로, 배경음악, 효과음, 내레이션 등 음향과 관련된 창작물이 포함된다. 셋째, 인터랙션 요소로, 사용자와의 상호작용을 위해 설계된 인터페이스와 이를 지원하는 프로그래밍 코드가 포함된다. 마지막으로, 종합적 구성은 위의 요소들이 유기적으로 결합되어 이루어진 전체 광고물을 뜻하며, 실감형 광고의 핵심적인 창작적 가치가 담겨 있다.

각 요소는 개별적으로 저작권 보호를 받을 수 있으며, 결합된 전체 광고물 또한 결합저작물 또는 편집저작물로서 보호된다. 특히, 실감형 광고의 저작권 보호 범위를 판단할 때는 기술적 구현 방식(예: AR 기술, VR 장치 등)과 창작적 표현(예: 그래픽 디자인, 스토리텔링 등)을 명확히 구분해야 한다. 이는 창작적 요소가 보호 대상임을 강조하며, 기술적 방법론 자체는 저작권 보호 대상에 포함되지 않기 때문이다.

실감형 광고에서의 상표권과 저작권의 충돌

실감형 광고에서는 상표권과 저작권이 중첩되어 적용되는 경우가 많아 권리 충돌 문제가 발생할 수 있다. 특히, 상표의 AR 구현과 관련하여 여러 논점이 제기된다. 예를 들어, 기존 상표를 AR로 확장하여 표시할 때 권리 범위를 어디까지 인정할지, 타인의 상표가 AR 광고에 부수적으로 포함되는 경우 권리 침해 여부를 어떻게 판단할지 등이 있다. 또한, AR 필터에서 특정 상표 이미지를 활용하는 경우 상표권자의 명확한 허락이 필요하며, 이를 간과할 경우 침해로 간주될 가능성이 높다.

이와 더불어, 저작권과 상표권의 중첩 보호 문제도 중요하다. 캐릭터나 로고처럼 저작물이면서 동시에 상표로 등록된 경우, 두 권리 간의 충돌이 발생할 수 있다. 또한, 광고 디자인 요소가 저작권과 상표권으로 모두 보호될 경우, 사용 및 복제 과정에서 복잡한 권리 검토가 요구된다. 이러한 복잡성을 해결하려면 다수의 권리자가 관련된 경우 명확한 이용 허락을 사전에 확보하고, 권리 침해 시 구제수단과 절차를 명확히 설정해야 한다. 이를 통해 권리 충돌을 최소화하고 광고 제작 과정에서의 법적 리스크를 줄일 수 있다.

실감형 광고 규제와 법적 가이드라인

실감형 광고에 대한 규제와 가이드라인은 다양한 측면을 종합적으로 고려해야 한다. 첫째, 광고 표시 규제로서 실감형 광고임을 명확히 표시할 의무가 있으며, 광고와 일반 콘텐츠를 명확히 구분할 기준이 필요하다. 특히, 위치기반 광고의 경우 개인정보 보호와 관련된 규제도 중요한 고려 사항이다. 이는 소비자 혼란을 방지하고 개인 정보와 권리를 보호하기 위해 필수적이다.

둘째, 콘텐츠 규제로 청소년 보호를 위한 연령 제한과 선정적·폭력적 내용에 대한 제한이 요구된다. 동시에, 기만적 광고를 방지하기 위한 명확한 기준이 필요하며, 이를 통해 소비자에게 신뢰할 수 있는 광고 환경을 제공할 수 있다. 기술적 측면에서는 AR 글래스와 같은 웨어러블 기기를 통한 광고 제공 기준, 위치정보 활용 규제, 개인정보 수집 및 활용 제한이 포함된다. 이러한 규제는 기술과 광고의 융합이 소비자 권리를 침해하지 않도록 하는 데 목적이 있다.

셋째, 법적 책임과 분쟁 해결에 대한 규제가 필요하다. 광고주와 플랫폼 사업자 간의 책임 범위를 명확히 하고, 권리 침해 시 구제 절차를 세분화해야 한다. 또한, 국제적 분쟁 해결을 위한 표준화와 국가 간 규제 차이로 인한 문제도 해결해야 한다. 실감형 광고는 현실 공간과 가상의 결합, 프라이버시와 광고 효과의 균형, 플랫폼 간 호환성 등 새로운 법적 과제를 제기한다. 따라서 기술 발전에 맞춘 유연한 규제 체계를 마련하고, 소비자 보호와 산업 발전 간의 균형을 이루는 접근이 필요하다.

실감형 콘텐츠의 저작권 보호와 이용 가이드라인

정상조(2022). 가상현실의 저작권. 비교사법, 29(3), pp.191-237.

정상조(2022)의 연구는 실감형 콘텐츠의 핵심 기술인 가상현실(VR)을 중심으로 새로운 저작권 쟁점들을 분석하고, 실감형 콘텐츠 제작 및 서비스 제공 시 고려해야 할 법적 가이드라인을 제시한다. 실감형 콘텐츠가 차세대 성장 동력으로 주목받으면서, 기존 저작권 체계의 한계와 새로운 보호 체계 구축의 필요성이 대두되고 있다.

법적 분석에 따르면, 실감형 콘텐츠 제작 과정에서는 세 가지 주요 저작권 문제가 발생한다. 첫째, 현실 공간의 디지털 전환 과정에서 발생하는 저작권 문제다. 건축물, 조각품, 거리 풍경 등을 실감형 콘텐츠의 배경으로 활용할 때 파노라마의 자유와 공정이용 원칙의 적용이 쟁점이 된다. 둘째, 실감 요소 구현을 위한 변형적 이용의 문제다. 원저작물에 실감 효과를 더하는 과정에서 발생하는 실질적 유사성과 창작성의 판단이 중요하다. 셋째, 다중감각적 요소의 저작권 보호 문제다. 시각, 청각, 촉각 등 다양한 감각을 결합한 실감형 콘텐츠의 보호 범위를 어디까지 인정할 것인지가 새로운 과제로 떠오른다.

기술적 특성도 중요하게 검토된다. 실감형 콘텐츠는 단순한 복제나 재현을 넘어 사용자와의 상호작용과 몰입감을 극대화하는 것이 핵심이다. 이러한 특성은 저작권법상 공정이용 판단에 새로운 고려요소를 제공한다. 예를 들어 골프존 사건에서는 실제 골프장을 스크린 골프로 구현하는 과정에서 단순한 시각적 재현을 넘어 다양한 실감 요소(거리, 경사, 바람 등)가 결합되었고, 이는 원저작물의 변형적 이용으로 평가받았다.

연구는 실감형 콘텐츠의 제작과 서비스를 위한 구체적 가이드라인도 제시한다. 첫째, 현실 공간의 디지털화 시 파노라마의 자유 적용 범위를 명확히 하고, 둘째, 실감 효과 구현 과정에서 독자적 창작성을 부가하며, 셋째, 다중감각적 요소의 결합에 따른 새로운 저작물성 판단 기준을 마련해야 한다. 특히 국내외 판례와 입법례를 비교 분석하여 실무적으로 참고할 수 있는 기준을 제시하고 있다.

결론적으로, 실감형 콘텐츠 산업의 발전을 위해서는 저작권 보호와 이용의 균형점을 찾는 것이 핵심이다. 이 사례는 실감형 콘텐츠의 기술적 특성을 반영한 저작권법의 해석과 적용 방향을 제시하며, 새로운 콘텐츠 생태계 구축을 위한 법적 기준을 마련하는데 중요한 시사점을 제공한다.

 ## 실감형 콘텐츠와 저작권

실감형 기술의 발전은 콘텐츠 산업의 패러다임을 획기적으로 변화시키고 있다. 본 장에서는 AR/VR/MR 기술의 발전과 함께 등장한 다양한 저작권 쟁점을 분석했다. 실감형 콘텐츠의 저작물성 판단, 혼합현실에서의 권리 충돌, 메타버스 내 가상 재산권, 실감형 광고의 법적 보호 등 새로운 형태의 법적 과제들이 제기되고 있다. 특히 현실과 가상의 융합으로 인한 초상권/퍼블리시티권 침해 우려, 증강현실에서의 상표권 문제, 디지털 휴먼의 권리 보호 등은 기존 법체계의 한계를 드러내고 있다.

결론적으로, 실감형 콘텐츠 산업의 건전한 발전을 위해서는 혁신을 저해하지 않으면서도 권리자를 보호할 수 있는 균형 잡힌 접근이 필요하다. 실감형 저작물의 법적 지위 명확화, 혼합현실에서의 권리 보호 체계 구축, 플랫폼 사업자의 책임 범위 설정이 시급한 과제이다. 또한 국경을 초월하는 실감형 서비스의 특성상 국제적인 규범 정립도 중요하다. 실감형 콘텐츠가 새로운 문화 산업의 핵심으로 자리 잡기 위해서는 기술 발전 속도에 부응하는 유연한 법제도적 기반이 마련되어야 한다. 이는 실감형 콘텐츠 생태계의 모든 참여자들이 상생할 수 있는 토대가 될 것이다.

10장 요약 저작권 분쟁 사례와 해결 방법

1. AR/VR/MR 기술의 이해

실감형 기술은 AR/VR/MR의 각기 다른 특성을 바탕으로 발전해왔으며, 현재 메타버스 플랫폼을 통해 다양한 사용자 경험을 구현하고 있다. 기업들은 지속적인 기술 개발과 시장 확장 전략을 통해 실감형 콘텐츠의 활용 범위를 넓혀가고 있으며, 이는 새로운 형태의 저작권 문제를 야기하고 있다.

2. 실감형 콘텐츠의 저작권

실감형 콘텐츠의 저작물성 판단에 있어 기술적 요소와 표현의 구분이 중요하며, 3D 모델링이나 홀로그램 등 새로운 유형의 저작물에 대한 보호 범위 설정이 필요하다. 또한 기존 저작물의 실감형 변환과 활용에 따른 2차적 저작물 문제, 공정이용의 허용 범위와 한계 설정이 주요 쟁점이 되고 있다.

3. 혼합현실에서의 법적 쟁점

혼합현실에서는 실존 인물의 디지털화에 따른 초상권과 퍼블리시티권 침해, 상업적 이용과 동의 범위 설정이 중요한 문제로 대두된다. 또한 아바타의 인격권적·재산권적 보호, 가상 부동산과 NFT 등 메타버스 자산의 권리 관계 정립이 새로운 과제로 등장하고 있다.

4. 실감형 광고의 저작권

AR/VR 광고, 홀로그램 광고 등 실감형 광고의 저작권 보호 대상과 범위 설정이 필요하며, 상표권과의 충돌 문제 해결을 위한 가이드라인 수립과 책임 소재 명확화가 요구된다. 특히 무단 사용에 대한 법적 규제와 산업 발전을 위한 합리적 이용 기준 마련이 중요하다.

본 장에서는 실감형 콘텐츠의 저작권 문제를 기술적 특성과 연계하여 분석하였다. AR/VR/MR 기술의 발전에 따른 새로운 법적 쟁점들을 검토하고, 혼합현실 환경에서의 권리 보호 방안을 제시하였다. 향후 실감형 콘텐츠 산업의 발전을 위해서는 기술 혁신을 지원하면서도 권리자를 보호할 수 있는 균형 잡힌 제도 정비가 필요할 것이다.

참고 문헌

강기봉(2023). 가상인간의 저작권 침해에 대한 법적 책임. 법과 정책연구, 23(1), pp.3-32.

김원경, 정유미, 사영준, 오현정(2022). 가상현실 콘서트에서의 HMD 사용이 관객의 콘서트 관람 경험과 재관람 의도에 미치는 영향: 몰입감과 실재감 의 순차적 매개효과를 중심으로. The Korean Journal of Advertising, 33(8).

디자인 문화콘텐츠 산업인적자원개발위원회(2023.12), 디지털 전환에 따른 실감콘텐츠 산업 확장성, Issue Report 4.

이성길, 김광호, 김준기(2014). 3D 입체영상 콘텐츠의 제작방법에 따른 2차적 저작권 성립 여부와 귀속에 관한 연구. 디지털콘텐츠학회논문지, 15(2), pp.237-250.

이준복(2021). 미래세대를 위한 메타버스 (Metaverse) 의실효성과 법적 쟁점에 관한 논의. 홍익법학, 22(3), pp.49-82.

정상조(2022). 가상현실의 저작권. 비교사법, 29(3), pp.191-237.

정진이, 조해진(2022). 비대면형 공연콘텐츠의 트랜스미디어전략. 비평문학, 83, pp. 303-329.

최중락(2021). 메타버스 플랫폼 내 경제 활동의 지식재산권 쟁점에 관한 고찰, 문화·미디어·엔터테인먼트 법(구 문화산업과 법), 15(2), pp.119-153.

에필로그

AI와 저작권, 창작과 보호의 새로운 패러다임

우리는 지금, 창작과 기술이 긴밀하게 얽힌 시대를 살고 있다. AI는 단순한 도구를 넘어 창작 과정의 일부가 되었으며, 콘텐츠 제작의 방식 자체를 바꾸고 있다. AI가 음악을 작곡하고, 소설을 쓰며, 그림을 그리는 시대가 도래하면서 창작자의 역할은 무엇인지, 그리고 저작권은 어떻게 변화해야 하는지에 대한 논의가 활발하게 이루어지고 있다.

전통적인 저작권 개념은 인간 창작자를 보호하는 데 중점을 두고 있다. 그러나 AI가 생성한 콘텐츠의 법적 지위는 여전히 불분명하며, 각국의 법률 역시 통일된 기준을 마련하지 못한 상태다. 어떤 나라는 AI가 만든 콘텐츠를 저작권 보호 대상에서 제외하고, 어떤 나라는 AI를 활용한 창작물에 대해 창작자의 개입 정도에 따라 보호 여부를 결정한다.

기술 발전은 저작권 보호의 새로운 방식을 요구하고 있다. 블록체인을 활용한 저작권 인증, NFT를 통한 디지털 자산 보호, AI 기반의 저작권 침해 탐지 시스템 등이 등장하면서 저작권 보호의 패러다임도 변화하고 있다. 이제 창작자는 단순히 콘텐츠를 제작하는 것을 넘어, **자신의 창작물을 효과적으로 보호하고 활용할 수 있는 전략을 갖추는 것이 필수적인 시대가** 되었다.

미래의 콘텐츠 산업, 어떻게 대비할 것인가

AI와 블록체인, 메타버스와 같은 새로운 기술들은 콘텐츠 산업의 판도를 뒤흔들고 있다. 기업과 창작자들은 이러한 변화 속에서 어떻게 대응해야 할까?

① 저작권 개념의 확장과 법적 대비

디지털 콘텐츠의 경계가 점점 모호해지는 가운데, 창작자는 저작권의 개념을 더욱 폭넓게 이해해야 한다. AI와 협업하여 제작된 콘텐츠의 법적 지위는 어떻게 설정해야 할까? AI 학습 데이터로 사용된 기존 창작물의 권리는 누구에게 있을까? 이러한 문제들은 기존 법체계에서 쉽게 해결할 수 없기 때문에, 새로운 기준이 필요하다.

② 기술을 활용한 저작권 보호 전략

기술이 발전하면서 저작권을 보호할 수 있는 방법도 늘어나고 있다. 블록체인을 활용한 창작물의 소유권 증명, AI 기반의 콘텐츠 추적 시스템, NFT를 통한 저작권 관리 등 다양한 방법이 등장하고 있다. 창작자와 기업은 이러한 기술적 보호 장치를 적극적으로 활용함으로써 디지털 시대에 맞는 저작권 보호 전략을 마련해야 한다.

에필로그

③ 창작자와 기업의 협업 모델 변화

AI가 창작의 일부가 되면서, 인간 창작자는 '아이디어를 제공하고 AI를 활용하는 방향'으로 역할을 바꿔가고 있다. 기업들은 AI와 협업하는 새로운 비즈니스 모델을 구축해야 하며, 창작자들은 AI를 활용하여 콘텐츠 생산성을 높이는 방법을 모색해야 한다.

④ 공정한 창작 환경을 위한 법적·윤리적 기준 마련

기술이 발전할수록, 창작자들의 권리를 보호하기 위한 법적·윤리적 기준도 더욱 중요해지고 있다. AI가 창작한 콘텐츠를 보호할 것인지, AI가 학습한 데이터의 원작자에게 어떤 권리를 부여할 것인지에 대한 사회적 합의가 필요하다. 또한, 기술 발전과 저작권 보호 사이에서 균형을 맞추는 법적 체계가 정비되어야 한다.

마무리하며

AI와 저작권, 그리고 콘텐츠 보호 전략은 이제 더 이상 특정 전문가들만의 관심사가 아니다. 누구나 콘텐츠를 만들고 공유할 수 있는 시대가 된 만큼, **저작권을 이해하고 보호하는 것이 창작자와 기업의 중요한 경쟁력**이 되고 있다.

우리는 AI 시대에 맞는 저작권 보호 체계를 고민해야 하며, 변화하는 환경 속에서 새로운 창작과 보호의 균형을 찾아야 한다. **미래의 콘텐츠 산업을 대비하는 것은 단순히 기술을 도입하는 것이 아니라, 창작의 가치를 존중하고 보호하는 철학을 세우는 것에서부터 시작된다.**

기술이 발전할수록, 창작과 보호의 개념은 더욱 정교하게 발전할 것이다. 이제, 우리는 변화의 흐름을 이해하고 능동적으로 대응할 준비를 해야 한다. ==AI와 저작권이 공존하는 미래를 설계==하는 것은 결국, ==창작자의 권리를 보호하면서도 새로운 기술을 활용할 수 있는 균형점을 찾는 일==이다.

이제, 우리는 어떻게 이 변화를 맞이할 것인가?

부록

저작권의 개념과 보호 범위 - 저작권의 종류와 분류 25p

제4조(저작물의 예시 등) ①이 법에서 말하는 저작물을 예시하면 다음과 같다.

1. 소설·시·논문·강연·연설·각본 그 밖의 어문저작물
2. 음악저작물
3. 연극 및 무용·무언극 그 밖의 연극저작물
4. 회화·서예·조각·판화·공예·응용미술저작물 그 밖의 미술저작물
5. 건축물·건축을 위한 모형 및 설계도서 그 밖의 건축저작물
6. 사진저작물(이와 유사한 방법으로 제작된 것을 포함한다)
7. 영상저작물
8. 지도·도표·설계도·약도·모형 그 밖의 도형저작물
9. 컴퓨터프로그램저작물

저작권의 개념과 보호 범위 - 교육목적 이용 29p

제25조(학교교육 목적 등에의 이용)
① 고등학교 및 이에 준하는 학교 이하의 학교의 교육 목적을 위하여 필요한 교과용도서에는 공표된 저작물을 게재할 수 있다. <개정 2023. 8. 8.>
② 교과용도서를 발행한 자는 교과용도서를 본래의 목적으로 이용하기 위하여 필요한 한도 내에서 제1항에 따라 교과용도서에 게재한 저작물을 복제·배포·공중송신할 수 있다. <신설 2020. 2. 4.>
③ 다음 각 호의 어느 하나에 해당하는 학교·교육기관 또는 교육훈련기관이 수업 목적으로 이용하는 경우에는 공표된 저작물의 일부분을 복제·배포·공연·전시 또는 공중송신(이하 이 조에서 "복제등"이라 한다)할 수 있다. 다만, 공표된 저작물의 성질이나 그 이용의 목적 및 형태 등에 비추어 해당 저작물의 전부를 복제등을 하는 것이 부득이한 경우에는 전부 복제등을 할 수 있다. <개정 2020. 2. 4., 2024. 2. 27.>

1. 특별법에 따라 설립된 학교
2. 「유아교육법」, 「초·중등교육법」 또는 「고등교육법」에 따른 학교
3. 국가나 지방자치단체가 운영하는 교육기관

4. 「학점인정 등에 관한 법률」 제3조에 따라 평가인정을 받은 학습과정을 운영하는 교육훈련기관(정보통신매체를 이용한 원격수업기반 학습과정에 한정한다)

④ 국가나 지방자치단체에 소속되어 제3항에 따른 학교 또는 교육기관의 수업을 지원하는 기관(이하 "수업지원기관"이라 한다)은 수업 지원을 위하여 필요한 경우에는 공표된 저작물의 일부분을 복제등을 할 수 있다. 다만, 공표된 저작물의 성질이나 그 이용의 목적 및 형태 등에 비추어 해당 저작물의 전부를 복제등을 하는 것이 부득이한 경우에는 전부 복제등을 할 수 있다. <신설 2020. 2. 4., 2024. 2. 27.>

⑤ 제3항 각 호의 학교·교육기관 또는 교육훈련기관에서 교육을 받는 자는 수업 목적을 위하여 필요하다고 인정되는 경우에는 제3항의 범위 내에서 공표된 저작물을 복제하거나 공중송신할 수 있다. <개정 2020. 2. 4., 2023. 8. 8., 2024. 2. 27.>

⑥ 제1항부터 제4항까지의 규정에 따라 공표된 저작물을 이용하려는 자는 문화체육관광부장관이 정하여 고시하는 기준에 따른 보상금을 해당 저작재산권자에게 지급하여야 한다. 다만, 고등학교 및 이에 준하는 학교 이하의 학교에서 복제등을 하는 경우에는 보상금을 지급하지 아니한다. <개정 2008. 2. 29., 2009. 4. 22., 2020. 2. 4.>

⑦ 제6항에 따른 보상을 받을 권리는 다음 각 호의 요건을 갖춘 단체로서 문화체육관광부장관이 지정하는 단체를 통하여 행사되어야 한다. 문화체육관광부장관이 그 단체를 지정할 때에는 미리 그 단체의 동의를 받아야 한다. <개정 2008. 2. 29., 2020. 2. 4.>

1. 대한민국 내에서 보상을 받을 권리를 가진 자(이하 "보상권리자"라 한다)로 구성된 단체
2. 영리를 목적으로 하지 아니할 것
3. 보상금의 징수 및 분배 등의 업무를 수행하기에 충분한 능력이 있을 것

⑧ 제7항에 따른 단체는 그 구성원이 아니라도 보상권리자로부터 신청이 있을 때에는 그 자를 위하여 그 권리행사를 거부할 수 없다. 이 경우 그 단체는 자기의 명의로 그 권리에 관한 재판상 또는 재판 외의 행위를 할 권한을 가진다. <개정 2020. 2. 4.>

⑨ 문화체육관광부장관은 제7항에 따른 단체가 다음 각 호의 어느 하나에 해당하는 경우에는 그 지정을 취소할 수 있다. <개정 2008. 2. 29., 2020. 2. 4., 2023. 8. 8.>

1. 제7항에 따른 요건을 갖추지 못한 때

부록

  2. 보상관계 업무규정을 위배한 때
  3. 보상관계 업무를 상당한 기간 정지하여 보상권리자의 이익을 해할 우려가 있을 때

⑩제7항에 따른 단체는 보상금 분배 공고를 한 날부터 5년이 지난 미분배 보상금에 대하여 문화체육관광부장관의 승인을 받아 다음 각 호의 어느 하나에 해당하는 목적을 위하여 사용할 수 있다. 다만, 보상권리자에 대한 정보가 확인되는 경우 보상금을 지급하기 위하여 일정 비율의 미분배 보상금을 대통령령으로 정하는 바에 따라 적립하여야 한다. <개정 2008. 2. 29., 2018. 10. 16., 2020. 2. 4.>

  1. 저작권 교육·홍보 및 연구
  2. 저작권 정보의 관리 및 제공
  3. 저작물 창작 활동의 지원
  4. 저작권 보호 사업
  5. 창작자 권익옹호 사업
  6. 보상권리자에 대한 보상금 분배 활성화 사업
  7. 저작물 이용 활성화 및 공정한 이용을 도모하기 위한 사업

⑪제7항·제9항 및 제10항에 따른 단체의 지정과 취소 및 업무규정, 보상금 분배 공고, 미분배 보상금의 사용 승인 등에 필요한 사항은 대통령령으로 정한다. <개정 2018. 10. 16., 2020. 2. 4.> ⑫제2항부터 제4항까지의 규정에 따라 교과용도서를 발행한 자, 학교·교육기관·교육훈련기관 및 수업지원기관이 저작물을 공중송신하는 경우에는 저작권 그 밖에 이 법에 의하여 보호되는 권리의 침해를 방지하기 위하여 복제방지조치 등 대통령령으로 정하는 필요한 조치를 하여야 한다. <개정 2020. 2. 4., 2024. 2. 27.>

==내 콘텐츠가 무단도용 되었을 때 - 보호기간의 계산 67p==

제41조(업무상저작물의 보호기간) 업무상저작물의 저작재산권은 공표한 때부터 70년간 존속한다. 다만, 창작한 때부터 50년 이내에 공표되지 아니한 경우에는 창작한 때부터 70년간 존속한다. <개정 2011. 6. 30.>

제42조(영상저작물의 보호기간) 영상저작물의 저작재산권은 제39조 및 제40조에도 불구하고 공표한 때부터 70년간 존속한다. 다만, 창작한 때부터 50년 이내에 공표되지 아니한 경우에는 창작한 때부터 70년간 존속한다. <개정 2009. 4. 22., 2011. 6. 30.>[제목개정 2011. 6. 30.]

제43조(계속적간행물 등의 공표시기)
①제40조제1항 또는 제41조에 따른 공표시기는 책·호 또는 회 등으로 공표하는 저작물의 경우에는 매책·매호 또는 매회 등의 공표 시로 하고, 일부분씩 순차적으로 공표하여 완성하는 저작물의 경우에는 최종부분의 공표 시로 한다. <개정 2011. 6. 30.>
②일부분씩 순차적으로 공표하여 전부를 완성하는 저작물의 계속되어야 할 부분이 최근의 공표시기부터 3년이 지나도 공표되지 아니하는 경우에는 이미 공표된 맨 뒤의 부분을 제1항의 규정에 따른 최종부분으로 본다. <개정 2023. 8. 8.>

제44조(보호기간의 기산) 이 관에 규정된 저작재산권의 보호기간을 계산하는 경우에는 저작자가 사망하거나 저작물을 창작 또는 공표한 다음 해부터 기산한다.

AI가 만든 콘텐츠의 저작권 문제 - 기술적 보호조치 무력화 87p

저작권법 제2조(정의)
28. "기술적 보호조치"란 다음 각 목의 어느 하나에 해당하는 조치를 말한다.
　가. 저작권, 그 밖에 이 법에 따라 보호되는 권리의 행사와 관련하여 이 법에 따라 보호되는 저작물등에 대한 접근을 효과적으로 방지하거나 억제하기 위하여 그 권리자나 권리자의 동의를 받은 자가 적용하는 기술적 조치
　나. 저작권, 그 밖에 이 법에 따라 보호되는 권리에 대한 침해 행위를 효과적으로 방지하거나 억제하기 위하여 그 권리자나 권리자의 동의를 받은 자가 적용하는 기술적 조치

제104조의2(기술적 보호조치의 무력화 금지)
① 누구든지 정당한 권한 없이 고의 또는 과실로 제2조제28호가목의 기술적 보호조치를 제

거·변경하거나 우회하는 등의 방법으로 무력화하여서는 아니 된다. 다만, 다음 각 호의 어느 하나에 해당하는 경우에는 그러하지 아니하다. <개정 2020. 2. 4., 2021. 5. 18., 2024. 2. 27.>

1. 암호 분야의 연구에 종사하는 자가 저작물등의 복제물을 정당하게 취득하여 저작물등에 적용된 암호 기술의 결함이나 취약점을 연구하기 위하여 필요한 범위에서 행하는 경우. 다만, 권리자로부터 연구에 필요한 이용을 허락받기 위하여 상당한 노력을 하였으나 허락을 받지 못한 경우로 한정한다.
2. 미성년자에게 유해한 온라인상의 저작물등에 미성년자가 접근하는 것을 방지하기 위하여 기술·제품·서비스 또는 장치에 기술적 보호조치를 무력화하는 구성요소나 부품을 포함하는 경우. 다만, 제2항에 따라 금지되지 아니하는 경우로 한정한다.
3. 개인의 온라인상의 행위를 파악할 수 있는 개인 식별 정보를 비공개적으로 수집·유포하는 기능을 확인하고, 이를 무력화하기 위하여 필요한 경우. 다만, 다른 사람들이 저작물등에 접근하는 것에 영향을 미치는 경우는 제외한다.
4. 국가의 법집행, 합법적인 정보수집 또는 안전보장 등을 위하여 필요한 경우
5. 제25조제3항 및 제4항에 따른 학교·교육기관·교육훈련기관 및 수업지원기관, 제31조제1항에 따른 도서관(비영리인 경우로 한정한다) 또는 「공공기록물 관리에 관한 법률」에 따른 기록물관리기관이 저작물등의 구입 여부를 결정하기 위하여 필요한 경우. 다만, 기술적 보호조치를 무력화하지 아니하고는 접근할 수 없는 경우로 한정한다.
6. 정당한 권한을 가지고 프로그램을 사용하는 자가 다른 프로그램과의 호환을 위하여 필요한 범위에서 프로그램코드역분석을 하는 경우
7. 정당한 권한을 가진 자가 오로지 컴퓨터 또는 정보통신망의 보안성을 검사·조사 또는 보정하기 위하여 필요한 경우
8. 기술적 보호조치의 무력화 금지에 의하여 특정 종류의 저작물등을 정당하게 이용하는 것이 불합리하게 영향을 받거나 받을 가능성이 있다고 인정되어 대통령령으로 정하는 절차에 따라 문화체육관광부장관이 정하여 고시하는 경우. 이 경우 그 예외의 효력은 3년으로 한다.

② 누구든지 정당한 권한 없이 다음과 같은 장치, 제품 또는 부품을 제조, 수입, 배포, 전송, 판매, 대여, 공중에 대한 청약, 판매나 대여를 위한 광고, 또는 유통을 목적으로 보관 또는 소지하거나, 서비스를 제공하여서는 아니 된다.
1. 기술적 보호조치의 무력화를 목적으로 홍보, 광고 또는 판촉되는 것
2. 기술적 보호조치를 무력화하는 것 외에는 제한적으로 상업적인 목적 또는 용도만 있는 것
3. 기술적 보호조치를 무력화하는 것을 가능하게 하거나 용이하게 하는 것을 주된 목적으로 고안, 제작, 개조되거나 기능하는 것

③ 제2항에도 불구하고 다음 각 호의 어느 하나에 해당하는 경우에는 그러하지 아니하다.
1. 제2조제28호가목의 기술적 보호조치와 관련하여 제1항제1호·제2호·제4호·제6호 및 제7호에 해당하는 경우
2. 제2조제28호나목의 기술적 보호조치와 관련하여 제1항제4호 및 제6호에 해당하는 경우
[본조신설 2011. 6. 30.]

AI가 만든 콘텐츠의 저작권 문제 - OSP의 책임 범위에 대한 설명 87p

저작권법 제2조(정의)
30. "온라인서비스제공자"란 다음 각 목의 어느 하나에 해당하는 자를 말한다.

　가. 이용자가 선택한 저작물등을 그 내용의 수정 없이 이용자가 지정한 지점 사이에서 정보통신망(「정보통신망 이용촉진 및 정보보호 등에 관한 법률」 제2조제1항제1호의 정보통신망을 말한다. 이하 같다)을 통하여 전달하기 위하여 송신하거나 경로를 지정하거나 연결을 제공하는 자
　나. 이용자들이 정보통신망에 접속하거나 정보통신망을 통하여 저작물등을 복제·전송할 수 있도록 서비스를 제공하거나 그를 위한 설비를 제공 또는 운영하는 자

제102조(온라인서비스제공자의 책임 제한)
① 온라인서비스제공자는 다음 각 호의 행위와 관련하여 저작권, 그 밖에 이 법에 따라 보호되

는 권리가 침해되더라도 그 호의 분류에 따라 각 목의 요건을 모두 갖춘 경우에는 그 침해에 대하여 책임을 지지 아니한다. <개정 2011. 6.

1. 내용의 수정 없이 저작물등을 송신하거나 경로를 지정하거나 연결을 제공하는 행위 또는 그 과정에서 저작물등을 그 송신을 위하여 합리적으로 필요한 기간 내에서 자동적·중개적·일시적으로 저장하는 행위

    가. 온라인서비스제공자가 저작물등의 송신을 시작하지 아니한 경우
    나. 온라인서비스제공자가 저작물등이나 그 수신자를 선택하지 아니한 경우
    다. 저작권, 그 밖에 이 법에 따라 보호되는 권리를 반복적으로 침해하는 자의 계정(온라인서비스제공자가 이용자를 식별·관리하기 위하여 사용하는 이용권의 계좌를 말한다. 이하 이 조, 제103조의2, 제133조의2 및 제133조의3에서 같다)을 해지하는 방침을 채택하고 이를 합리적으로 이행한 경우
    라. 저작물등을 식별하고 보호하기 위한 기술조치로서 대통령령으로 정하는 조건을 충족하는 표준적인 기술조치를 권리자가 이용한 때에는 이를 수용하고 방해하지 아니한 경우

2. 서비스이용자의 요청에 따라 송신된 저작물등을 후속 이용자들이 효율적으로 접근하거나 수신할 수 있게 할 목적으로 그 저작물등을 자동적·중개적·일시적으로 저장하는 행위

    가. 제1호 각 목의 요건을 모두 갖춘 경우
    나. 온라인서비스제공자가 그 저작물등을 수정하지 아니한 경우
    다. 제공되는 저작물등에 접근하기 위한 조건이 있는 경우에는 그 조건을 지킨 이용자에게만 임시저장된 저작물등의 접근을 허용한 경우
    라. 저작물등을 복제·전송하는 자(이하 "복제·전송자"라 한다)가 명시한, 컴퓨터나 정보통신망에 대하여 그 업계에서 일반적으로 인정되는 데이터통신규약에 따른 저작물등의 현행화에 관한 규칙을 지킨 경우. 다만, 복제·전송자가 그러한 저장을 불합리하게 제한할 목적으로 현행화에 관한 규칙을 정한 경우에는 그러하지 아니한다.
    마. 저작물등이 있는 본래의 사이트에서 그 저작물등의 이용에 관한 정보를 얻기 위하

여 적용한, 그 업계에서 일반적으로 인정되는 기술의 사용을 방해하지 아니한 경우
바. 제103조제1항에 따른 복제 · 전송의 중단요구를 받은 경우, 본래의 사이트에서 그 저작물등이 삭제되었거나 접근할 수 없게 된 경우, 또는 법원, 관계 중앙행정기관의 장이 그 저작물등을 삭제하거나 접근할 수 없게 하도록 명령을 내린 사실을 실제로 알게 된 경우에 그 저작물등을 즉시 삭제하거나 접근할 수 없게 한 경우

3. 복제 · 전송자의 요청에 따라 저작물등을 온라인서비스제공자의 컴퓨터에 저장하는 행위 또는 정보검색도구를 통하여 이용자에게 정보통신망상 저작물등의 위치를 알 수 있게 하거나 연결하는 행위

　가. 제1호 각 목의 요건을 모두 갖춘 경우
　나. 온라인서비스제공자가 침해행위를 통제할 권한과 능력이 있을 때에는 그 침해행위로부터 직접적인 금전적 이익을 얻지 아니한 경우
　다. 온라인서비스제공자가 침해를 실제로 알게 되거나 제103조제1항에 따른 복제 · 전송의 중단요구 등을 통하여 침해가 명백하다는 사실 또는 정황을 알게 된 때에 즉시 그 저작물등의 복제 · 전송을 중단시킨 경우
　라. 제103조제4항에 따라 복제 · 전송의 중단요구 등을 받을 자를 지정하여 공지한 경우

4. 삭제 <2020. 2. 4.>

② 제1항에도 불구하고 온라인서비스제공자가 제1항에 따른 조치를 취하는 것이 기술적으로 불가능한 경우에는 다른 사람에 의한 저작물등의 복제 · 전송으로 인한 저작권, 그 밖에 이 법에 따라 보호되는 권리의 침해에 대하여 책임을 지지 아니한다. <개정 2011. 6. 30.>

③ 제1항에 따른 책임 제한과 관련하여 온라인서비스제공자는 자신의 서비스 안에서 침해행위가 일어나는지를 모니터링하거나 그 침해행위에 관하여 적극적으로 조사할 의무를 지지 아니한다.

부록

<신설 2011. 6. 30.> 제103조(복제·전송의 중단)

① 온라인서비스제공자(제102조제1항제1호의 경우는 제외한다. 이하 이 조에서 같다)의 서비스를 이용한 저작물등의 복제·전송에 따라 저작권, 그 밖에 이 법에 따라 보호되는 자신의 권리가 침해됨을 주장하는 자(이하 이 조에서 "권리주장자"라 한다)는 그 사실을 소명하여 온라인서비스제공자에게 그 저작물등의 복제·전송을 중단시킬 것을 요구할 수 있다. <개정 2011. 6. 30.>

② 온라인서비스제공자는 제1항에 따른 복제·전송의 중단요구를 받은 경우에는 즉시 그 저작물등의 복제·전송을 중단시키고 권리주장자에게 그 사실을 통보하여야 한다. 다만, 제102조제1항제3호의 온라인서비스제공자는 그 저작물등의 복제·전송자에게도 이를 통보하여야 한다. <개정 2011. 6. 30., 2020. 2. 4.>

③ 제2항에 따른 통보를 받은 복제·전송자가 자신의 복제·전송이 정당한 권리에 의한 것임을 소명하여 그 복제·전송의 재개를 요구하는 경우 온라인서비스제공자는 재개요구사실 및 재개예정일을 권리주장자에게 지체 없이 통보하고 그 예정일에 복제·전송을 재개시켜야 한다. 다만, 권리주장자가 복제·전송자의 침해행위에 대하여 소를 제기한 사실을 재개예정일 전에 온라인서비스제공자에게 통보한 경우에는 그러하지 아니하다. <개정 2011. 12. 2.>

④ 온라인서비스제공자는 제1항 및 제3항의 규정에 따른 복제·전송의 중단 및 그 재개의 요구를 받을 자(이하 이 조에서 "수령인"이라 한다)를 지정하여 자신의 설비 또는 서비스를 이용하는 자들이 쉽게 알 수 있도록 공지하여야 한다.

⑤ 온라인서비스제공자가 제4항에 따른 공지를 하고 제2항과 제3항에 따라 그 저작물등의 복제·전송을 중단시키거나 재개시킨 경우에는 다른 사람에 의한 저작권 그 밖에 이 법에 따라 보호되는 권리의 침해에 대한 온라인서비스제공자의 책임 및 복제·전송자에게 발생하는 손해에 대한 온라인서비스제공자의 책임을 면제한다. 다만, 이 항의 규정은 온라인서비스제공자가 다른 사람에 의한 저작물등의 복제·전송으로 인하여 그 저작권 그 밖에 이 법에 따라 보호되는 권리가 침해된다는 사실을 안 때부터 제1항에 따른 중단을 요구받기 전까지 발생한 책임에는 적용하지 아니한다.

<개정 2011. 6. 30., 2011. 12. 2.>

⑥ 정당한 권리 없이 제1항 및 제3항의 규정에 따른 그 저작물등의 복제·전송의 중단이나 재개를 요구하는 자는 그로 인하여 발생하는 손해를 배상하여야 한다.

⑦ 제1항부터 제4항까지의 규정에 따른 소명, 중단, 통보, 복제·전송의 재개, 수령인의 지정 및 공지 등에 관하여 필요한 사항은 대통령령으로 정한다. 이 경우 문화체육관광부장관은 관계중앙행정기관의 장과 미리 협의하여야 한다. <개정 2008. 2. 29., 2011. 6. 30.>

AI가 만든 콘텐츠의 저작권 문제 - 영리목적 침해죄 95p

제137조 제1항 제1호 및 제2호 제137조(벌칙)
① 다음 각 호의 어느 하나에 해당하는 자는 1년 이하의 징역 또는 1천만원 이하의 벌금에 처한다. <개정 2009. 4. 22., 2011. 12. 2., 2020. 2. 4.>

1. 저작자 아닌 자를 저작자로 하여 실명·이명을 표시하여 저작물을 공표한 자
2. 실연자 아닌 자를 실연자로 하여 실명·이명을 표시하여 실연을 공연 또는 공중송신하거나 복제물을 배포한 자

기업이 알아야 할 AI 저작권 리스크 - 영화산업과 음악산업 법제도 118p

영화비디오법 제1조 [시행 2025. 1. 1.] [법률 제20622호, 2024. 12. 31., 일부개정]
제1조(목적) 이 법은 영화 및 비디오물의 질적 향상을 도모하고 영상문화 및 영상산업의 진흥을 촉진함으로써 국민의 문화생활 향상과 민족문화의 창달에 이바지함을 목적으로 한다. <개정 2016. 2. 3.> 음악산업법 제1조 [시행 2024. 10. 22.] [법률 제20497호, 2024. 10. 22., 일부개정]
제1조(목적) 이 법은 음악산업의 진흥에 필요한 사항을 정하여 관련 산업의 발전을 촉진함으로써 국민의 문화적 삶의 질을 높이고 국민경제의 발전에 이바지함을 목적으로 한다.

기업이 알아야 할 AI 저작권 리스크 - 게임산업과 예술진흥 법제도 118p

게임산업법 제1조 [시행 2024. 10. 22.]

[법률 제20485호, 2024. 10. 22., 일부개정] 제1조(목적) 이 법은 게임산업의 기반을 조성하고 게임물의 이용에 관한 사항을 정하여 게임산업의 진흥 및 국민의 건전한 게임문화를 확립함으로써 국민경제의 발전과 국민의 문화적 삶의 질 향상에 이바지함을 목적으로 한다. 문화예술진흥법[시행 2023. 12. 21.]

[법률 제19480호, 2023. 6. 20., 일부개정] 제1조(목적) 이 법은 문화예술의 진흥을 위한 사업과 활동을 지원함으로써 전통문화예술을 계승하고 새로운 문화를 창조하여 민족문화 창달에 이바지함을 목적으로 한다. 예술인 복지법[시행 2024. 2. 9.]

[법률 제19596호, 2023. 8. 8., 일부개정] 제1조(목적) 이 법은 예술인의 직업적 지위와 권리를 법으로 보호하고, 예술인 복지 지원을 통하여 예술인들의 창작활동을 증진하고 예술 발전에 이바지하는 것을 목적으로 한다.